DE LA PAROLE

EXAMEN CRITIQUE

DES BASES SUR LESQUELLES REPOSENT

LES LANGUES ORIENTALES ET OCCIDENTALES, MORTES ET VIVANTES

PAR

C.-L.-A. LETELLIER

Chevalier de la Légion d'Honneur, ex-régent de rhétorique à Gisors et inspecteur
des écoles du Calvados, auteur du Cours complet de Langue universelle
et des Applications de la Théorie du langage aux Sciences et aux Lettres

A PARIS

CHEZ BENJAMIN DUPRAT, LIBRAIRE DE L'INSTITUT
7, RUE DU CLOÎTRE-SAINT-BENOIT

1844

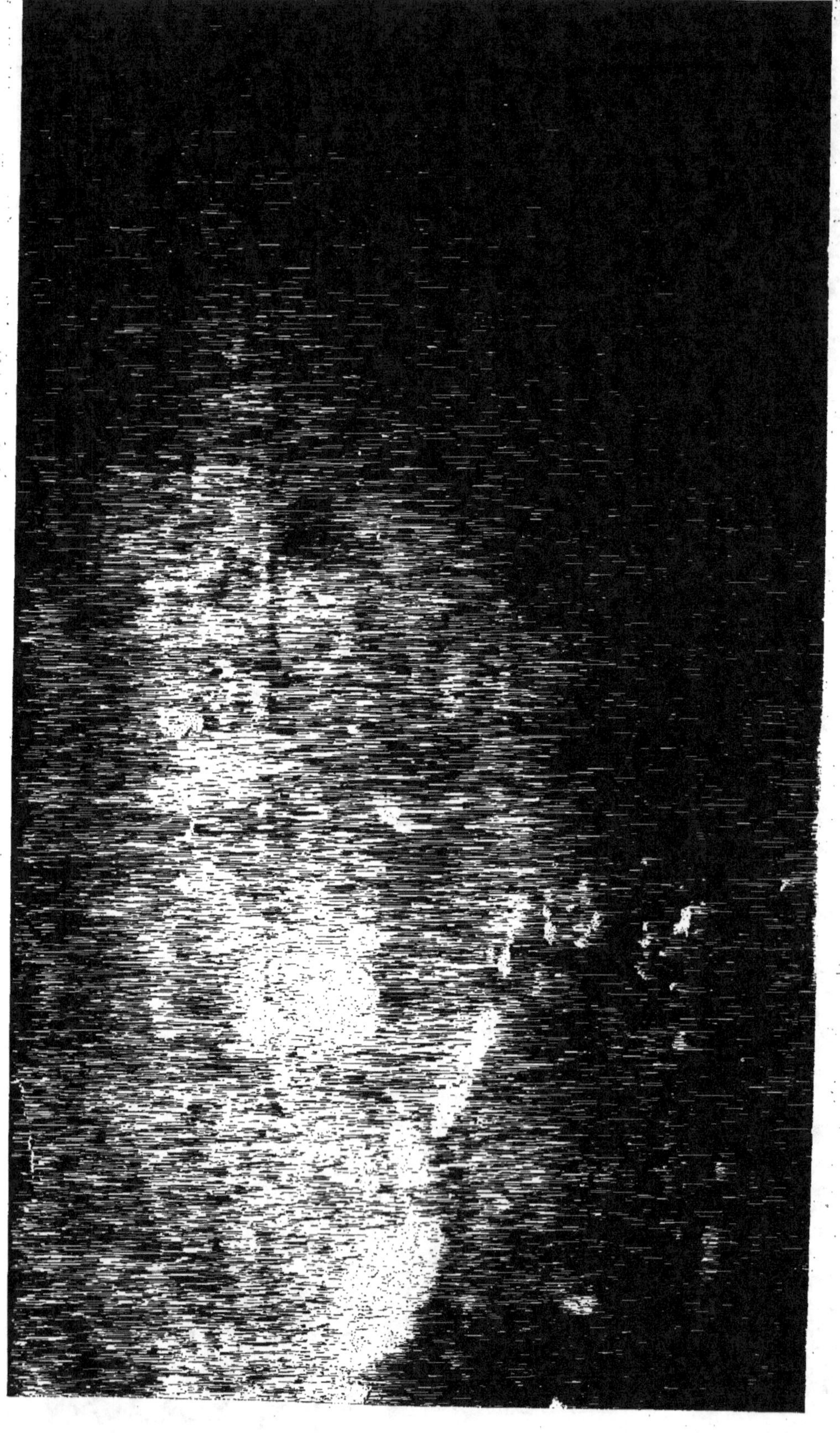

LES LOIS
DE LA PAROLE

OU

EXAMEN CRITIQUE

DES BASES SUR LESQUELLES REPOSENT

LES LANGUES ORIENTALES ET OCCIDENTALES, MORTES ET VIVANTES

PAR

C.-L.-A. LETELLIER

Chevalier de la Légion-d'Honneur, ex-régent de rhétorique à Lisieux, ex-inspecteur
des Écoles du Calvados, auteur du *Cours complet de Langue universelle*
et des Applications de la Théorie du langage aux Sciences et aux Lettres

A PARIS

CHEZ BENJAMIN DUPRAT, LIBRAIRE DE L'INSTITUT

7, RUE DU CLOITRE-SAINT-BENOIT

—

1861

TABLE DES MATIÈRES.

CHAPITRE Ier.

CHAPITRE II.

CHAPITRE III.

1193.—Caen, imp. B. de Laporte.

LES LOIS DE LA PAROLE.

CHAPITRE PREMIER.

AVERTISSEMENT.

But de l'auteur. —Limites du sujet. —Formes de l'ouvrage.

Ouvrir un livre, lire la préface, consulter la table des matières, sourire de satisfaction ou de pitié, voilà ce qu'on peut attendre aujourd'hui du plus grand nombre des lecteurs. Ce sourire signifie ou que l'auteur a eu le bon esprit de tomber dans une des idées préconçues du lecteur ou qu'il les a heurtées carrément.

Il faut bien se résigner, même dans les ouvrages sérieux, à ce mode d'appréciation : il est permis à celui qui prête son temps à autrui, et souvent du plus précieux, de poser ses conditions. A une époque où les plaisirs de l'intelligence sont placés au premier rang, on doit bien quelque reconnaissance à l'érudit qui n'est pas rebuté par l'annonce de quelque matière ardue ou aride ; enfin, on doit savoir gré aujourd'hui à quiconque ne s'arrête pas devant le titre seul d'un ouvrage et ne porte pas un jugement longuement motivé sur le livre qu'il n'a même pas daigné ouvrir.

Pourquoi donc ne pas aller au devant du lecteur? Pourquoi l'auteur ne lui exposerait-il pas sans arrière-pensée le but qu'il se propose, ses espérances et toutes ses aspirations?

L'auteur des *Lois de la Parole* se range à ce procédé ; il expose

1

le but vers lequel il tend, les raisons qui lui ont fait envisager ce but, les limites du sujet et les formes de l'ouvrage. Si ces différents objets paraissent ou trop graves ou tout à fait hors de proportion avec les moyens dont il dispose ; si les limites dans lesquelles il se renferme semblent trop étroites, et si les formes qu'il annonce paraissent peu rassurantes, il n'arrêtera pas longtemps l'attention des gens éclairés et des esprits investigateurs. Toutefois , ces derniers ne reculeront pas au moins devant la gravité de la matière ; ils n'oublieront pas qu'on ne creuse pas un sillon sans l'attention et la constance nécessaires et sans quelque dépense des forces de l'intelligence.

§ Ier.

But de l'auteur.

Quand on voit fonctionner le corps social ; quand, se plaçant un instant en dehors des intérêts de toute nature qui assiégent tous les membres de la société humaine et les entraînent comme malgré eux dans leur tourbillon, on se pose en observateur des faits , on ne tarde pas à entrevoir quelque grande généralité. Or, l'une des plus saisissantes est sans contredit celle-ci :

Le lien qui unit et met en communication toutes ces intelligences, c'est la parole.

Comment concevoir, en effet, qu'une réunion d'êtres vivants puisse être soumise à une organisation quelconque, sans que les impulsions variées auxquelles ils obéissent en commun aient été préparées par des signes représentatifs de la fin proposée ? Or, si cette fin et la voie qui y conduit sont assez compliquées pour exiger des évolutions circonstanciées , alors les signes doivent être multipliés et figurer par leur analyse la description des faits relatifs à chacun des individus ou à chacune des masses qui concourent à leur exécution.

En suivant ce raisonnement, on arrive promptement à cette conclusion :

Que : *sans la parole, la société humaine n'aurait jamais atteint le degré de civilisation auquel elle est parvenue.*

Ce principe ne saurait être contesté par la substitution du mot *pensée* au mot *parole :* car, non-seulement, comme nous avons la prétention de le démontrer, la pensée serait, sans la parole, réduite à l'état rudimentaire constaté chez les animaux ; mais encore, fût-elle arrivée chez quelque individu isolé à un degré inadmissible, elle s'éteindrait avec lui si le signe conventionnel écrit ou parlé ne la révélait et ne la propageait dans le corps social.

En partant de ce principe et en observant le développement successif des branches morales, industrielles et scientifiques dans les sociétés humaines, à l'aide de la tradition orale ou écrite, on se sent épris de la grandeur du rôle assigné à la parole humaine. On la voit accumuler découverte sur découverte, agrandir les horizons sociaux, préparer de nouvelles conquêtes et présider à toutes nos espérances d'avenir.

Mais nous assistons à un étrange spectacle : plus chacun des membres s'avance et pénètre dans les profondeurs éclairées par la parole, plus il oublie le flambeau conducteur et reporte ou sur sa capacité personnelle ou sur le hasard des phénomènes ce qu'il doit avant tout à l'instrument révélateur dont il est doué. Aussi faut-il remonter aux époques cachées dans les nuages de l'antiquité pour saisir quelques efforts en vue d'organiser le langage. Les langues sémitiques conservent les traces de ces efforts dans leurs racines trilitères ; le sanscrit est l'image la mieux reproduite d'un travail sérieux sur les développements de la parole. Enfin, le chinois qui aime mieux perfectionner qu'innover, peut offrir avec orgueil les caractères qui unissent le présent au passé le plus reculé.

Demandez aux peuples occidentaux d'où sont sortis et où vont les mots des travailleurs infatigables qui, chez eux, reculent le domaine de la pensée? Que leur importe! Ils en épuisent les ramifications, usent, abusent de tout ce qu'ils détournent au profit des sciences ; ils ne semblent pas se douter que les flots amoncelés de la source où ils puisent envahissent insensiblement toutes les avenues de l'intelligence, débordent, inondent déjà et engloutiront bientôt leurs plus belles créations. Çà et là quelques vrais linguistes se livrent à l'étude approfondie de ces grands secrets ; mais ils sont difficiles à reconnaître : car la spéculation et l'ambition leur dérobent le terrain, posent hardiment les thèses les plus excentriques et les moins justifiables, intimident par l'audace de leurs hypothèses, et finissent par détourner de cette importante étude les penseurs les plus capables.

Cependant jamais on n'a manifesté avec autant d'ardeur que de nos jours le besoin de résoudre les problèmes moraux et politiques ; jamais plus d'écrivains ne se sont mis à l'œuvre pour attaquer ces graves questions.

A quel résultat parviennent-ils ?

A côté des grandes et belles vérités qu'ils découvrent, éclairent ou formulent, se livrent des luttes sans fin sur les conséquences qui en découlent ; les principes ne descendent pas dans les masses instruites, parce que ces débats interminables apportent la confusion et l'indécision. On cherche encore après qu'on a trouvé ; on n'ose pas affirmer, parce que la négation peut être soutenue avec toutes les apparences de la raison ; on n'a pas d'armes pour combattre ; enfin l'erreur lève la tête aussi haut que la vérité, parce qu'elle ne peut être victorieusement convaincue.

Or, comme la vérité n'a qu'une voie devant laquelle s'ouvrent des routes sans nombre, chacun suit celle que ses habitudes, ses goûts ou le hasard lui indique ; sur le terrain où il s'engage, chacun aussi développe la force, la grâce et tous les agréments dont il est doué ; les connaissances acquises ou empruntées aux recueils encyclopédiques, qui traitent les matières par ordre alphabétique, répandent un vernis de savoir qui imprime le respect ; et les noms propres, connus ou inconnus, accumulés comme autant de témoins irrécusables, déconcertent l'antagoniste le mieux armé, puisqu'il se croit obligé de s'attaquer à l'autorité du suffrage quasi-universel.

Telles étaient les préoccupations de l'auteur de cet ouvrage quand il en a conçu et exécuté le plan ; armé de quelques langues orientales et occidentales, il n'a pas voulu traiter les *Lois de la Parole* avant d'avoir approfondi le *sanscrit*, le père de tant

d'idiomes ou le contemporain des langues primitives ; plus tard , il
a compris que le *chinois* ouvrait une admirable perspective sur le
langage à son berceau ; il a reconnu dans la phraséologie chinoise
la réalisation de la théorie qu'il voulait exposer sur la déduction naturelle de la pensée à l'aide du langage ; il n'a pas reculé devant le plus
rude labeur pour posséder cette admirable langue et pour lire aisément quelques-uns des moralistes chinois les plus célèbres. Le but
qu'il poursuivait ne lui semblait pouvoir être atteint qu'après ces
étapes laborieuses ; il les a entreprises , et, outre les utiles matériaux dont il s'est emparé, il en rapporte un plus grand degré de
confiance dans ses idées.

Ce but n'est déjà plus un mystère pour le lecteur : il a compris
qu'en remontant jusqu'aux bases du langage, l'auteur aspire à
éclairer son avenir et à faire poser les lois suivant lesquelles la
pensée humaine déviera le moins possible dans la recherche du
vrai ; qu'en traçant la ligne rigoureuse et inflexible dans laquelle
l'erreur ne peut s'introduire, il aura contribué à rendre inatta-
quables et communes les grandes vérités qui servent de fondement
à la société.

Si le lecteur est jaloux de rester dans son incrédulité , qu'il ferme
ici ce livre ; s'il n'est pas un de ces écrivains toujours prêts à
prendre la plume pour produire et qui ne veulent pas approfondir
les productions d'autrui ; s'il sait mettre quelquefois sa tête entre
ses mains pour étudier, nous lui conseillerons de nous comprendre
dans ses exceptions et d'approfondir nos principes. Mieux que
nous, avec une autorité plus puissante , avec des accents plus pénétrants, il éveillera l'attention publique sur une matière devenue le
pivot des sociétés modernes.

Et pourquoi l'homme serait-il condamné à ballotter sans discernement l'erreur avec la vérité? Sans doute, il ne percera jamais les
grands mystères qui dépassent les bornes de ses facultés ; mais
dans ce *milieu* que Pascal lui accorde *entre deux extrêmes* n'est-
il pas un nombre infini de centres que ses organes discernent dans
la limite de leur circonférence? S'il existe encore des *vérités en
deçà des Alpes,* qui sont des *erreurs au delà,* combien d'idées

sont devenues générales et reçoivent la sanction d'une conscience d'homme aussitôt qu'elles sont offertes sous le jour qui les rend saisissables.

Le monde, dit l'Écriture, est livré aux discussions des hommes : les passions, les goûts, les penchants, les mille et une différences qui subsistent entre les constitutions des individus, entre leurs habitudes physiques ou mentales, entretiendront éternellement ces discussions ; mais s'il est des points sur lesquels on est généralement d'accord, pourquoi ne pas les préciser ? Le champ de la discussion restera encore assez vaste pour exercer les esprits dans ces tournois trop souvent stériles, quoique propres à aiguiser les armes de l'intelligence. D'ailleurs, l'interprétation des faits laissera toujours ouverte l'arène où le vrai combat contre le faux.

Donner à chacun le procédé pour analyser sûrement sa pensée à l'aide de la parole ; montrer comment la parole doit descendre de son principe à ses conséquences ; faire mettre le doigt sur le mot qui est l'origine d'une discussion ; obliger dès lors l'intelligence à recevoir ce qu'elle ne peut plus refuser sous peine d'exprimer ce qu'elle ne pense pas ; fermer la porte à ces nombreuses disputes qui roulent sur la signification des mots ; forcer les penseurs à étudier méthodiquement la thèse qu'ils soutiennent avant de l'imposer aux autres : tel est le but vers lequel se dirige l'auteur en exposant ses principes. Ce but, dont la connaissance des lois de la parole le rapproche considérablement, il espère pouvoir le toucher et le rendre manifeste pour tous, s'il lui est donné de compléter et de publier les travaux auxquels il se livre aujourd'hui.

§ II.

Limites du sujet.

Les lois, dit Montesquieu, dans la signification la plus étendue, sont les rapports nécessaires qui dérivent de la nature des choses.

En acceptant cette définition, les lois de la parole seraient les *rapports nécessaires qui dérivent de la nature de la parole.*

En présence de généralités aussi considérables, il importe d'établir tout d'abord les limites du terrain à parcourir et à explorer. Les rapports nécessaires qui dérivent de la nature de la parole embrassent, avec l'organe de la parole, et sa représentation figurée par l'écriture, les causes qui déterminent son action, les sentiments, la volonté, l'intelligence, et toutes ces conséquences dont le cercle comprend l'existence entière des sociétés humaines.

L'organe de la parole, étudié au point de vue anatomique et physiologique, mérite sans doute l'attention du philosophe et du linguiste; tous deux rapporteront de ce travail des connaissances pleines d'intérêt dont les arts et la linguistique peuvent tirer un grand profit. La représentation écrite de la parole, au point de vue des signes qui figurent les sons et les articulations, a bien aussi ses exigences rationnelles ; elle est digne d'attirer l'attention des législateurs du langage.

Mais ces deux rapports que la parole engendre nécessairement ne sont point en cause dans cet écrit. L'organe de la parole sera censé fonctionner sans plus d'entraves qu'il n'en éprouve aujourd'hui chez tous les peuples, et les caractères qui représentent la prononciation seront réputés convenables et suffisants. Quant aux progrès à réaliser dans ces deux grands rapports de la parole, leur étude est réservée pour des compositions d'un autre ordre : car ils n'exercent aucune action sur l'objet de ces recherches.

Il n'en est pas de même pour les rapports nécessaires qui dérivent des causes et des conséquences de la parole. Toutefois, l'étendue comprise dans ces deux terrains est si vaste et la multiplicité des matériaux y est si considérable qu'il importe de poser encore des limites.

La pensée, dans laquelle on comprend ici les sentiments, résume, en dehors de l'organe de la voix, toutes les causes de la parole. Or, il ne s'agira ni d'apprécier, ni de comparer les divers systèmes émis sur les facultés intérieures des êtres animés, de fonder ou d'admettre quelque théorie métaphysique. Toutes ces théories et l'histoire entière de la philosophie sont inutiles pour l'examen de la question. Si une grande hypothèse intervient dans le cours de cet examen, c'est qu'elle sera nécessaire pour coordonner les faits et les envisager dans leur unité; il suffira qu'elle permette de renfermer et d'y mettre en ordre tous les phénomènes que fait naître la pensée.

On conçoit aisément qu'en plaçant la parole dans l'atmosphère nébuleuse de la pensée, on la laisserait dans cette obscurité qui devient de plus en plus intense à mesure qu'on cherche à la percer. La pensée est une aveugle que la parole conduit et guide à travers des sentiers qui se croisent de mille manières; si toutes deux étaient enveloppées d'un même nuage, elles ne suivraient aucune direction utile dans le labyrinthe des faits de ce monde. Cette comparaison est justifiée par l'abstraction faite désormais sur le fait complexe de la parole; celle-ci n'est plus un simple instrument : c'est une forme de convention attribuée à la pensée ; or, cette convention ne subsiste qu'en vertu d'un besoin bien compris qu'éprouve la pensée quand elle veut marcher dans une voie de progrès.

Ainsi la pensée, quelle que soit son origine, quand elle revêt le manteau de la parole pour marcher dans la voie du progrès : telle est la limite supérieure du sujet dans le domaine de la pensée.

Quant à la limite inférieure dans la région où se rencontrent surtout les conséquences de la parole, c'est-à-dire dans le corps social, il est clair qu'elle ne descend au milieu des intérêts publics et privés que parce qu'elle concourt puissamment à la découverte du *vrai*.

Or le vrai, à tous les degrés de l'échelle sociale, est la garantie de l'ordre, du bien-être et de la stabilité.

C'est que le vrai pour l'homme n'est pas dans ces systèmes qui prétendent expliquer les mystères impénétrables de la création; il est relatif à la puissance de ses organes, aux forces de son intelligence et aux développements de ses moyens accrus par les acquisitions successives dues à la tradition. Il varie donc suivant les progrès accomplis dans ces trois relations : si les organes sont plus sensibles et plus pénétrants, si l'intelligence a plus d'activité, de portée et de précision , si les moyens dont disposent les organes et l'intelligence sont accrus et perfectionnés, alors le vrai profite de tous ces profits , s'accroît de toutes ces croissances.

En effet, le vrai pour l'homme c'est la connaissance exacte des faits; or, l'exactitude rigoureuse ne saurait être perçue par des organes aussi faibles et aussi incomplets; par une intelligence aussi limitée, quels que fussent les emprunts accumulés qu'ils fissent aux arts et aux sciences.

De même qu'à des époques postérieures , le vrai grandit de toute la hauteur acquise progressivement pendant les époques antérieures; de même il se compose chez chacun des membres de la société des acquisitions successives dont il enrichit sa connaissance. Toutes ces vérités premières : jour, lumière, espace, air, etc..., plus ou moins déterminées par la réflexion et l'expérience, plus ou moins agrandies par l'astronomie, la physique, la géométrie, la chimie, etc..., constituent chez les divers individus des vérités toutes différentes et toujours plus ou moins incomplètes.

L'homme sera ainsi éternellement à la *recherche du vrai*, et c'est ce qu'il appelle sa perfectibilité. A mesure qu'il avancera sur cette route , il augmentera son bien-être. On ne saurait donc trop le seconder dans cette recherche et dissiper les nuages qui obscurcissent les grandes vérités du langage.

Si les organes, avec leur perfectionnement naturel et artificiel, sont d'une valeur incontestable dans la progression du vrai, on doit convenir qu'il y a des séries de faits et par conséquent des vérités qui en retirent peu de fruit : ce sont les vérités politiques, morales et religieuses. Leurs applications, qui se rencontrent à chaque pas pendant la vie de l'homme et de la société, font naître les conflits les plus regrettables; toutes les découvertes physiques qui tendent à décupler les facultés sociales pourraient bien aussi décupler la gravité de ces conflits. Sans doute, dans ce monde les vérités sont solidaires les unes des autres : le progrès effectué ici a son contre-coup par là ; les images des révolutions politiques, des aberrations morales, des fanatismes religieux, offertes aisément et presque simultanément, grâce aux inventions modernes, sur toutes les parties du globe, inspirent déjà la circonspection et la tolérance que le vrai doit engendrer. Mais tant que chacun, plutôt par instinct que par conviction, sera souverain arbitre du vrai, tant qu'une marche régulière ne forcera pas les intelligences les plus rebelles à s'incliner devant les efforts combinés de la raison et de l'étude conduites par la méthode, toujours les opinions les plus divergentes élèveront leurs mille drapeaux; et toujours quand l'un de ces drapeaux aura été arboré triomphalement, les dissidences et les schismes le réduiront en lambeaux.

Le premier et le plus grand bienfaiteur de l'humanité, c'est la parole; après avoir puisé abondamment dans les trésors qu'elle ne cesse de prodiguer, aux jours de détresse, c'est surtout à elle qu'il faut avoir recours. La parole a des lois qu'on ne peut enfreindre impunément; celles qui président à la conduite de la pensée empêchent celle-ci de s'égarer sur les pentes si glissantes où les passions peuvent l'entraîner. Les suivre dans une étude consciencieuse jusqu'au moment où elles répandent leurs germes féconds sur la société humaine, c'est essayer de poser de tous côtés les fondements du vrai. Où trouver un plus digne sujet de méditation ? Quelle recherche peut être plus féconde en résultats?

§ III.

Formes de l'ouvrage.

La forme importe peu; le fond est l'essentiel. Voilà ce que répètent à l'envi ceux mêmes qui, sans le savoir peut être, négligent le fond dans leurs jugements et s'attaquent surtout à la forme. Il y a de pures formes dont il est permis de faire peu de cas : ce sont des branches parasites; il y a des formes si intimement liées au fond, qu'en supprimant celles-là on risque de faire périr celui-ci.

Dans le discours où la parole et la pensée, la forme et le fond, se touchent de si près, attribuer tout au fond et rien à la forme ce serait tomber dans l'erreur la plus dangereuse.

Une des formes répudiées dans cet ouvrage est celle qu'on pourrait appeler le mysticisme des linguistes.

Certains linguistes, en effet, pénétrés des grandes destinées dont l'homme s'est emparé à l'aide du langage, s'élevant sur les ailes de l'imagination jusqu'aux régions ou inaccessibles ou à peine entrevues par leurs faibles organes, se livrent à des divagations métaphysiques, pénètrent dans quelque sanctuaire ignoré dont ils semblent seuls avoir la clef, tandis que leurs profanes lecteurs ou ne tentent même pas de les suivre, ou restent à la porte n'osant plus avancer dans une obscurité aussi profonde. Dans ces temples fantastiques, c'est aux mots Λογος et VERBE que l'on prodigue les adorations et l'encens. Dans leurs contemplations mystiques, ils atteignent des hauteurs où personne n'est parvenu; ils percent des voiles impénétrables pour tout le monde, puis descendent dans la foule pour mettre en pratique le nouveau culte qui leur est révélé. Malgré la justesse de leur point de départ et le respect que mérite leur enthousiasme, ils font peu d'adeptes, parce que leurs visions inintelligibles n'ont pas même remué les ressorts passionnés de leurs lecteurs.

La recherche des lois de la parole est un simple travail de décomposition analytique. Le Λογος ou VERBE n'est mystérieux que si on le confond avec la pensée elle-même, dont les métaphysiciens ont trop souvent épaissi les ténèbres en cherchant à les éclaircir. Tout, il est vrai, n'est que mystère pour la créature; mais manifester la pensée ou le sentiment à l'aide de bruits conventionnels, cet acte n'est pas plus confiné dans les sphères inconnues que tous ceux dont la locomotion et nos cinq sens nous donnent les exemples. Les animaux jouissent comme nous de ce privilége; mais l'homme a su déduire de ce principe des conséquences si éloignées qu'il perd de vue la simplicité du point de départ et lui attribue des origines fabuleuses. Cette sorte d'hallucination est préjudiciable à la recherche patiente, calme et soutenue des bases sur lesquelles repose l'édifice de la parole ; il importe de ne, pas lui donner accès dans une étude aussi sérieuse.

Une autre forme que l'on doit repousser, mais avec une extrême réserve, tant elle a de partisans et d'admirateurs : c'est celle qu'on pourrait appeler *littéraire*. La littérature est digne de tous les hommages, et l'écrivain qui s'attaquerait à elle serait l'enfant dénaturé qui s'attaque à sa mère ; mais en conservant ses droits, il faut craindre ses envahissements. Le langage, à son berceau, était venu en aide à l'humanité pour la satisfaction des premiers besoins de la vie ; on lui demanda bientôt de satisfaire encore ce besoin qui entraîne irrésistiblement vers le plaisir. A la parole, simple manifestation de la pensée, on adjoignit la parole cadencée pour peindre et stimuler les passions. Fidèle à son origine, la poésie n'a reproduit que le plaisir sous toutes ses formes ; mais elle a tellement encombré de fleurs les avenues du langage que celui-ci ne peut plus se faire jour sans une enveloppe de roses et sans répandre à l'entour les plus suaves parfums. Aussi, tandis que, par ses largesses et sa prodigalité, la poésie compromet son avenir ; la prose, qui devait être la parole sans fard, la représentation naïve, mais précise de l'idée, l'instrument puissant qui déchire les voiles de l'erreur et va chercher, sous les tissus les plus épais, les profondeurs à mesurer, aujourd'hui remplace la poésie avec d'autant plus d'avantage qu'elle n'est pas entravée par des règles considérées désormais comme mesquines et comme fastidieuses.

De cette fusion opérée entre la prose et la poésie résulte un genre bâtard qui met en danger l'avenir du langage : car il y a danger pour toute institution détournée de sa voie. Substituer sans cesse à la raison austère les caprices déréglés de l'imagination ; mélanger aux idées graves que l'esprit a besoin de peser avec calme et froideur des peintures légères qui éblouissent et fascinent ; prétendre même éclairer dans des recherches importantes, non pas avec une flamme immobile et persistante, mais avec des éclairs subits, des flammes vacillantes ou quelques étincelles pyrotechniques, c'est chercher à aveugler le lecteur, le familiariser avec les illusions et compromettre les destinées du langage.

Cette forme littéraire a surtout revêtu des couleurs fantastiques toutes particulières depuis que la publicité l'a prise à son service. Pour amuser quotidiennement un lecteur avide de nouveauté, qui veut voir l'imprévu dans les articles de polémique comme il le cherche dans les nouvelles du jour, il faut faire une grande dépense de ce procédé fascinateur. Or, les questions débattues dans ces articles à dimensions déterminées, étant de celles qui intéressent plus particulièrement la raison, il faut s'attendre que cette dernière soit étouffée impitoyablement sous les ornements de convention dont on la surcharge. D'ailleurs, dans ces sortes d'écrits, le littérateur n'est responsable que de la décision qui l'attache à la rédaction : le fonds lui est imposé par les circonstances, par l'esprit de parti et par les restrictions légales, il n'a que la forme à sa disposition : il la torturé donc de cent manières pour lui donner les apparences de la raison. Un publiciste célèbre, dans un de ses ouvrages, s'accuse avec douleur d'un mot échappé à l'improvisation et heureusement rectifié par son directeur : ce mot était presque un crime ! Que ne pourrait-on dire de ces formes pleines d'exaltation qui enflamment au lieu de convaincre et qui, par le soulèvement des passions, retardent l'avénement de la raison !

Loin donc de cet écrit, comme elles doivent être bannies de toute étude philosophique, ces accumulations d'images, ces prétentions de style plus convenables pour déguiser le vide et le creux du raisonnement que pour lui donner un relief nécessaire. Quiconque aspire à la découverte du vrai n'a d'autre emprunt à faire à la littérature proprement dite que l'art d'être clair sans être ou ennuyeux ou incorrect.

Mais voici une réflexion qui mérite examen :

Si, conformément au travail résumé dans cet ouvrage, la parole a des lois toutes spéciales à suivre dans la poursuite du vrai, sous peine de tourner dans un cercle vicieux, ces lois et la forme qui leur convient ne doivent-elles pas être observées dans l'étude à faire sur cette matière ?

L'humanité est déjà en possession d'un assez grand nombre de vérités ; elles sont dues, en général, à l'exercice bien réglé des lois de la parole. Seulement elles ont été découvertes et démontrées sans l'emploi méthodique des règles légitimes, et c'est pour cela qu'elles sont encore souvent remises en discussion. Le langage peut donc, avec sa constitution actuelle, toute vicieuse qu'elle est, en suivant des lois que l'instinct lui suggère, poser des principes certains et vrais. Ce qu'il serait facile de démontrer, c'est que ces vérités n'ont pu être déduites qu'en suivant la ligne tracée par les lois de la parole. On les ramènerait même pour leur mode d'argumentation aux formes rigoureuses imposées par ces lois.

Puisque dans l'état actuel du langage on peut atteindre le vrai si on suit d'ailleurs, ou instinctivement ou de parti pris, les règles fixées par la raison, rien n'empêche, pour l'établissement même de ces règles, qu'on ne se départe pas des formes affectées aux traités de ce genre. Toutefois l'observance complète des lois exposées dans cet ouvrage pourra être moins déguisée qu'elle ne semble ailleurs. Peut-être ainsi, en menant quelquefois de pair deux formes qui ne paraissent pas devoir se concilier, les entraînements du style et les déductions logiques, montrera-t-on qu'elles ne se repoussent pas nécessairement : l'une inspirant le goût des recherches, soutenant les forces de l'esprit par l'appât littéraire ; l'autre, par la sévérité et le rigorisme de ses prescriptions, prévenant ou réprimant les écarts de l'imagination, et surtout servant de critérium sur la sincérité des faits proposés.

CHAPITRE II.

ORIGINES DE LA PAROLE.

Pour déterminer la nature de la parole, il faut d'abord remonter à son origine. Les limites de cette recherche ayant été posées précédemment, il suffira de rappeler qu'elles ne reposent ici sur aucune considération métaphysique. La parole est le résultat d'un acte purement physique; si son origine semble remonter dans cette région qu'on est convenu d'appeler la pensée, il est du devoir de l'observateur de la poursuivre aussi haut que possible dans ses enveloppes matérielles. Il s'agira, si l'on veut, de faire une excursion dans la physiologie de la pensée. Afin donc de ne pas laisser régner une confusion qu'entretiendrait l'ambiguïté ou l'incertitude des termes, la pensée observée physiologiquement s'appellera *la connaissance ;* le lieu où sont déposées les connaissances sera le *centre des connaissances*, et le dépôt encore matériel de la connaissance sera *l'empreinte* (1).

§ Ier.

Hypothèses.

Tout ce qui est soumis à l'appréciation de l'homme repose nécessairement sur une base; quand l'esprit ne la distingue pas, il la

(1) Pour l'intelligence de l'ouvrage, il importe de ne point perdre de vue ces trois définitions ; la connaissance et l'empreinte seront souvent employées comme synonymes l'une de l'autre, car l'une n'existe guère sans l'autre ; dans ce cas, ce sera la définition de l'empreinte qui prévaudra.

cherche et la découvre ; s'il ne peut la découvrir, effrayé de sa faiblesse il reste plongé dans une surprise mêlée de terreur.

Quand cette base est celle d'un raisonnement, on lui a donné le nom d'*hypothèse*.

Tout raisonnement dénué d'hypothèse est vide de sens, comme serait un rêve ou quelque fantaisie bizarre de l'esprit.

Quiconque suit un raisonnement sans en avoir discerné l'hypothèse, est impuissant pour le comprendre et ne peut légitimement demeurer convaincu.

Il est superflu de s'aventurer dans un raisonnement quand on n'en accepte pas l'hypothèse : car plus il est juste, plus il est solidement appuyé sur cette base que l'on réprouve.

La première de toutes les hypothèses pour l'être animé est celle de son existence ; il n'est pas un seul de ses actes qui n'implique la conviction la plus profonde de la réalité de cette base. En vain par un abus du langage, qui permet de tout nier ou de tout affirmer, l'homme se fait un jeu d'affirmer le contraire de sa pensée ou de nier sa conviction la mieux sentie ; ses mouvements, ses sentiments, les moindres actes de sa volonté, tout atteste qu'il a la foi la plus vive dans cette hypothèse. Le raisonnement de Descartes « je pense, donc je suis, » n'a convaincu personne en fait d'existence, puisqu'il a pour base *je* ou *moi*, et qu'ainsi l'hypothèse et la conclusion sont les mêmes. Tout être animé a la conviction de son existence, sans quoi il ne ferait aucun mouvement pour la conserver et ne serait bientôt plus animé.

L'existence de tout ce qui est en dehors de chacun des êtres animés, c'est-à-dire l'existence du monde, est une hypothèse non moins forcée. Comment se mouvoir ? Pourquoi mettre en exercice ses facultés, s'il n'existe rien en dehors de soi ? Il n'est pas un être vivant, en possession de lui-même, qui aille se heurter contre une muraille ou contre un rocher, qui ne se détourne devant un obstacle, ou qui n'évite ce qu'il sait devoir lui nuire. Ici, comme dans la première hypothèse, l'homme peut nier ou affirmer ce qu'il voudra ; il est, à chaque pas, à chaque mot, pris sur le fait dans cette conviction profonde ; l'assertion contraire est un jeu d'imagination qui attesté la nécessité de régler la parole capable d'enfanter des erreurs aussi monstrueuses.

Ce qui a pu motiver des opinions analogues dans quelques esprits, c'est l'existence d'un monde intérieur, pendant le sommeil, autrement dit le rêve ; c'est le rêve en action, dans le somnambulisme ; c'est le rêve de l'homme éveillé, dans la folie. Tant qu'une base ou hypothèse ne permet pas à la raison de fournir une première explication de ces trois états, elle ne peut y songer sans éprouver un certain effroi. La troisième hypothèse que nous allons poser nous laissera bientôt la facilité de rendre un compte sommaire du rêve, du somnambulisme et de la folie; mais elle sera surtout utile pour analyser les origines de la parole.

Avoir l'impression de sa propre existence et l'impression de l'existence de tout ce qui est en dehors de soi, ces deux hypothèses sont le premier degré de la connaissance dont est doué l'être animé.

La vie est pour chacun des êtres de ce monde l'exercice de cette connaissance dans la proportion des facultés qui lui sont départies.

Les facultés attribuées à l'être animé pour mettre à profit sa connaissance, sont les parties de lui-même qui sont plus ou moins sensibles aux actions du milieu dans lequel il se meut, et surtout le centre où aboutissent ces parties. Qu'on nomme sens ces parties distinctes, et âme, esprit, intelligence, etc. , le centre de ces impressions, il importe peu pour cette thèse. Ce qu'il importe d'établir, c'est que les actions du milieu dans lequel est placé l'être animé n'existent pas pour lui tant que ses parties n'ont pas éprouvé l'ébranlement extérieur et tant que le centre où elles aboutissent n'en a pas reçu la communication.

L'existence de ce centre : telle est la troisième hypothèse qu'il faut admettre.

Ce centre physiologique a été généralement appelé *cerveau*. L'importance du rôle accordé à cet organe par la nature est si manifeste, surtout chez les animaux vertébrés, qu'il est à peine utile de s'y arrêter. Chez les insectes et les êtres microscopiques, on peut affirmer qu'il existe, quand même on n'en verrait aucune trace : car la ténuité de leurs parties échappe à l'analyse des instruments les plus subtils et se refuse à l'inspection anatomique. D'ailleurs, puisqu'ils doivent manifester leurs connaissances, il faut bien que celles-ci soient déposées en quelque centre où l'animal les perçoive au besoin pour diriger ses facultés en conséquence. Ce qu'on cherche à expliquer par le mot insignifiant d'instinct est la preuve évidente qu'il n'agit pas au hasard ; ses habitudes, et tous sans exception en contractent de toute nature, ne peuvent être que l'effet du retour de l'impression précédemment déposée en quelque lieu. Le souvenir qui existe chez tous les animaux ne peut s'expliquer que par la présence continue d'une impression : l'animal agit parce qu'une action imprimée à ses sens détermine la direction de ses actes ; lorsqu'aucune impression intérieure ou extérieure ne vient l'agiter, il reste calme ; mais s'il se meut vers un but sans qu'un mobile extérieur et présent ait déterminé son mouvement, alors c'est qu'un autre mobile intérieur et présent l'excite ; or, ce mobile est quelquefois si puissant qu'il surpasse toutes les autres impressions quelque vives qu'elles soient. Le cheval, malgré les plus rudes traitements, fait tous ses efforts pour rentrer dans le lieu où il a été une fois bien nourri et bien traité. Or, quel est ce mobile intérieur et présent qui commande si impétueusement la répétition d'un acte ! C'est le souvenir, dira-t-on. Mais que signifie ce mot ? N'est-ce pas l'impression non encore effacée des faits qui ont laissé une empreinte en quelque lieu où elle reste déposée ?

On peut décliner ici les subtilités de certains métaphysiciens : car le centre où nous faisons aboutir l'ébranlement des sens est comme ceux-ci tout matériel. S'il est nécessaire de le considérer pour expliquer l'origine de la parole, comme il échappe jusqu'à présent à un examen physique, on peut l'envisager comme l'explication naturelle d'un grand nombre de phénomènes qui sans cela resteraient sans solution. C'est de cette manière que de grandes hypothèses, telle que la *pesanteur*, donnent la clef d'effets sans nombre et en font découvrir de nouveaux. Ainsi, réalité

des impressions qui révèlent à l'être animé son existence ;

des impressions qui lui révèlent ce qui est au dehors de lui ;

du centre matériel où aboutissent ces impressions;

.Voilà les trois hypothèses qui serviront de fondement à la recherche des origines de la parole.

§ II.

Du centre des connaissances.

La connaissance apparaît au moment où, après avoir traversé les organes ébranlés, l'impression se produit au centre chargé d'en recevoir l'empreinte.

Les mots *empreinte, impression* suggèrent naturellement une comparaison qui peut servir à fixer les idées.

Quand la plaque argentée du daguerréotype est placée dans l'appareil où les verres combinés fixent sur elle, dans des dimensions voulues, les objets extérieurs, elle figure, bien imparfaitement, l'épanouissement du nerf optique, et l'appareil représente aussi grossièrement l'œil d'un animal. Si cette plaque a été douée d'une grande sensibilité, grâce aux vapeurs d'iode ou à d'autres substances, il lui faudra, comme on sait, moins d'une seconde pour saisir les images exposées devant elle. Supposons qu'au lieu de faire ressortir ces images par les procédés connus, on promène cet appareil ; en 5 minutes ou 300 secondes on aura l'image de plus de 300 objets que l'art serait désormais impuissant à faire saillir de la plaque, autrement que par une confusion indescriptible. Cependant la lumière a chaque fois produit une image complète ; la plaque, il est vrai, a été plus ou moins sensible pendant ce temps ; des rayons ont pénétré avec plus ou moins d'intensité sur la couche superficielle ; mais enfin, quoiqu'il n'y ait plus pour l'artiste qu'une superposition informe d'images, chacune d'elles s'est produite successivement et s'est répandue sur la plaque d'une manière plus ou moins saisissante.

Supposons que cette plaque, qui n'avait été rendue sensible qu'à son extrême superficie, devienne sensible dans les milliers de points dont elle est composée et qu'enfin elle devienne un être animé.

Suivant la première hypothèse, elle aura conscience d'elle-même; suivant la deuxième hypothèse, elle aura conscience des objets qui sont en dehors d'elle, de sorte qu'elle aura nettement perçu chacune des empreintes à mesure que les impressions se seront produites.

Avoir la conscience des empreintes déposées sur soi, c'est avoir ce que l'on nomme souvenir : tant que l'empreinte subsiste, le souvenir subsiste; quand elle s'efface, le souvenir disparaît.

Ce qui vient d'être considéré comme un sens à l'état le plus rudimentaire se rencontre chez l'être animé avec une perfection hors de toute proportion. Les couches sensibles paraissent être superposées les unes sur les autres, de manière à satisfaire aux exigences les plus variées; elles répondent aux divers sens, et les empreintes innombrables quotidiennement reçues altèrent peu ou point celles qui sont antérieures. Cependant, la comparaison de la plaque permet de s'en former une idée première et, en s'y reportant dans l'examen qui va suivre, on aura du moins un point comparatif sur lequel l'attention pourra s'appuyer.

Arrivée à ce lieu central, l'impression peut être ou n'être pas déposée, suivant la disposition de cet organe. Lorsqu'une grande préoccupation accapare l'action du centre des connaissances, alors l'impression peut arriver jusqu'à lui, mais elle n'y pénètre pas; de même, pendant le repos absolu des sens ou le sommeil, les yeux peuvent être ouverts, les oreilles tendues, tous les sens enfin favorables à l'impression; mais celle-ci ne trouve pas d'accès : replié sur lui-même, le centre des connaissances n'est plus en rapport avec le monde extérieur. Dans cet intervalle de suspension pour les facultés, suspension qui paraît provoquée par leur exercice et leur fatigue, la vie n'abandonne pas l'animal; s'il n'a plus conscience du monde extérieur et de toutes les ouvertures par lesquelles il le découvre, il doit lui rester la conscience de soi-même. C'est elle, en effet, qui provoque le réveil quand un sens est trop vivement frappé ou quand ils ont tous plutôt besoin d'action que de repos.

Pendant son absence du monde extérieur et en présence de sa conscience intérieure que devient l'être animé? De même que la circulation du sang persiste et que la respiration fonctionne, de même le centre des connaissances conserve son activité; comme il n'est plus dirigé dans le sens des impressions à recevoir, il est contraint de s'exercer sur les impressions acquises, c'est-à-dire sur les connaissances. La volonté qui préside surtout aux mouvements extérieurs devant être suspendue avec eux, agite d'abord quelque temps encore, quoique imparfaitement, ces connaissances et leur fait contracter des formes bizarres (rêves du soir); bientôt entièrement suspendue, elle les laisse livrées à une telle incohérence et à une telle confusion (profond sommeil) qu'il n'est plus possible d'en suivre la trace; quand elle se maintient et commande encore à certaines parties du corps des soubresauts ou des irrégularités dans les fonctions organiques (sommeil agité), elle rappelle au centre des connaissances les impressions pénibles qui accompagnaient ces désordres et par suite les connaissances heurtées et fatigantes (cauchemar); enfin, quand les sens reposés commencent à réclamer de la volonté qui les guide leur exercice régulier, les connaissances sortent de l'état confus, conspirent entre elles à former des images et des tableaux plus ou moins réguliers (rêves du matin), qui peuvent même laisser une trace à leur centre et faire partie de la série des connaissances acquises.

Comme les autres parties du corps, quoique plus spécialement protégé qu'aucune d'elles, le centre des connaissances peut subir des altérations et des lésions.

Quand des impressions trop subites, trop puissantes ou trop permanentes sont disproportionnées avec la résistance momentanée ou habituelle des membranes qui en reçoivent le dépôt, alors s'opèrent ces altérations connues sous les noms de *manie* et de *folie*. L'empreinte fortement accentuée sur quelque partie fait pâlir celles qui lui sont contiguës ou qui sont situées dans les couches inférieures; quand la volonté cherche à diriger quelqu'une des connaissances déposées, elle retrouve celle qui domine toutes les autres, s'y arrête comme malgré elle et l'effet extérieur est généralement appelé *manie*. Si la volonté n'intervient pas pour donner de l'intensité à quelques autres empreintes et faire ainsi équilibre à celle qui reste trop saillante, alors cette dernière tourne à son profit les impressions nouvelles; surchargée par elles, l'empreinte dominante se présente impérieusement et produit la *monomanie*. Que si la monomanie ne rencontre au dedans ou au dehors des contrepoids puissants, elle devient tellement intense, tellement envahissante qu'elle dégénère en *folie*.

La connaissance et le centre où elle vient se fixer peuvent donc rendre un compte sommaire de ces différents états. Une tache produite par quelqu'agent extérieur sur la *plaque sensible* interrompt en un point les diverses empreintes superposées les unes sur les autres; chaque fois que la volonté suit la trace de l'une d'elles, elle la trouve brusquement interceptée. Si cette tache est l'effet d'une impression particulière violemment empreinte, alors se présente un cas bizarre de la monomanie : c'est celui où l'animal, doué de lucidité sur tous les points, n'éprouve d'irrégularité dans la série de ses connaissances que sur un point infiniment limité. Puisque le retour du même faisceau de lumière, au même point de la plaque, produit une empreinte de plus en plus forte, l'art d'éviter ce danger dans la monomanie doit consister à détourner la volonté ou l'attention de la même impression et de la même connaissance.

C'est ainsi que les émotions vives peuvent engendrer la folie : l'impression n'étant plus en rapport avec la résistance de la membrane, l'empreinte altère si elle ne déchire pas cette membrane, comme ferait le canon sur le tympan du canonnier. Une profonde attention brutalement détournée, la peur, l'amour, les extases, peuvent porter le trouble au siége des connaissances. Une impression religieuse fortement concentrée est d'autant plus favorable à ce désordre que les pratiques quotidiennes, hebdomadaires, ou répétées à des distances rapprochées par l'exigence du culte, ramènent sans cesse l'impression dangereuse, ravive et fortifie l'empreinte. La lecture passionnée des romans fait courir les mêmes périls. Enfin, la solitude ou l'isolement au milieu de la foule laisse errer l'atten-

tion sur cette pente glissante où se retrouve l'empreinte fatale ;
celle-ci pénètre et se fixe jusqu'à produire la monomanie ou grossit
et s'étend jusqu'à causer la folie.

Puisque le centre des connaissances est en communication avec le
monde extérieur par l'intermédiaire des sens, on peut concevoir que
cet intermédiaire soit en pleine activité, ce qui fournit aux connaissances leur caractère complet, ou qu'il soit suspendu momentanément par le sommeil, ce qui occasionne le rêve ; mais on peut aussi
concevoir qu'il n'ait qu'une action partielle, une suspension incomplète. Dans ce cas, des impressions de certaine nature et d'autres
imparfaites viennent encore se produire et déterminer certains actes de
la même nature ou de la même imperfection. Au début du sommeil,
quand les connaissances commencent la vie intérieure et s'entre-
croisent de mille manières, une impression même connue est reçue
irrégulièrement et provoque aussi les conséquences les plus irrégu-
lières ; c'est le moment où les animaux le mieux apprivoisés sont
le plus redoutables ; chez l'homme le fait peut se manifester par des
réponses bizarres et incohérentes aux questions qu'on lui adresse.
Des chevaux épuisés de fatigue dorment en courant ; des marcheurs
infatigables, après plusieurs nuits de veille, dorment et parlent en
marchant.

Le somnambulisme est un de ces états particuliers : chez quelques individus de nature très-impressionnable, certaines empreintes
peuvent être encore assez impressionnées pour réveiller pendant le
sommeil l'acte qu'elles ont déjà fait naître. Cet acte se produit alors
avec d'autant plus de perfection que les objets extérieurs sont plus à
leur service et que les connaissances intérieures y concourent sans
aucun trouble : aussi ce sont les actes habituels de la vie d'un individu qui seront effectués, parce que les objets extérieurs s'y prêtent
aisément, et que la série des connaissances nécessaires à leur exécution s'enchaîne naturellement, jusqu'au moment où elle s'interrompt
assez brusquement pour que le réveil devienne la seule solution
possible.

Quant au somnambulisme artificiel , ou prétendu magnétisme
animal, il est encore tellement enveloppé dans les langes du

charlatanisme qu'il est inutile de chercher à expliquer des faits pour la plupart controuvés. Ce qu'on peut affirmer d'avance, c'est qu'ils recevront leur explication naturelle dans la manière dont fonctionnent les sens, dont ceux-ci provoquent les impressions, déterminent les empreintes et affectent le siége des connaissances. Il est parfaitement admissible qu'on exerce sur certains sens une suspension causée par une lassitude extrême, et qu'ainsi on fasse naître un état de torpeur assez semblable au sommeil sur quelques points déterminés des organes extérieurs et du centre des con-. naissances ; mais que ce dernier devienne doué de qualités surnaturelles, qu'il lise à travers les obstacles et même dans l'avenir, c'est une impossibilité qu'il est du devoir de tout homme sensé de repousser provisoirement, comme il est de son devoir de tout étudier et de tout interpréter.

L'hypothèse du centre des connaissances, si rationnelle par elle-même, donne donc une explication première des mystères attachés à ces trois états : le rêve, la folie, le somnambulisme. On verra plus loin combien elle apporte de clarté dans les recherches sur la parole et sur les lois qui en dérivent.

Il est déjà permis d'affirmer que, chez tous les êtres animés, le rêve, la folie et le somnambulisme ne peuvent être alimentés que par les empreintes déposées au centre de la connaissance. Le chien, qui gronde et aboie sourdement pendant son sommeil, ne rêve pas qu'un chat menace son nid au haut de quelque branche ; l'insecte, dont l'horizon ne s'étend pas au delà de deux ou trois millimètres, ne se croit pas, pendant son sommeil, poursuivi par une hyène ou par un tigre, etc. Chaque animal ne connaît du monde extérieur que ce qui est déposé au siége de ses connaissances : il ne peut donc, dans le rêve, la folie et le somnambulisme, voir, entendre, sentir autre chose que ce qu'il a vu, entendu et senti. Il est vrai que les parties de ses connaissances se détachent de leur véritable empreinte et composent des ensembles de caprice, des empreintes nouvelles dont il accepte la bizarrerie comme une réalité ; mais les éléments de ces composés artificiels étaient déjà des connaissances acquises.

Les phénomènes décrits plus haut se manifestent avec une intensité bien autrement grave quand le centre des connaissances éprouve une lésion dans quelqu'une de ses parties : le danger ne menace plus seulement le siége des impressions, il plane sur l'organisation tout entière.

S'il pouvait rester quelque doute sur la réalité de ce centre des connaissances, ces lésions, dans toute la région où il a son siége présumé, apporteraient de nouvelles preuves : là, en effet, les désordres locaux et appréciables déterminent des troubles profonds dans le sanctuaire des faits intellectuels, effacent des souvenirs, et causent enfin diverses altérations des connaissances acquises.

§ III.

De la connaissance.

La connaissance est l'empreinte fixée chez chacun des êtres animés au siége disposé pour la recevoir.

L'être animé ne commence pas à jouir de la connaissance au moment de la formation ; outre que le centre des connaissances n'est pas disposé de suite à recevoir un dépôt, il faut un temps plus ou moins long, suivant les espèces d'animaux, pour que l'impression produite sur les organes et communiquée au centre soit suffisamment réglée. On sait au moins que chez l'homme aucune empreinte n'a subsisté depuis cette époque jusqu'aux jours où la connaissance est nettement dessinée chez l'individu. D'ailleurs, il est facile de se former quelque probabilité en analysant l'impression.

L'impression est l'ébranlement causé par les objets extérieurs sur les organes de l'animal. Le milieu dans lequel se meut celui-ci doit donc d'abord être pris en considération. L'eau, l'air, la terre et toutes les substances peuvent occasionner des ébranlements de nature si diverse, que les organes chargés de les transmettre doivent varier dans les différentes espèces d'une façon surprenante. Si les mammifères sont généralement doués de cinq sens, on peut prévoir que des espèces seront privées de quelqu'un de ceux-ci, auront les autres prodigieusement développés ; enfin que des sens inconnus aux mammifères sont attribués aux insectes et à tous les êtres qui vivent dans les substances autres que l'air.

Dans les conditions du mammifère, l'ébranlement produit par le milieu dans lequel il est plongé est occasionné par le contact des objets extérieurs avec les organes. Les uns ébranlent en quelque point que ce soit l'enveloppe animale et manifestent les degrés différents de calorique qu'ils contiennent, leur forme obtuse ou aiguë, la plus ou moins grande quantité de matière contenue sous le même volume. D'autres objets se révèlent par un ébranlement causé sur un, deux ou même plusieurs points merveilleusement composés pour transmettre les rayons réfléchis de la lumière, leur intensité, leur différence de nature, etc. Ceux-ci agitent une membrane qui perçoit certaines ondulations de l'air, leur succession, leur intensité, leur nuance, etc... Ceux-là ébranlent une membrane humide par les émanations continues d'un fluide qui leur est propre et qui provoque le plaisir ou le dégoût ; enfin, d'autres, broyées sous la dent, ébranlent les papilles de la langue et font jouir par l'assimilation de leur chair dont l'animal éprouve le besoin réparateur. Les études incessantes de l'homme lui font assez comprendre de combien d'autres sens il pourrait être pourvu si la nature avait cru nécessaire de lui faire parfaitement connaître le milieu dans lequel il vit.

Les connaissances nées de ces divers ébranlements peuvent-elles parvenir à l'être animé dans le sein de sa mère? Le milieu n'étant plus le même et les organes étant dans l'état le plus élémentaire, ce qui se passe dans le milieu aériforme et avec des organes disposés pour recevoir les impressions de l'air ne peut pas encore se présenter. Le centre des connaissances, quoique plus développé qu'aucune autre partie du corps, n'a pas encore la consistance nécessaire pour recevoir les empreintes ; les nerfs ou les organes de communication sont trop relâchés pour remplir la fonction importante qui leur est assignée ; les organes des sens ne sont pas encore ouverts aux impressions des objets extérieurs ; enfin, ces objets ou le milieu qui les renferme ne sont pas disposés pour favoriser l'impression, la communication et l'empreinte. Tout dans le sein de la mère est calculé pour alimenter la source de la vie, pour accroître, fortifier les organes, et pour les préparer au nouveau milieu qui leur est destiné; mais rien n'est encore prêt pour la formation et le dépôt des empreintes.

Toutefois, comme si rien de ce qui plus tard fournira la substance animée ne devait faire défaut dans le fœtus, comme si l'existence n'était qu'une expansion de germes créés, complets par avance, la connaissance a elle aussi son état rudimentaire. Chez les animaux domestiques, dans les moments de repos, il n'est pas difficile de constater les mouvements irréguliers du fœtus. La femme est ivre de joie et de tendresse quand elle éprouve les premiers soubresauts de l'enfant qui s'agite dans son sein. C'est, en effet, la première manifestation de la vie et probablement aussi de la connaissance. Jusque-là il se développait et croissait comme une plante sur le sol qui la nourrit ; jusque-là il n'y avait pour la mère d'autre conscience de son état que des troubles physiques, précurseurs encore incertains ; mais le fils a révélé son existence à sa mère : dans quelque position mal équilibrée, il est sorti de son repos et s'est emparé, sans l'intermédiaire maternel, de la situation qui lui est plus favorable. Ce jour-là il débutait dans la connaissance de soi-même. Les impressions opérées par les objets extérieurs lui apprendront à se fortifier désormais dans cette connaissance et à distinguer ce qui est hors de lui de ce qui est en lui. Là s'arrêtera longtemps le cercle de sa connaissance. De même que son corps ramassé dans son étroite enveloppe laisse à peine discerner les parties qui le composent, de même l'impression aboutit au centre des connaissances indistincte et confuse.

La connaissance vague de soi-même ou l'élément de la connaissance n'est encore que le reflet de la douleur et de la satisfaction : douleur, quand la communication avec la mère apporte quelques-uns des troubles que celle-ci vient de subir ; satisfaction, quand les fonctions régulières viennent satisfaire les besoins de croissance et de nutrition.

Ces deux états, plaisir et douleur, considérés au point de vue matériel, c'est-à-dire sans le concours des empreintes déjà reçues, ne doivent eux-mêmes déposer aucune trace ou empreinte au centre des connaissances ; car cet organe est intéressé dans toutes ses parties par un ébranlement dont il devient l'intermédiaire pour le faire remonter jusqu'aux sources de la vie.

Il en sera de même dans le cours de la vie animale : les causes de la douleur et du plaisir laisseront des empreintes profondes au centre des connaissances , mais la douleur et le plaisir eux-mêmes n'y laisseront aucune trace. C'est ainsi que s'explique l'anestésie ou l'insensibilité momentanée produite par l'inspiration de certaines substances. Quand un procédé naturel ou artificiel intercepte la communication entre les objets extérieurs et le centre des connaissances, celui-ci ne peut subir que l'action des empreintes dont il est en possession ; tant qu'il n'est pas rappelé à la vie extérieure, il reçoit les secousses les plus violentes sans en conserver la moindre trace. Le souvenir de la douleur, par son empreinte, serait la douleur ; l'empreinte de la douleur serait donc la maladie du centre des connaissances : car il ne faut pas confondre ces ébranlements avec le bien ou le mal que produisent les connaissances acquises sur l'être animé.

Les rudiments de la connaissance et non la connaissance elle-même se rencontrent donc dans le fœtus. Ce sont eux qui se développent de plus en plus pendant la durée de la gestation et qui motivent les mouvements spontanés qui fatiguent la mère , produisent enfin sa délivrance et l'apparition du sujet dans le milieu pour lequel il est conformé.

Dans ce nouvel état, la connaissance n'est pas encore déterminée, parce que les empreintes sont indécises et fugitives. Les organes des sens doivent, sous l'influence du nouveau milieu, s'affermir et se préparer à remplir leur rôle et à fonctionner. La communication entre l'organe et le siége des empreintes ne s'établira que lorsque les forces intérieures auront perfectionné les instruments conducteurs. Enfin le siége des empreintes ne recevra que des ébranlements ou des secousses tant que l'impression ne sera pas précisée et la communication franchement réalisée.

Dans le cours de la vie animale, on peut aussi constater grand nombre d'empreintes indécises et fugitives ; elles ne sont pas dues comme celles de l'animal enfant à la faiblesse native des organes d'ébranlement, de communication et de dépôt ; mais elles relèvent d'un ordre de faits qu'on ne saurait négliger sans se former une idée inexacte de la connaissance.

Il faut introduire ici un nouvel élément de l'empreinte connu généralement sous le nom de *volonté*.

L'animal use d'abord quelque temps de l'exercice de ses facultés par le mouvement instantané qu'il imprime à son corps aussitôt que le mal ou le bien provoquent chez lui la répulsion ou l'attraction. Devenu familier avec ces mouvements par la rencontre réitérée des faits qui l'attirent ou qu'il repousse, il n'attend plus cette rencontre : il va au devant d'eux ou s'en éloigne, prévenu qu'il est par la connaissance rudimentaire née au siége des empreintes par suite du choc imprimé en quelque point de cet organe. Ce mouvement, encore instantané, mais causé par quelque symptôme précurseur du fait plutôt que par le fait lui-même, a été appelé *volontaire*. Dans le système physiologique des connaissances attribuées aux êtres animés, on peut donc définir ainsi la volonté :

Un mouvement déterminé d'avance par quelque symptôme d'un fait non encore présent.

En effet, parmi les empreintes indécises et fugitives qui se pressent autour des connaissances sans pouvoir s'y fixer, celles qui ont précédé ou accompagné les secousses douloureuses ou agréables, sont tout d'abord enchaînées aux accès de peine ou de plaisir que l'animal est intéressé à fuir ou à rechercher. Le moindre aperçu de ces empreintes éveille subitement toutes les forces de son organisation ; il se précipite en avant ou en arrière comme si le bien ou le mal étaient déjà présents. Le retour des mêmes faits et la réussite de ses efforts l'excitent à rechercher ou à fuir les symptômes comme s'ils étaient les faits eux-mêmes ; désormais il acquiert l'art de prêter ses organes à l'impression extérieure, de favoriser la communication au centre des connaissances et de conserver quelques empreintes.

Une fois née, la connaissance se multiplie aisément : car il

suffira pour l'animal de se familiariser avec le travail organique
dont il a si bien tiré parti. Ce travail des organes pour recevoir
l'impression et la communiquer au centre des connaissances a reçu
le nom *d'attention.*

Les mots *volonté, attention,* ont été employés dans des significations si peu limitées qu'il faudrait leur substituer d'autres termes,
comme il a été fait pour la pensée, s'il était utile de fonder quelque argumentation sur cette base.

Envisagée à ce point de vue physiologique, la pensée pourrait
être l'objet de recherches pleines d'intérêt et donner lieu à des
explications plausibles de faits intellectuels qui sont restés obscurs;
mais comme ces recherches et ces faits n'ont pas une opportunité
actuelle pour l'examen des lois de la parole, il est plus naturel
de s'en abstenir et de réserver les explications pour le moment où
des difficultés d'une solution nécessaire se présenteraient dans le
cours de cet ouvrage.

§ IV.

Première analyse de la connaissance.

Puisque la connaissance se produit quand l'élément est fourni
par les faits en dehors de l'être animé, et quand il y a chez celui-ci
une disposition des organes suffisamment préparée pour recevoir
l'impression, la communiquer et en conserver l'empreinte au centre
des connaissances, il devient important d'étudier comment elle se
nourrit et se fortifie sous l'action des forces extérieures et intérieures qui l'ont fait naître. Les efforts faits par un sujet pour distinguer dans les prodromes des faits l'apparition prochaine de tout
ce qui intéresse son organisation en bien ou en mal, se renou-
vellent fréquemment et deviennent bientôt une des principales
conditions de son existence. Le nom d'attention donné à ces efforts
explique très-bien dans son étymologie (*tendere ad*) la tension des
organes en regard du fait extérieur.

Or, la puissance de tension concédée à chaque être est infiniment bornée et, n'était le calme réparateur du sommeil qui la ravive, elle serait bientôt complétement épuisée. Lorsqu'elle s'exerce sur l'un quelconque des organes des sens, les autres semblent momentanément suspendus comme s'ils avaient prêté leurs forces vives pour entretenir celles de l'organe intéressé. Bien plus, la tension dans le même organe ne s'exerce d'une manière continue que par des intervalles dont la succession est conforme à la rapidité avec laquelle s'écoule la vie dans les diverses espèces. Une empreinte semble correspondre à chacun de ces intervalles; mais elle reste indécise et fugitive si la tension ne se concentre pas sur un point particulier. De même, en effet, que l'organe en action a emprunté à tous les autres une part de leur énergie, de même il abandonne lui-même celle qu'il possède dans ses diverses parties au profit du centre où se résume son intensité.

Il résulte de cet enchaînement de l'attention avec la connaissance que cette dernière, qui semblait d'abord embrasser un ensemble assez complet, est indécise et fugitive sur tous les points que l'attention n'a pas déterminés et mérite seulement ce nom là où l'empreinte se continue d'une manière durable.

La connaissance est donc en général composée d'une partie déterminée et de plusieurs parties indécises, d'une partie persistante et de plusieurs parties fugitives.

L'étude d'un tout, d'après ce qui précède, ne saurait être l'œuvre d'un moment : c'est en parcourant successivement les parties pour en déterminer la nature qu'on peut s'en former une connaissance appréciable. Qu'on offre dans un vase à un animal une nourriture composée de plusieurs substances, il parcourra des yeux et de l'odorat toutes les parties qui la composent, et c'est seulement quand il aura effectué cette reconnaissance qu'il s'adressera aux parties les plus substantielles ou qui flattent le plus son appétit.

Ce travail, sans lequel la connaissance d'un tout ne peut être réalisée, a reçu le nom d'*analyse*.

Puisque chacun des efforts de la tension organique laisse au centre

des connaissances l'empreinte très-circonscrite de quelqu'un des
points de l'objet ou du fait soumis à l'analyse ; puisque sur un
même objet ou dans un même fait ces points sont indéfiniment multipliés, il faudrait, pour que l'empreinte fût complète au centre des
connaissances, que la tension organique fût indéfiniment prolongée
et que les organes eux-mêmes fussent capables d'admettre des impressions aussi complexes. Or, en supposant la perfection dans les
organes des sens, dans ceux de communication et dans ceux qui
reçoivent les empreintes, la prolongation indéfinie de la tension
organique est en contradiction avec toutes les exigences de la vie
animale.

Toute analyse et, par suite, toute connaissance d'un tout est donc
nécessairement incomplète.

Plus on multiplie les empreintes fixes, par la tension des organes
vers les points qui étaient restés indécis ou fugitifs, plus l'empreinte
ou la connaissance se complète; mais si cette tension s'exerce sur
les points déjà déterminés au siége des connaissances, la même
empreinte renouvelée n'ajoutera rien à la connaissance du tout,
seulement elle facilitera désormais la tension organique qui la précède et les actes qui en sont la suite (1).

Lorsque les empreintes successives ont rendu moins indécises les
parties restées d'abord dans l'obscurité, alors l'empreinte de l'objet
ou du fait est suffisamment complète pour que la connaissance puisse
rendre service à l'être animé ; leurs parties conservent dans l'empreinte totale les corrélations dont elles jouissent au dehors. C'est
pour cela que l'animal domestique égaré dans la campagne retrouve
la route, la ville, le quartier, la maison, la cour et le chenil qui lui
sont familiers. Tout est enchaîné et coordonné dans l'empreinte qui
lui fournit les indications.

---

(1) C'est ainsi que s'expliquent les habitudes et les mouvements dits instinc-
tifs ou mécaniques. Une empreinte fréquemment réitérée par suite des mêmes
efforts organiques et suivie des mêmes actes se renouvelle dans ses antécédents
et ses conséquences aussitôt qu'une circonstance, même inaperçue, éveille
quelque partie du fait dont l'ensemble s'enchaîne sans effort organique.

Cette empreinte générale dans laquelle se réunissent toutes les empreintes analytiques, en conservant aux parties toutes leurs relations, a été nommée *synthèse.*

Comme tous les êtres animés, l'homme ne peut acquérir de connaissance complexe sans le secours de l'analyse et de la synthèse ; comme eux, il ne connaît le monde extérieur que par les empreintes déposées au siége de ses connaissances ; mais, comme les espèces qui vivent en société, il a des moyens d'opérer une analyse et une synthèse artificielles qui agrandissent l'étendue et la profondeur de ses connaissances.

Pour procéder avec ordre et pour ne pas accumuler les empreintes successives avec une profusion qui rendrait difficile la coordination des parties dans l'empreinte totale, il suit la marche indiquée par les organes de ses sens : il réunit les parties d'un tout en plusieurs ensembles qui les comprennent toutes et qu'il rétablit dans leur unité après les avoir étudiées séparément. Ces synthèses partielles servent de limite aux connaissances acquises, autrement dit, aux empreintes fixes, et facilitent l'acquisition des empreintes restées indécises ou fugitives.

L'obligation de procéder ainsi a dû se présenter ici, puisqu'il s'est agi de connaître les origines du langage. La connaissance elle-même, aperçue à sa source, n'a pu se soustraire à ce mode d'examen. En effet, elle a été considérée dans son point de départ : l'objet ou le fait extérieur ; dans l'ébranlement causé sur les organes en contact avec le monde extérieur ; dans la communication entre ces organes et dans l'organe intérieur qui la reçoit. Il restait sans doute à considérer l'union du centre des connaissances avec le centre de la vie et avec la vie elle-même ; mais comme ces considérations introduiraient dans des régions encore couvertes des voiles du mystère et n'intéresseraient qu'indirectement la parole, il a semblé préférable de s'arrêter aux quatre synthèses partielles qui forment une première analyse de la connaissance.

Ce sera l'analyse de ces quatre fractions synthétiques qui éclairera de plus en plus la connaissance : 1° analyse des objets ou des faits extérieurs, c'est-à-dire du monde et de tous les phénomènes qu'il produit ; 2° analyse des sens ou physiologie des organes des sens ; 3° analyse des organes qui communiquent des sens à l'organe cérébral, ou physiologie du système nerveux ; 4° analyse du centre des connaissances ou du cerveau et de toutes ses fonctions.

Ces quatre analyses forment tout simplement le cercle de toutes les études possibles pour l'humanité ; elles resteront probablement toujours inachevées, parce que l'homme, comme toutes les espèces animées, a pour limite son organisation essentiellement finie et qu'il se trouve en présence de l'infini.

Toutefois, comme chacune des branches des connaissances humaines est une fraction de ces analyses et que le travail analytique conduit sur tous les sujets à une connaissance meilleure et à une empreinte mieux caractérisée des faits et de leurs relations, il importe de descendre partout de cette première analyse à un travail analytique plus particulier, en construisant partout ces synthèses artificielles qui ne renferment que les empreintes utiles à quelque spécialité et suffisamment éclairées.

La connaissance, dont le cadre était si vaste, n'a été explorée jusqu'ici que dans la partie qui touche aux origines de la parole ; elle ne se présentera encore désormais qu'avec le même cachet d'utilité pour le but proposé. Dans cette première analyse, les organes intermédiaires entre le point de départ et le point d'arrivée de la connaissance sont d'une importance tout à fait secondaire. Au contraire, ces deux points extrêmes président à la naissance de la parole et en déterminent toute l'organisation.

L'ébauche analytique fournie sur la connaissance et sur le siége où elle reste déposée pourra comporter des développements utiles qui trouveront leur place en temps opportun ; mais aucune ébauche n'a encore été offerte sur l'objet ou le fait extérieur qui est le point de départ de la connaissance. Il s'attache un trop grand intérêt pour la parole dans l'examen des faits qui la provoquent, pour qu'il ne soit pas nécessaire d'en produire aussi une première analyse.

§ V.

Du fait extérieur et de sa première analyse.

D'après les deux premières hypothèses, l'être animé a conscience de soi et du monde extérieur; l'une de ces deux notions est la conséquence de l'autre : car on ne peut nier sans pouvoir affirmer, et réciproquement; et enfin sentir sa propre existence, c'est sentir les points de contact qui révèlent ce qui n'est pas soi. Toutefois, le monde extérieur n'existe pour l'individu qu'à la condition de pénétrer et de s'incorporer dans son monde intérieur : c'est là qu'est pour lui toute la réalité. Quand il double son attention pour se rendre compte du fait extérieur, il cherche à former une empreinte plus saisissable sur laquelle seule il peut porter son jugement. La facilité avec laquelle ce jugement est rendu aussitôt que l'empreinte arrive au centre des connaissances lui fait bientôt assimiler l'image à la réalité, et il affirme le fait extérieur alors qu'il est devenu le fait intérieur.

Le fait extérieur, dont la réalité échappe à tous les êtres animés, se présente donc à eux avec des divergences importantes, suivant la force d'intensité et de précision qui leur est départie. Dans les mêmes espèces, les divergences doivent être moindres, mais elles sont encore considérables, puisque, outre le point de vue qui donne à l'empreinte une disposition variée, les organes des sens, ceux de communication, et enfin le centre des connaissances peuvent exercer chez chaque individu des influences toutes diverses.

Cependant, sauf quelques exceptions dont il est permis de ne pas tenir compte, dans une même espèce certains faits provoquent des conséquences presque semblables; on peut donc augurer que cette similitude se rencontre aussi dans les empreintes. Si plusieurs espèces, comme l'humanité, jouissent de quelque procédé pour enregistrer ces faits, elles peuvent constater leurs res-semblances ou leurs différences essentielles.

Comment donc l'être animé prend-il cette possession toute per-sonnelle du fait extérieur?

La connaissance à l'état rudimentaire (page 27), en procurant à l'être animé la notion vaguement sentie de soi-même, lui apporte en même temps la notion aussi vaguement sentie du fait extérieur. Au moment où la mère a éprouvé un tressaillement qui ne coïncide plus avec le jeu ordinaire de ses organes, elle a compris qu'un être formé et alimenté par elle jouissait déjà dans son sein d'une vie qui lui était propre. De son côté, cet être ne s'est senti vivre qu'au moment où il a senti les liens extérieurs céder au mouvement qu'il a provoqué. Depuis lors, il ne cesse de mener de front ces deux connaissances élémentaires; il les sent agir et réagir con-tinuellement l'une sur l'autre. Par des aspirations incessantes, il va au devant des matières nutritives qui l'alimentent et fortifient ses organes. En s'assimilant ces matières, non-seulement il dis-tingue le fait extérieur du fait intérieur, mais il s'instruit déjà des corrélations qui existent à son profit dans ces deux ordres de faits. Quand il échappe, par un mouvement rapide, à une contrainte momentanée et acquiert le bien-être en fuyant la gêne, il compare encore entre eux ces deux faits et se convainc que l'un, le fait intérieur, est subordonné à l'autre, le fait extérieur.

Que l'on appelle ces manœuvres instinctives ou machinales, ces appellations n'ont d'autre privilége que de dispenser de pénétrer dans les ressorts que l'on explique ici et elles n'infirment en rien cette explication.

A mesure que l'être animé prend des forces et se familiarise avec les notions de soi-même et du milieu qui l'étreint, il devient plus exigeant avec le fait extérieur. Or, quand celui-ci ne peut plus le satisfaire dans le milieu où il le cherche, il tend vers le nouveau milieu qui l'appelle et il seconde ainsi les efforts de la mère dans cette délivrance commune.

Le nouvel être apporte dans ce nouvel état le besoin précédem-ment acquis d'utiliser le fait extérieur à son bénéfice. Il se roidit

et emploie toutes les forces de son organisation pour se soustraire
à la crudité du nouveau milieu où il n'a encore puisé que la souffrance. De lui-même ou avec l'aide de sa mère, il surmonte encore
cette étreinte jusqu'alors inconnue du fait extérieur et bientôt il
cherche, trouve et exploite un autre fait extérieur qui renoue pour
lui l'assimilation de substance dont le besoin se renouvelle dans ce
second milieu comme dans le premier. Sa mère sera pour lui la
source des faits extérieurs les plus immédiats et l'occasion de tous
les autres, jusqu'au jour où il saura lui-même et sans son concours
se les approprier et fonder sur eux toute son existence.

Se rendre compte de la manière dont l'être animé entre en possession du fait extérieur, c'est en même temps déterminer la véritable relation de ce fait avec l'être qui le perçoit.

En effet, se connaître soi-même dans l'état rudimentaire de
la connaissance, c'est avoir le sentiment de la manière dont on est;
autrement dit, c'est sentir sa manière d'être; connaître le fait
extérieur dans ce même état rudimentaire de la connaissance, c'est
avoir le sentiment d'un changement dans sa manière d'être occasionné par ce qui n'est pas soi. Or, quand on ne se connaît encore
que comme une manière d'être, on ne peut connaître le fait
extérieur que comme une manière d'être qui n'est pas la sienne
propre.

Dans cet état de connaissances, le fait extérieur n'est autre chose
qu'une manière d'être en dehors de l'être animé qui modifie sa manière d'être intérieure.

Quand, dans les premiers temps de son existence, l'être animé se
jette à la recherche du fait extérieur, il y est entraîné par les conditions mauvaises ou incomplètes de sa manière d'être intérieure;
ne se connaissant lui-même que comme manière d'être, il ne peut
connaître les faits extérieurs que comme des manières d'être qui
réagissent sur lui. C'est à ces manières d'être qu'il demande une
réaction favorable; s'il ne doit rester doué que des sens de l'ouïe,
de l'odorat et du goût, le monde ne sera pour lui qu'une suite continue de manières d'être analogues à celles qu'il éprouve.

Mais s'il est destiné à chercher au loin son alimentation, il faut qu'il connaisse les manières d'être du fait extérieur autrement que par les ébranlements du milieu qui produisent le son, par les émanations qui produisent l'odeur, par les aspirations de la substance qu'il assimile à la sienne.

Pour jouir de la locomotion sans laquelle il n'y a pas d'existence possible pour lui, il faut encore qu'il discerne d'autres manières d'être du fait extérieur : ce sont autant de connaissances issues du milieu dans lequel il devra se mouvoir. Le toucher l'avertira des manières d'être qui lui feront obstacle dans sa locomotion, de leur plus ou moins grande résistance à ses efforts, des contacts favorables ou nuisibles à la satisfaction de ses besoins. Enfin, si la locomotion doit s'exercer à des distances proportionnellement grandes, suivant sa nature et ses forces, alors des manières d'être nouvelles lui seront révélées par l'organe tout spécial de la vue.

Le toucher, considéré indépendamment de certains organes spéciaux qui servent à en analyser la connaissance, avertit à tous les instants l'être animé de l'existence du fait extérieur. Le contact incessant du milieu dans lequel il est placé, la manière d'être de ce milieu dont il subit intérieurement les influences, lui impriment profondément une empreinte permanente et qui domine toutes les autres : c'est celle de la réalité de ce fait. L'homme traduit cette connaissance par le mot *matière*.

Cette importante connaissance du fait matériel à laquelle toutes les autres semblent subordonnées parvient au centre des connaissances avec une intensité plus ou moins grande par toutes les parties de l'être animé. Elle se trouve au début de l'analyse du fait extérieur. Ce toucher, répandu sur tous les points de la substance animée, constitue avant tout son existence; il pourra se transformer pour saisir les nuances du fait extérieur et enrichir le centre des connaissances ; mais les organes des sens, nés de ces transformations, peuvent être amoindris, supprimés, tandis que ce toucher extérieur et intérieur ne disparaît qu'avec l'être animé lui-même.

Ainsi se trouvent justifiées les hypothèses (pages 16 et 17). Le toucher universel des points de la substance animée aboutit, comme celui

de tous les organes des sens, au centre où en reste le dépôt. L'être
animé a d'abord connaissance de soi-même, parce que le centre des
connaissances jouit du même privilége que tous les autres points
de la substance ; et il a connaissance du monde extérieur, parce
qu'il en reçoit les empreintes par tous les points extérieurs de sa
substance.

Voici donc que le fait extérieur seulement apprécié jusqu'ici par
ses manières d'être fournit à l'être animé une connaissance distincte, profondément séparée des autres manières d'être et que
l'homme appelle matière.

La première analyse du fait extérieur sera donc effectuée si on le
considère dans sa décomposition en *matière* et en *manière d'être
de la matière.*

La matière qui forme la substance de l'être animé le met en
contact avec la matière du monde extérieur et lui en fournit la
première connaissance ; les manières d'être toutes spéciales de cette
même substance le mettront en contact avec les manières d'être aussi
spéciales du monde extérieur et lui en fourniront les connaissances :
ce sont les organes des sens.

Un organe plus spécial du toucher est ordinairement accordé à
l'animal, en quelque point de sa substance, à quelqu'un de ses
membres ou à quelque appendice ; par son secours, il lui est donné
d'apprécier certaines particularités de la matière dans son état plus
ou moins grand de concentration. Quand il y joint les connaissances
issues de l'organe de la vue, il parvient à se rendre un premier
compte des formes et des surfaces, et dès lors il peut se mouvoir,
sans danger pour son existence, dans le milieu dont il dépend.

Il apprend alors que la matière, dans ses diverses concentrations, affecte des manières d'être infiniment variées, que, parmi
elles, la limite de chaque concentration, appelée chez l'homme
surface, jouit de propriétés dont il faut, pour sa sûreté individuelle, distinguer les plus accessibles à ses sens ; que les surfaces
qui enveloppent la matière à un même degré de concentration composent un ensemble que l'homme appelle *forme;* enfin, que la
forme et les parties de matière auxquelles elle sert de limite consti-

tuent un *être* qui, comme lui, a droit au milieu dans lequel il est plongé.

L'*être* ou l'*objet*, ainsi parvenu à la connaissance de l'être animé, ne figure pas pour lui la matière elle-même, mais bien des parties de matière douées des manières d'être qui ont présidé à leur composition. Toutefois, comme ces parties peuvent jouir de toutes les manières d'être dont jouit la matière, et comme elles semblent occuper tous les milieux qu'occupe la matière, on peut considérer celle-ci comme la réunion de tous les êtres qui en font partie.

De cette sorte, le fait extérieur, remplacé par la matière et ses manières d'être, peut être modifié dans son analyse en le considérant comme composé d'êtres ou d'objets et de leurs manières d'être ; que si, dans les êtres, on distingue ceux qui sont doués de la locomotion de ceux qui y restent étrangers, on obtient pour la première analyse du fait extérieur : l'*être animé*, l'*être inanimé*, et *les manières d'être* qui résultent de leurs actions partielles et réciproques.

§ VI.

Êtres. Sociétés.

En même temps que chez l'être animé s'éveillent la connaissance de soi-même et celle du fait extérieur, deux autres connaissances, qui sont comme les corollaires des premières, surgissent et progressent simultanément : ce sont les notions du tout et de ses parties. Avoir conscience de soi-même, c'est constater son unité; avoir conscience du monde extérieur, parce que cette unité est sans cesse en présence des faits extérieurs, c'est constater la multiplicité des parties qui composent cette unité.

En effet, tous les points de la substance animée communiquent avec le centre des connaissances, de telle sorte que l'atteinte la plus légère de l'extérieur a immédiatement son contre-coup à ce centre, et que l'animal, en suivant la trace de la communication, détermine à coup sûr le point qui en est affecté. La mouche, la puce, etc., qui font des piqûres en des points si limités des plus gros quadrupèdes, sont instantanément éconduites par les moyens qui sont au pouvoir de ceux-ci, tant est exacte la connaissance du point lésé. Si donc, la conscience de tous les points qui entrent dans sa composition donne à l'animal la connaissance de son unité, les ébranlements accidentels survenus sur tel ou tel point font naître chez lui la connaissance de ces points ou de ces parties, et désormais il se considère comme un tout résumant un grand nombre de parties.

D'ailleurs, ne connaissant le monde extérieur que par les manières d'être, qui produisent en lui le fait intérieur, il suppose à ce qui est hors de lui tout ce qui est en lui-même. C'est pour cela que le chien, sans expérience, mord le bâton qui le frappe et que l'enfant frappe de la main le meuble où il s'est heurté : l'un et l'autre traitent d'égal à égal avec ces objets et croient que les parties ébranlées communiqueront à quelque centre la douleur qu'ils ont éprouvée eux-mêmes.

Une fois qu'il a transporté hors de soi cette connaissance de la multiplicité dans l'unité ou des parties dans un tout, alors il l'applique à tous les objets ou à tous les êtres dont il fait la rencontre. Comme il ne peut exister qu'en prenant connaissance du monde extérieur, c'est-à-dire de la matière ou de ses manières d'être, ou encore des êtres et de leurs manières d'être, il se met à la recherche de ces deux ordres de faits extérieurs.

Il ne tarde pas à reconnaître les êtres et, parmi eux, ceux qui sont pour lui plus immédiatement nuisibles ou utiles. Plus il se perfectionnera dans cette connaissance, plus il s'entourera de bien-être et assurera son existence. De sorte que, chose admirable! dans tous les degrés de l'échelle animale, le savoir est la condition indispensable à la vie.

Mais le savoir ou la collection des connaissances, ou, mieux encore, la possession des empreintes déposées au centre des connaissances et l'art d'en tirer parti, n'atteint pas ce but quand il ne s'applique pas, comme il vient d'être dit, à ce qui est plus immédiatement utile ou nuisible. L'oiseau ou tout autre animal apprivoisé, soumis par la main de l'homme à des exercices compliqués, fait preuve d'un savoir qui dépasse de beaucoup celui des êtres de son espèce. Qu'il soit rendu à la liberté et à la vie commune que la nature lui destinait, il est victime de son ignorance : car il ne sait plus reconnaître les circonstances contraires ou salutaires et tirer parti de leur présence.

Le savoir de l'homme présente des éventualités de la même nature. Dans les situations complexes nées de l'état de société, tel homme sera orné de connaissances merveilleuses qui ignorera les conditions indispensables à son existence au milieu du corps social. De là des maladies, des infirmités de tout genre, des crises particulières et publiques, et enfin ces deux monstruosités que la nature elle-même n'avait pas prévues : l'homicide et le suicide.

L'animal a juste ce qu'il faut de connaissances pour maintenir l'existence de son espèce; l'homme, si fier des siennes, n'est pas encore parvenu à ce résultat : il agrandit, sans en mesurer l'étendue, la sphère où s'agitent ses passions et il en apprécie de temps en temps les effroyables conséquences. C'est à la parole et à ses lois qu'il doit remonter, s'il veut retrouver les connaissances immédiatement nuisibles ou utiles avec lesquelles il pourra veiller à sa conservation : car la parole est à l'origine de toute société comme la connaissance est à l'origine de la parole. C'est d'après ce système qu'une première analyse des êtres et des sociétés se rapporte aux origines de la parole.

Êtres.

L'*être* est un tout composé de parties : quand, par suite de concentrations diverses, la matière offre aux sens de la vue et du toucher une multiplicité de parties résumée dans une unité, elle se présente à eux comme une figure ou forme (page 40) à laquelle on donne le nom d'*être* ou d'*objet*.

Si, sur un ou plusieurs points, cette concentration vient à être vaincue, alors l'être se trouve décomposé en plusieurs autres êtres qui résument à leur tour de nouvelles unités. Comme il n'est pas donné à l'animal, avec les sens dont il dispose, de parvenir jusqu'à l'élément matériel lui-même, cette décomposition peut se poursuivre indéfiniment pour lui. De même, on peut concevoir que les objets placés dans des conditions favorables à la concentration de la matière résument une nouvelle unité dans laquelle ils deviennent des parties.

Si l'être est doué de locomotion, c'est-à-dire s'il peut se mouvoir de lui-même et sans le concours d'aucune force extérieure, il prend le nom d'être animé ; quand il est privé de ce privilége, il s'appelle inanimé.

L'être animé ne pouvant se mouvoir sans avoir la connaissance de sa propre existence, du monde extérieur, de son unité et de sa multiplicité, etc., est contraint d'acquérir successivement toutes ses connaissances. A mesure qu'il en prend possession et sait en faire l'application, il prend possession de la vie et en remplit plus aisément toutes les fonctions.

Son organisation est, comme on l'a vu, mais dans certaines limites, favorable à ces acquisitions successives. Préoccupé sans cesse de sa conservation et forcé de la maintenir par les impôts qu'il lève sur les objets qu'il rencontre, êtres animés ou inanimés, il met à profit son droit de locomotion pour les connaître, pour s'emparer de la substance extérieure et se l'approprier. Pour cela, il cherche à distinguer les objets qui conviennent au jeu intérieur de ses organes et à l'entretien de son individualité.

Ce ne serait pas sans des peines infinies, des privations sans nombre, qu'il acquerrait ces connaissances, s'il n'était secondé à son entrée dans le milieu où il doit se mouvoir, par ceux-là mêmes qui ont produit et secondé ses développements. Car, à moins qu'il ne doive la vie à ces œufs déposés çà et là au milieu même des matériaux qui pourvoiront à sa première subsistance, à moins que son organisation particulière ne lui permette d'attendre qu'il ait fait sur les objets les expériences nécessaires, il lui serait difficile et le plus souvent impossible de se prémunir contre les obstacles et les dangers et d'enregistrer au centre de ses connaissances les premiers faits qui tout d'abord le maintiendront comme être animé.

Qui donc, après avoir produit et secondé le développement de l'être animé, lui aplanira les difficultés à son apparition dans le monde extérieur et lui facilitera l'acquisition des connaissances indispensables? Ce seront ceux mêmes qui lui auront donné l'existence.

Après le sein maternel où l'être animé puise d'abord ses connaissances rudimentaires, c'est à la famille qu'il devra le complément sans lequel les sources de la vie seraient taries en quelques heures. Or, la famille, formée du père, de la mère et de ceux qui ont vu le jour à la même heure, se simplifie ou se complique, suivant l'absence ou la présence du père, l'absence ou la présence des êtres issus sous les mêmes efforts. Dans la condition des animaux domestiques, la mère est souvent réduite à supporter seule le fardeau de sa famille ; mais le voisinage de l'homme, l'alimentation régulière à laquelle il pourvoit, viennent à son secours. A l'aide de cette double instruction, les connaissances se multiplient rapidement et consolident dans la génération postérieure les liens de domesticité. Mais le type de la famille que l'homme peut aisément entrevoir et saisir sur le fait, c'est celui qu'offre l'oiseau libre attachant sa couvée aux branches des arbres ou des buissons.

Réchauffée, protégée, emprisonnée sous l'aile maternelle, la petite couvée ne prendra son essor que quand les forces et les connaissances se seront accrues simultanément. Jusque-là que de soins, que de travail pour la garantir contre les intempéries de l'air et contre les dangers de tout genre qui la menace. Pour le petit être encore si frêle et si ignorant, le fait extérieur est résumé d'abord par le duvet qui intercepte les attouchements rigoureux de l'air. Bientôt la révélation encore incomplète du tout et de ses parties se manifeste par l'introduction du petit bol alimentaire entre les fissures du bec. La présence, l'absence, les mouvements du corps qui le couvre, ou ceux de ses frères en couvée, la pression contre les parois du nid, le balancement de cette demeure aérienne, ce sont autant de connaissances qui laissent leur empreinte au siège des connaissances. Quelquefois, ému par les stimulants du besoin, il essaie à débuter dans les accents qui plus tard feront son charme et son langage ; mais une pression extérieure réprime cet élan : car les connaissances indispensables doivent germer chez lui avant celles qui ne sont pas immédiatement utiles.

La connaissance des dangers dont le nouvel être est entouré doit précéder celle même qui assurera sa subsistance. Qu'importe, en effet, celle-ci quand la destruction en interrompt violemment les effets salutaires ! Aussi à quelle école le nouvel être puise-t-il des leçons de prudence et de sagacité ! En même temps qu'il apprécie la sécurité dont il jouit sur le rameau où le domicile de la famille est fixé, il sait que le silence est une condition nécessaire de son existence. Ce que Pythagore exigeait de ses disciples avant de pénétrer dans la philosophie, il le sait avant d'entrer dans la vie. Dans ce silence il acquiert une maturité de connaissances que l'on a nommée instinct quand on n'a pas cherché à l'expliquer. De la crainte salutaire et d'une prudence de tous les instants, il passe à la notion parfaite des éléments qui l'abritent : son nid dans ses moindres détails et les deux conservateurs qui l'abritent tour à tour, il les juge par tous les sens. Au léger frissonnement de sa mère, il a compris quelque péril imminent ; aux accents cadencés qui coïncident tout à coup avec la fin de ce frisson, il connaît que le péril est passé et qu'un cri ami vient d'en célébrer la délivrance.

A mesure que les forces s'accroissent et que les besoins d'alimentation deviennent plus fréquents et plus impérieux, il reste plus souvent seul avec ses compagnons d'enfance pendant que père et mère sont au loin en quête de la nourriture qu'ils se procurent au péril de leur vie, et qu'ils rapportent fidèlement à leurs nourrissons. C'est dans ces moments de délaissement qu'il s'empare plus hardiment des connaissances personnelles qui doivent tant lui servir un jour. Au milieu de ses frères, sa personnalité se développe ; il se pose et est repoussé ; il repousse et conquiert ou reste vaincu. Tour à tour oppresseur ou opprimé, il prélude aux luttes de la vie, et déjà il tire les notions qui lui assureront sa place au soleil.

Et pourtant pendant les absences de ses deux protecteurs, il entend ou les cris mystérieux de la mère, ou les chants hardis du père qui le rassurent et manifestent leur présence ; ils ont dit : Nous sommes là. Désormais il juge l'espace, la distance ; il sait attendre.

Et quand au retour il recevra de l'un d'eux le grain broyé d'avance, et qu'il voudra balbutier un léger éclat d'impatience ou de joie, toujours l'aile bienfaisante, en le refoulant, lui signifiera : Silence avant tout !

Mais quand lui et ses frères ont vu luire le jour qui leur donnera la possession de l'air ; quand la force et les connaissances seront devenues suffisantes pour commencer la vie personnelle, comme les protecteurs sont inquiets. Le moment est choisi avec soin ; les animaux dorment ou sont éloignés. En avant, dit la mère ; et elle pousse en montrant le moyen et le chemin. C'est le moment de mettre à profit et en exercice les connaissances acquises. La mère a trouvé des forces surnaturelles ; sa voix, jusqu'alors à peine perceptible, prend des accents divers et une sonorité qui n'est plus contenue. Par ici ; par là ; où vas-tu, malheureux ! Attendez ; pas si vite ; pas si loin !... Ce langage est formel, précis, entendu et compris par toute la lignée. Cependant le père trace à distance un cercle de surveillance, et par ses cris rappelle à la mère et aux petits qu'il est leur sauvegarde et qu'il veille pour la sûreté commune. Aussitôt qu'il a prononcé le fatal « Prenez garde ! » la fuite et le silence en commun en sont les conséquences. Tous ont reconnu l'accent qui les pénétrait d'anxiété quand la mère accourait à eux et, après des détours pleins de mystère, les couvrait tout entiers de son corps tremblant ; tous aussi comprennent le mot d'ordre « C'est passé » et ils reprennent activement leurs jeux intéressés autour de leur mère.

Cette série de connaissances acquises dans la famille de l'oiseau et dont il n'est permis ici que d'esquisser quelques traits, se reproduit dans toutes les familles animales avec les différences qui naissent des organisations variées et des contacts si divers nés de leur genre de vie.

Il résulte de cet examen et de tous ceux auxquels on peut se livrer sur cette matière que l'être animé, élevé en dehors ou au sein de la famille, est partout et toujours condamné à meubler son centre des connaissances, des empreintes dont l'utilité immédiate lui permettra d'affronter le fait extérieur. Mais il en ressort aussi

clairement que, si les connaissances exigent quelques degrés analytiques et si l'enfance de l'animal se prolonge quelque peu, avant
qu'il puisse suffire lui-même à ses besoins, l'existence en famille
ou une assistance étrangère doit subvenir à cette nécessité. Enfin,
il n'est pas moins évident que, pour être efficace, cette intervention de la famille ou d'une autre assistance ne peut s'exercer
qu'à l'aide de signes, mutuellement acceptés, établissant une communication entre le protecteur et le protégé, entre l'instituteur et
son disciple.

Sociétés.

Lorsqu'un certain nombre d'êtres animés, rattachés ou non par
des liens de parenté, pratiquent en vue d'un profit commun l'œuvre
de l'existence, on dit qu'ils sont en société.

Il est difficile, pour ne pas dire impossible, qu'un état social
s'établisse entre animaux d'espèce différente : car la connaissance
étant en rapport avec l'organisation de chacun et le conduisant
dans la voie qui lui est propre, ou ces espèces différentes se heur-
teraient au passage, ou elles seraient profondément insouciantes des
faits qui ne les atteindraient pas respectivement. L'exemple des
animaux domestiques que l'on remarque, soit avec l'homme, soit,
comme on l'assure, avec les fourmis, ne saurait être concluant.
Ces animaux, pour être réunis, ne forment pas une société : ils
subissent la loi d'un plus fort ou d'un plus adroit ; leurs connaissances, détournées de leurs dispositions naturelles, se forment pour
le but artificiellement préparé par leur oppresseur ; ils ne pratiquent
donc pas l'œuvre de l'existence pour le profit commun des êtres de
leur espèce ; mais chacun individuellement la pratique au profit de
celui qui les exploite. Il est aisé, d'ailleurs, de constater dans ces
réunions l'absence complète d'autonomie : chaque animal suit avant
tout son désir instantané ; la violence de son compagnon le retient
accidentellement, et sans la vigilance du gardien qui corrige ou
sépare ceux dont les mœurs sont antipathiques, il n'y aurait que
rixes et confusions.

La société prend sa source dans la famille. Quand le petit être animé est en possession de la force et des connaissances nécessaires pour exister sans l'appui maternel et pour acquérir les autres connaissances dont la vie qu'il doit parcourir lui fournira les empreintes ; quand il a suffisamment expérimenté ses forces et ses connaissances primitives, gêné par les limites circonscrites de la famille, il s'empare de l'espace et prend désormais sur lui-même le soin de son avenir.

Mais lorsque ses forces seront suffisamment développées, si ses connaissances restent incomplètes pour la satisfaction des besoins les plus immédiats ; si, après chaque effort tenté en vue de son indépendance, il se sent victime de son inexpérience, alors il se rapproche du foyer maternel d'où ont rayonné pour lui les premières connaissances ; il y cherche le bien-être et les acquisitions qui font défaut au centre de ses connaissances.

Que si, par la nature même de son organisation, il est contraint de meubler le centre de ses connaissances d'un grand nombre d'empreintes indispensables, ou, si celles qui sont pour lui d'une utilité immédiate ne peuvent se fixer qu'après des épreuves répétées qui sont ou contrariées ou diminuées d'intensité par d'autres plus accessoires, le temps seul pouvant venir à son aide, il sera forcé de prolonger son séjour sous l'abri de la famille. Cependant ceux qui sont sortis de la même souche avant ou après lui, comme lui et pour les mêmes raisons, n'ont pas abandonné l'asile bienfaisant qui les a vus naître ; tous ensemble, sous la direction des auteurs de leurs jours, aidés de leur concours et sous l'influence de leur mutuel contact, grossissent l'important butin de leurs connaissances. D'ailleurs, grâce à leurs forces déjà développées, ils prennent part en commun au labeur de l'existence. Dans la variété de ces occupations, les uns et les autres apportent des aptitudes différentes causées par le plus ou moins de connaissances, par les empreintes plus ou moins bien fixées en leur centre. Ils ne tardent pas à reconnaître les avantages de cette vie en commun où chacun utilise ses moyens acquis, et jouit de ceux qu'il n'avait pas encore su acquérir.

Une fois que ce mérite de la communauté est reconnu, une fois

que l'être animé préfère à son isolement avec l'indépendance la famille avec ses dépendances, la société est formée. Qu'il soit à son
tour à la tête d'une progéniture, il n'abandonne pas ceux qui lui
aplanissent certaines difficultés, repoussent les périls avec leurs
forces réunies, qui lui continueront ces avantages et les feront par-
tager à ses petits. La satisfaction des besoins les avait rapprochés ;
elle les maintient désormais dans une étroite union. Le bien-être si
difficile à maîtriser pour certaines espèces dans leur existence isolée,
sera conquis avec une facilité merveilleuse par cette vie en commun ;
mais il rencontre des complications inquiétantes nées des obligations sans nombre que contractent tous les membres.

Il a suffi d'une douzaine de symboles, signes ou cris, à la famille
ailée, dont on a figuré plus haut les péripéties, pour conjurer les
dangers et s'approprier les bienfaits de l'existence ; que de signes
ou symboles fournis et perçus par les sens il faudra créer pour
faire face aux besoins nombreux que doit enfanter la communauté
sociale.

Sans ces signes, tous les efforts et toutes les entreprises seraient
frappés de stérilité ; le concours de tous les êtres vers un même
but, quel que fût le dévouement de chacun à l'intérêt commun, ne
produirait que le désordre et la perte infructueuse de toutes ces
forces. Avec le désordre, les ressources privées s'amoindrissent et
s'annulent ; les individus ne trouvant plus dans leur rapprochement
mutuel le bénéfice dont la perspective les avait tentés, s'isolent et
n'attendent plus que d'eux seuls le bien-être et l'existence. Avec
l'ordre, les masses s'organisent, se meuvent avec accord vers le
but déterminé d'avance ; déploient, sans se gêner l'une l'autre,
leur activité spéciale, et, en assurant le bénéfice de chacun et de
tous, resserrent encore les liens qui les unissent. Puis donc qu'il existe
des sociétés, c'est qu'elles sont réglementées par les lois puissantes
sans lesquelles l'ordre ne pourrait subsister ; puisque l'ordre impose
dans ces réunions les devoirs assignés aux masses et aux individus,
c'est que l'entente s'établit, à l'aide de la force peut-être, mais au
moyen des signes qui expliquent les diverses obligations qui in-
combent à chaque élément de la masse et à la masse elle-même.

4

Il est d'ailleurs facile, sans remonter aux signes artificiels que l'humanité s'est appropriés, de concevoir l'établissement de signes conventionnels dans l'une quelconque de ces sociétés. Il n'est pas nécessaire pour cela de chercher à pénétrer les sens inconnus ou les ressorts cachés qui font mouvoir les républiques de castors, d'abeilles ou de fourmis. A moins d'être naturalisé citoyen de l'une de ces républiques, le véritable mobile qui enchaîne ou guide les individus restera longtemps et toujours peut-être un secret pour l'humanité. Or, l'origine des connaissances et la manière même dont elles se disposent à leur centre fournit, comme on va le voir, des moyens aisés pour établir ces systèmes de symboles ou de signes.

L'empreinte d'un fait extérieur déposée au centre des connaissances se compose des parties ou des phases successives de ce fait. Chez les mêmes espèces, le fait se présente d'une manière sinon identique, du moins assez analogue pour que le résultat avantageux ou disgracieux soit également recherché ou évité par les différents êtres. Ces vérités, démontrées plus haut, conduisent à la solution de ce problème :

Évoquer chez un individu de la même espèce que soi l'empreinte que l'on a soi-même présente au centre de ses connaissances.

Évidemment, la solution de ce problème est d'un intérêt majeur pour l'existence d'une société quelconque : si elle était impossible, toute société deviendrait elle-même un problème et, dès lors, ne semblerait plus une réalité.

Parmi les traits caractéristiques d'une empreinte, ceux qui composent la partie la plus saillante du fait sont aussi ceux qui ont frappé plus vivement au centre des connaissances. Les communications entre deux individus de la même espèce peuvent surtout s'établir sur ces données communes : car il n'est pas impossible de provoquer au dehors l'impression qui a produit quelqu'une de ces parties saillantes de la connaissance. Quand on a assisté à un fait grave, le début et la fin déterminent, en général, une impression assez prononcée, et il y a de plus des circonstances ou détails qui affectent vivement un des sens. Ainsi, chez l'homme, le portrait dispense souvent des autres parties du corps ; un trait du visage suffit quelquefois pour rappeler la connaissance ; une particularité distinctive de démarche ou de contenance supplée même aux traits.

Chez les animaux en société, au sortir de l'état de famille, le père et la mère conservant l'ascendant de l'âge, de la force et de l'expérience, commandant depuis longtemps l'attention, n'ont besoin que de figurer une circonstance de quelque fait bien connu pour évoquer chez leurs petits l'image du fait entier. Le premier signal de l'action, en rappelant toutes les phases, détermine avec la connaissance complète tous les mouvements qui en sont le complément. Ce signal, devenu habituel, peut perdre son caractère de fidélité en fait de représentation, sans cesser de provoquer l'empreinte. De génération en génération, il se transmet avec des altérations qui ne permettraient plus d'en discerner l'origine.

Ce qui est vrai pour une société de famille ne l'est pas moins pour une société quelconque : il suffit qu'un membre ait la prérogative d'attirer sur lui l'intérêt d'une masse pour qu'il éveille dans tous les membres, en figurant le début, la fin ou la circonstance la plus saillante d'un fait, l'empreinte complète de ce fait. Dans ce cas, la démonstration que son entraînement lui aura suggérée sera le signe représentatif du fait ; ce signe se conservera ou s'altérera suivant les chances du temps, mais il y a désormais un signe acquis à l'empreinte de ce fait.

Le nombre considérable des faits qu'enfante un état social suppose un nombre égal de signes représentatifs de ces connaissances en commun. Désormais, le signe prend sa place au milieu même de l'empreinte dont il résume tous les détails ; il sert à tous les membres pour évoquer la même empreinte et provoquer au besoin le même acte. Le langage qui résulte de ces signes est constitué.

L'établissement d'une société quelconque supposant l'existence de signes qui mettent en communication les empreintes respectives des différents membres, et cette communication s'effectuant aisément, grâce à la capacité et à la flexibilité du centre des connaissances, on peut se demander si, sur ces premières bases, on doit espérer pour un état social richesse, stabilité et progrès.

Dans ces collections d'êtres de la même espèce, chaque individu a été créé par la nature dans un isolement complet : c'est-à-dire que, par l'intermédiaire du centre de ses connaissances, il apprécie par lui-même et pour lui-même les faits seuls dont il reçoit l'empreinte. Il n'y a pour lui richesse que quand il satisfait abondamment ses besoins : c'est dans ce but qu'il désire la stabilité et ambitionne les progrès. Or, les besoins sont d'abord ceux pour lesquels la nature a réclamé l'état social : abri, nourriture, reproduction, et ensuite ceux qui surgissent quand les plus impérieux sont satisfaits. Ces derniers, issus du désœuvrement de l'animal quand il ne travaille plus directement à l'acquisition des premiers, varient non-seulement suivant les espèces, mais suivant les individus et partagent naturellement la société en masses divergentes d'intérêt et de direction. S'il faut une satisfaction aux besoins qu'on peut appeler artificiels de ces masses, il faut aussi qu'elle soit tempérée en vue du bien-être commun et des exigences individuelles et collectives. Il se forme donc une situation telle dans ces sociétés qu'elles ne peuvent être maintenues que par la force ou par l'abnégation momentanée ou permanente de certains individus et de certaines masses.

La stabilité des sociétés, qui a pour base la force matérielle, est celle qui présente au premier abord les garanties les plus solides, et, dans ses appréciations peut-être erronées des connaissances de l'animal, l'homme est tenté de croire que c'est là le seul élément d'ordre dans les réunions des êtres animés. Qu'importe, en effet, le plus ou moins grand degré de précision dans les connaissances, quand la nécessité s'impose rigoureusement : la satisfaction des besoins matériels maintiendra toujours au sein de la société les membres qui auraient la velléité de secouer le joug, et leur rendra plus léger le sacrifice de leurs besoins secondaires. Mais de pareilles sociétés seraient incompatibles avec le progrès ; car la force matérielle entre les mains d'un seul ou de plusieurs partage alors l'état social en deux camps : ceux qui travaillent et ceux qui jouissent.

Or, la stabilité est sans cesse mise en échec par l'impatience des uns et la cupidité des autres; la force tend insensiblement à se déplacer, et à chaque instant cause des revirements, source de troubles et de malaise.

Au reste, le but des sociétés n'est pas borné à la satisfaction momentanée du besoin d'alimentation : comme serait la curée des loups attaquant par bandes les troupeaux et les voyageurs; il se complique toujours de l'abri commun où, dans les rigueurs de la saison froide, dans les jours pluvieux et insalubres, les provisions amassées suppléent aux vivres qu'il n'est plus possible de se procurer par le labeur ordinaire. Dans ces longues heures, qui sont autant d'années ou même de lustres pour les insectes réunis, que se passe-t-il dans leurs cités ? La satisfaction des besoins primaires est assurée ; à l'activité qu'ils déployaient dans la saison favorable succède le calme et un bien-être enivrant; des besoins de tout genre surgissent du contact de ces êtres entre eux, de leurs connaissances acquises et de la convoitise individuelle. Il y a encore nécessité d'avoir recours à cette vertu de résignation qui assurera la stabilité; mais le moyen d'accepter ce remède héroïque avant que l'impossibilité de la satisfaction ne soit devenue manifeste.

La connaissance est ainsi le lien des sociétés. Suivant qu'elle embrasse avec exactitude et dans les détails les plus concluants les faits nés et expérimentés, suivant qu'elle n'est pas influencée par les empreintes qui n'en font point partie ou qui se croisent seulement avec elle, son action est préservatrice et tutélaire ; suivant qu'elle n'est pas nettement analysée et formulée au centre des connaissances, suivant qu'elle emprunte aux empreintes qui lui sont étrangères ou qui n'ont que des points de contact accidentels, des éléments superflus, incohérents ou seulement accessoires, son action est dangereuse ou subversive.

Pour suffire aux besoins incessants des sociétés, non-seulement les connaissances doivent chez un même individu être exactes et variées, mais elles resteraient à peu près inefficaces si elles ne se communiquaient aisément d'un membre à un autre, de manière à ce que tous ou le plus grand nombre pussent retrouver par l'analyse

les parties à peu près analogues d'une empreinte à peu près semblable.

Ce sera le signe représentatif de la connaissance qui résoudra
cette difficulté : qu'il se prête aisément à la variété des connaissances ; qu'il suffise à leur analyse ; qu'il ne favorise pas la confusion ou la fausse interprétation ; qu'il ne change pas de valeur
d'individu à individu, de masse à masse, de génération à génération : qu'il soit soumis à une coordination parallèle à celle de la
connaissance elle-même ; enfin qu'il soit toujours prêt à figurer à
leur rang les empreintes nouvelles ; dans ces conditions, il secondera réellement la communication et l'assimilation des empreintes
de tous les membres d'une même espèce.

Chez l'homme ce signe représentatif de la connaissance est LA
PAROLE.

CHAPITRE III.

ÉLÉMENTS DE LA PAROLE.

Les origines de la parole sont, comme on vient de le voir, communes avec celles de tous les systèmes de signes que les êtres animés mettent en pratique pour organiser et maintenir leurs différentes sociétés. L'homme n'a, dans cette revue, aucun privilége dont il puisse se targuer : tout animal est, comme lui, armé d'organes propres à recevoir l'impression causée par le fait extérieur, à la communiquer au centre des connaissances, et à en renouveler ou à en conserver les empreintes. Il appartiendrait maintenant à chaque espèce d'êtres réunis en société d'observer les moyens dont ils disposent pour tirer parti de ces conditions originelles et de faire ressortir les lois des signes conventionnels qui leur permettent d'exploiter le fait extérieur. L'espèce humaine peut bien essayer des hypothèses sur ces lois ; mais elle manque des matériaux à analyser et des organes propres à cette analyse : aussi, forcée de tout interpréter à son point de vue, elle tombe nécessairement dans des aperçus inexacts ou incomplets.

Plus heureuse en faisant un retour sur elle-même, l'humanité, quand elle enregistre le témoignage de ses différents membres, se convainc des impressions et des empreintes communes à tous ou au moins d'une analogie frappante pour tous ; elle n'a donc besoin que d'une attention soutenue et méthodique pour exprimer les lois communes de faits communs.

Que, dans l'état actuel des sociétés humaines, l'édifice du langage soit ou non fondé sur des bases conformes aux besoins et aux lois de la parole, cet édifice est une réalité incontestable ; une partie du but est atteinte aujourd'hui, et bien insensé serait celui qui, faisant table rase de progrès accomplis, baserait sa législation sur des considérations théoriques en dehors de la grande voie expérimentale; il n'est pas sensé de s'avancer vers l'inconnu par une route inconnue ; il faut, pour ne pas s'égarer, suivre avant tout une route connue.

Le premier pas à faire dans l'étude des lois de la parole sera donc l'analyse de la parole.

§ Ier.

De l'Empreinte et du Mot en général.

Le mot et la connaissance sont si intimement unis dans la pratique, qu'il semble interdit à l'analyse de pénétrer le mystère de cette union.

Ce sont des mots ; se payer de mots ; épiloguer sur les mots ; jouer sur les mots ; querelles de mots, etc.... Toutes ces locutions attestent que le mot est considéré comme une misérable enveloppe et qu'apparemment une chose cachée sous cette enveloppe est tantôt remplacée, tantôt altérée par elle. Cette chose est généralement connue sous le nom de pensée.

S'il est permis de *jouer sur les mots*, parce qu'il est toujours permis de jouer quand on ne compromet aucun acte sérieux, il ne peut être licite d'accoupler des mots vides de sens, de se satisfaire d'un son stérile quand on cherche une connaissance, de batailler enfin avant même d'avoir pénétré dans la signification des mots. C'est en discernant nettement et l'enveloppe et le contenu qu'on évitera des efforts superflus ou dangereux.

La pensée étudiée dans le chapitre précédent, à un point de vue qu'on peut appeler physiologique, va jeter quelque clarté sur la chaîne étroite qui la rattache au mot. Une fois ramenée à la connaissance des empreintes (page 25) , elle a fait un pas décisif et emprunté une forme qui la met aisément en contact avec la parole.

La famille humaine étant de celles qui devaient donner naissance à une société (page 48) , a dû chercher dans le début, la fin ou les circonstances saillantes du fait extérieur , le moyen de rappeler et de rendre présente l'empreinte déjà reçue au centre des connaissances. Elle avait à se prémunir contre les hôtes dangereux des forêts ; elle était vraisemblablement elle-même obligée de se procurer par la chasse une grande partie de sa subsistance : elle était donc partagée entre la crainte et l'espérance. Or, comme les objets de sa terreur ou de sa convoitise étaient des êtres dont elle évitait la vue ou qui fuyaient sa présence, elle a dû, dans le cas même où elle n'aurait pas résidé dans les forêts, avoir plutôt recours au sens de l'ouïe qu'à celui de la vue pour commencer et entretenir des relations mutuelles. L'imitation , naturelle aux animaux et surtout aux quadrumanes, si voisins des bimanes, lui a fait sans doute immédiatement reproduire les cris, les hurlements et même les accents cadencés. Chacun de ces signaux était pour tous le renouvellement des scènes d'effroi ou de jouissance dont ils avaient conservé les empreintes ; car les hurlements du tigre, du lion et de tous leurs ennemis avaient précédé ou accompagné le carnage dont ils avaient été témoins, comme le chant des oiseaux annonçait la présence d'êtres inoffensifs et réservés à leurs repas. Aussitôt que la voix eût été reçue comme intermédiaire entre les membres de la famille humaine, elle n'aurait pu être abandonnée que si elle n'eût pu suffire à son emploi ; elle ne devait jamais être épuisée.

Mais toute probable que soit cette généalogie de la parole, le fait accompli est plus imposant que toutes les hypothèses et conduit aux mêmes appréciations.

Le MOT *est une ou plusieurs émissions de la voix figurant conventionnellement une même empreinte pour plusieurs individus.*

La convention qui attribue au mot sa valeur, qu'elle dérive ou non des considérations précédentes , est un fait avéré. Entre membres d'une même société, le même mot présente à chacun une image assez semblable pour provoquer la participation aux mêmes actes. Comment s'effectue cette simultanéité de connaissances?

Lorsque plusieurs individus assistent au même fait extérieur, chacun d'eux reçoit une empreinte qui dépend de la situation dans laquelle l'impression se produit sur les organes et de la disposition générale et momentanée de ces organes. Qu'on énumère dans cette situation et cette disposition les circonstances multipliées qui peuvent les rendre divergentes chez les individus, et on s'étonnera moins des nuances si diverses dont les actes qui en sont la conséquence portent le témoignage. Toutefois, dans la limite de ces nuances, il existe un accord qui prouve que le fait lui-même, sous un jour ou sous un autre, est parvenu au centre des connaissances de chacun des membres présents.

Si ce fait est un son émané de la voix, formé du son pur ou du son articulé, c'est-à-dire accompagné d'une articulation ; que, pour l'intensité, l'acuïté ou la gravité, le timbre et toutes les autres propriétés du son, il laisse une empreinte quelque peu différente chez les assistants, il conservera à peu près uniforme chez tous l'empreinte de l'articulation et celle du son nées des organes extérieurs qui modifient la voix : ce qu'on a traduit par consonne et voyelle. Une pareille uniformité sera suffisante pour donner naissance à la parole.

Cela posé :

Soit un autre fait produisant sur plusieurs individus une empreinte analogue ; que l'un d'eux, recommandable par son expérience, son influence physique ou un ascendant quelconque, ajoute instantanément à cette empreinte une émission de sa voix, la seconde empreinte qui en résultera sera si bien liée à la première, qu'elle semblera superposée et que désormais l'une ne pourra guère reparaître sans l'autre au centre des connaissances.

Que d'un consentement unanime ils produisent à leur tour la même émission de la voix pour rappeler au centre des connaissances la première empreinte, celle-ci adopte désormais le son produit comme la circonstance la plus saillante du fait qu'elle figure, et le *mot* est désormais affecté à la connaissance ou à l'empreinte.

Ainsi se trouve expliquée la définition du MOT.

Dans les efforts qu'il fait pour acquérir le fait extérieur, l'enfant fournit un exemple frappant de cet accouplement du mot et de la connaissance. Conduit par sa mère devant chaque être ou chaque objet aussitôt qu'il semble distinguer l'un d'eux, avant même qu'il ait pu discerner la partie la plus saillante, il reçoit l'empreinte du mot qui doit être fixé à l'empreinte de l'objet. Pour lui le mot et l'objet sont ainsi invariablement unis par leurs empreintes ; en d'autres termes, une de ces empreintes admet l'autre comme la partie la plus saillante qui entre dans sa composition.

Or, chez l'enfant, les impressions sont tellement fugitives qu'elles laissent d'abord à peine une trace au centre des connaissances ; mais le même mot creuse son empreinte assez profondément pour qu'elle revienne même en l'absence de l'objet ; c'est ainsi que le mot *papa* sera par l'enfant articulé dans un mouvement de gaieté, sans que l'être qu'il rappelle soit présent ou que son empreinte soit réveillée intérieurement.

La rapidité avec laquelle l'empreinte d'un objet se produit et s'efface laisse difficilement à l'enfant le temps de saisir et de retenir quelques-unes des circonstances même saillantes qui la caractérisent. Cependant le mot qui y est annexé a greffé son empreinte sur celle de l'objet d'une manière fortement accusée. Il en résulte que, dans les premiers temps et jusqu'à ce que l'examen ait pu être fait de quelques-unes des circonstances si légèrement traitées d'abord, le mot est tout pour l'enfant et l'objet presque rien.

Ce résultat se remarque aussi bien chez l'homme, à tous les âges, quand il prend connaissance de quelque fait jusqu'alors ignoré par lui. Entouré de circonstances qui se succèdent sans pouvoir être encore fixées au centre des connaissances, ce fait est pour ainsi dire absorbé à ce centre par l'empreinte du mot qui le résume. A ce moment le mot est la seule et véritable connaissance du fait. Tous les hommes ont dans leurs souvenirs un assez grand nombre de mots qui figurent des faits entièrement inconnus pour eux, mais qui, dans la lecture d'un ouvrage, passent inaperçus et ne semblent pas gêner l'ensemble des connaissances qu'ils poursuivent. Quelquefois, par une pudeur plus contraire encore à la logique, on attribue une définition telle quelle à ces mots et l'on préfère le rôle d'inconséquent à celui de perroquet; mais le mot n'est pas mieux expliqué et il restera de ces lacunes dans la tête des plus érudits. On connaît la plaisanterie des *Échelles du Levant*, servant à la construction du *Pont-Euxin;* que d'absurdités de ce genre ne ferait-on pas imaginer à ceux qui ne consentent pas à ignorer quelque chose !

Le mot domine donc d'abord la connaissance à laquelle il est rigoureusement lié; celle-ci ne s'affranchit insensiblement de ce joug qu'en accusant les parties dont elle se compose encore superficiellement, au centre des connaissances : ce qui est l'effet de l'analyse.

Il importe singulièrement à la juste appréciation des lois de la parole de se rendre un compte fidèle du despotisme exercé par le mot sur la connaissance : à cet effet, il devient indispensable de suivre le développement simultané de ces deux éléments.

La *connaissance*, qu'on peut appeler *propre*, est signifiée par le *mo propre*.

La *connaissance propre* est celle qui résulte de l'empreinte communiquée par le fait de l'objet lui-même et qui en est une véritable propriété. Quand elle se fortifie par la réapparition au centre des connaissances, c'est que le même fait et non pas un fait analogue, le même objet et non pas un objet semblable, se sont produits de nouveau et ont impressionné les mêmes organes. Il a semblé convenable d'appeler *propre* le mot qui convient à cette connaissance; celle-ci pouvait donc aussi recevoir cette dénomination.

L'enfant ne peut avoir que des connaissances propres; pour lui, comme pour la nature, chaque être est un tout à part qui ne se confond avec aucun autre. Le mot qu'on lui adresse et dont il se sert pour désigner ce qui l'entoure ne convient, suivant lui, qu'à l'objet dont il a l'empreinte au centre de ses connaissances; puisqu'il n'a pas encore analysé cette empreinte, il ne peut distinguer ce qu'elle a de commun avec une autre.

L'expérience va bientôt lui apprendre que les êtres avec lesquels il est en rapport sont innombrables, et que, s'il emploie un mot pour chacun d'eux, il épuisera sans grand profit les ressources de la parole ; il acceptera donc avec satisfaction le moyen terme que lui offrira la société. Provisoirement, il est dans le vrai, quand il considère chaque être ou chaque objet comme un tout distinct, dont l'empreinte doit aussi être figurée par un mot spécial.

C'est que l'empreinte du fait extérieur, telle qu'elle se présente au centre des connaissances, a seule de la réalité pour l'homme ; le mot qui la résume pourrait s'appeler *naturel*, parce qu'il représente réellement l'image fournie par la nature. D'autres images, d'autres empreintes seront fournies par l'art de tirer parti de ces empreintes naturelles ; celles-là, il faudra bien se résoudre à les nommer *artificielles* et à envisager les mots qui les résument comme des *mots artificiels*.

Avant de passer à l'examen si important des connaissances et des mots dus à un certain artifice, il n'est pas indifférent de s'assurer s'il ne reste rien à dire sur les mots naturels. Or, la nature n'offre pas seulement des êtres animés ou inanimés, elle offre surtout et en plus grand nombre peut-être des *manières d'être* (page 41).

Les *manières d'être* sont toutes naturelles en ce qu'elles résultent des actions réciproques des êtres que la nature a créés. Ces actions, comme les êtres eux-mêmes, font partie des empreintes ou des connaissances qui sont reçues par l'entremise des organes des sens. Avec l'empreinte générale se trouvent consignées les empreintes spéciales de grandeur, distance, forme, couleur, situation, etc. ; celles-ci ont la même réalité que la première, qui ne pourrait même exister sans elles : car les êtres nous sont révélés surtout par leurs manières d'être (page 37). Cependant, cette réalité ne subsiste que pour chacune des empreintes déposées au centre des connaissances : les abstraire ou extraire d'un fait extérieur pour les rapprocher d'autres également abstraites ou extraites d'autres faits, c'est encore les déranger de leur état naturel par un artifice qui, utile ou non pour l'humanité, est une exploitation du fait naturel ; mais n'est plus le fait lui-même.

La manière d'être reste donc naturelle quand elle est saisie sur le fait lui-même ou sur l'empreinte de ce fait ; mais elle cesse d'être naturelle quand elle est transportée d'un fait à tout autre même analogue et presque identique. Aussi, quand , après ces sortes de larcins, le doute et la discussion s'élèvent, c'est toujours à une manière d'être naturelle qu'il faut avoir recours pour vérification ; mais le doute et la discussion se continuent souvent , parce que le fait modèle ne peut plus être reproduit dans sa complète identité.

Il serait aussi et plus impraticable d'attacher un mot à chaque manière d'être qu'il le serait de désigner ainsi chacun des êtres animés ou inanimés. C'est pourquoi il n'a été imaginé de mot propre pour aucune des manières d'être.

Il résulte de ce que l'homme est sans cesse aux prises avec les êtres animés et inanimés ; de ce que ces êtres ne peuvent être appréciés que par leurs manières d'être ; de ce que ces manières d'être ne peuvent être jugées qu'artificiellement ; que le bien-être et la vérité dépendent, pour l'humanité, de l'*art* avec lequel elle saura se servir des éléments de la connaissance et des mots qui la résument et la propagent.

<h2 style="text-align:center">§ II.</h2>

De l'Empreinte et du Mot artificiels.

Puisque l'homme ne peut affecter un mot à chacun des êtres animés ou inanimés, ni à chacune des manières d'être qui résultent de toutes ces existences, il est fatalement condamné à composer des connaissances artificielles et à les figurer par des mots artificiels.

Cette composition effectuée depuis longtemps et transmise d'âge en âge au moyen de la parole, a rendu d'immenses services à l'humanité et doit en rendre de plus grands encore, si les lois de la parole se trouvent enfin dégagées de ce qui les offusque et se montrent à tous dans leur simplicité, et pourtant avec toute leur exigence.

Voici comment les connaissances acquises peuvent donner lieu aux connaissances artificielles.

Toute connaissance (*page 25 et suivantes*) ou empreinte fixée au centre des connaissances (*page 19 et suivantes*) est tout entière à la disposition de l'individu. Quoique confondue avec les mille et une empreintes qui sont parvenues au même centre, elle devient distincte aussitôt que l'être animé, supprimant provisoirement toutes les autres, attache sur elle son principe d'activité. Alors non-seulement l'empreinte se montre dans son ensemble, mais avec toutes les particularités et tous les détails qui la constituent.

Cette évocation de l'empreinte est d'autant plus facile pour l'homme que le mot dont il se sert et qui la résume a rempli ce rôle nombre de fois et qu'ainsi, à son appel, reparaît toujours et instantanément la même empreinte. Outre cela et par la même habitude il a pu faire choix dans cette empreinte de telle ou telle partie en négligeant de faire paraître celles qui ne l'intéressent pas dans le but qu'il se propose. Ces circonstances de l'action intérieure ont été reconnues aussi explicables que le mouvement imprimé à telle ou telle partie du corps et des membres.

Si cette évocation et le choix d'une partie quelconque de l'empreinte évoquée sont possibles, alors s'expliquent beaucoup de phénomènes intérieurs, parmi lesquels on doit placer l'empreinte artificielle.

En effet : qu'on dégage et qu'on isole une ou plusieurs parties d'une empreinte et qu'on la mêle avec une ou plusieurs autres dégagées d'une ou plusieurs empreintes ; que ce mélange ou ce rapprochement soit effectué de manière à former un tout appréciable ; alors il se formera de ces éléments réunis une empreinte nouvelle qui sera d'autant plus saisissable que les parties étaient elles-mêmes mieux caractérisées. Cette connaissance dont le fait intérieur a fourni les éléments, mais non pas l'ensemble, peut être appelée *artificielle*.

Que cette connaissance, fruit d'un art quelconque, soit résumée (page 57) par l'empreinte d'un ou de plusieurs sons et articulations et le mot artificiel sera créé (1).

____

(1) En tant qu'émission de la voix, le mot n'est pas artificiel ; mais en se reportant à la définition du *mot* (page 57), on se rappellera que, dans l'étude de la parole, mot et connaissance sont intimement liés et forment deux empreintes constamment enchaînées l'une à l'autre : le *mot* apparaît aussitôt que la *parole* manifeste et formule la *connaissance*.

Maître de créer des empreintes et des mots artificiels, l'homme n'a plus qu'à choisir dans cette ressource additionnelle ce qui le secondera dans l'examen des êtres et des manières d'être dont le nombre dépasse de beaucoup les limites de sa capacité.

Après avoir tourné ses regards. sur les êtres, animés ou inanimés, avoir affecté un mot propre à chacun de ceux qui sont avec lui dans un contact quotidien, il comprend l'impossibilité d'en faire autant pour tout ce qu'il rencontre sur son passage. Les êtres, les objets se multiplient devant lui de telle sorte qu'il n'entreprend plus de faire correspondre à chacune des impressions qu'il en ressent une empreinte de la voix. Tout en réservant le mot propre à ce qui l'intéresse plus particulièrement, il a recours au mot artificiel pour désigner ce que la nature a semé avec une grande profusion ; pour atteindre ce but il s'adresse à la connaissance artificielle.

Par son secours il met à part, dans ses empreintes, les êtres chez lesquels il observe certaines parties à peu près semblables ; de cette collection d'êtres il forme un tout qui comprend, selon lui, et ceux qui ont laissé chez lui une empreinte et ceux qui en laisseront une analogue postérieurement. C'est cet assemblage d'êtres essentiellement distincts, mais artificiellement réunis, comme le seraient les parties d'un tout, qu'il considère désormais comme une empreinte figurant au centre de ses connaissances ; et c'est à cette connaissance artificielle qu'il donne un mot qu'on peut aussi appeler *artificiel*.

Par exemple, il a vu cinq ou six animaux de forme à peu près semblable, cinq ou six plantes produisant du bois, des feuilles et des fleurs à peu près semblables ; au lieu de donner à chaque empreinte un mot correspondant, il réunit ce qui lui paraît semblable dans toutes ces empreintes, il forme une empreinte nouvelle de toutes ces parties analogues et rappelle désormais par les mots *cheval, rosier*, cette connaissance artificielle au centre des connaissances. S'il craint même d'avoir trop d'êtres à distinguer par cette forme abrégée, il rétrécira encore le nombre des empreintes et des mots en y comprenant un plus grand nombre d'êtres. Les premiers seront alors des *quadrupèdes* ou des *mammifères*, les autres seront des *arbustes*. De nouvelles empreintes artificielles, plus compréhensives que les dernières, seront fournies et désignées par les mots *animal*, *végétal*, etc.

L'avantage à recueillir de ce mot artificiel ne se borne pas à la diminution des empreintes trop considérables résultant du sens de l'ouïe et des émissions de la voix, il favorise encore l'acquisition des connaissances nouvelles : car on peut laisser à l'état fugitif (page 31) toutes les parties qui ont été distinguées dans l'empreinte commune et recevoir seulement au centre des connaissances celles qui offrent quelque chose de neuf et d'inconnu.

Cet avantage est en grande partie ce qui donne tant de puissance à l'intelligence humaine. Sans cette magnifique découverte, elle serait réduite à enregistrer, comme certains animaux, empreintes sur empreintes sans pouvoir les analyser autrement qu'au point de vue, immédiatement indispensable, de la nourriture et des premiers besoins; avec elle, au contraire, l'homme agrandit incessamment la portée des empreintes, s'enrichit de toutes celles qui sont véritablement profitables, et s'avance avec assurance du connu vers l'inconnu.

Mais ce moyen d'acquérir, on ne saurait trop le répéter, est aussi dangereux qu'il peut être salutaire. Malheur à ceux qui confondent l'art avec la nature, l'artifice avec la réalité, le moyen avec le but! Que de gens, même parmi les écrivains les plus renommés, traitent les empreintes artificielles comme si elles étaient naturelles! Le moindre dommage causé par cette confusion, c'est de considérer l'homme éveillé comme le jouet d'un songe, d'introduire dans la vie sociale les éléments les plus incohérents et d'aboutir à nier la raison humaine.

Pour conjurer un danger si souvent présent, on ne saurait trop en mesurer l'étendue et en éviter les approches.

Le mot artificiel comprend non-seulement ce que l'on sait, mais bien plus encore ce que l'on ne sait pas. Or la nature a des secrets si profonds que, quelles que soient les connaissances des savants, qui en zoologie, qui en botanique, qui dans une branche quelconque des sciences naturelles, les hommes de la science sont à peine initiés aux premiers éléments fournis par le monde extérieur. A mesure qu'ils étudient un seul objet, ils découvrent et découvrent sans cesse;

la vie ne suffit pas pour épuiser une recherche toute spéciale; qu'est-ce donc quand ils agrandissent la circonscription des empreintes naturelles par des mots artificiels , et qu'est-ce à plus forte raison pour le commun des hommes qui se servent avec un aplomb imperturbable de tous ces mots comme s'ils les connaissaient à fond ! Que l'on demande à celui qui dit « cheval » quelles sont les empreintes analogues qu'il a réunies pour composer ce mot artificiel ? Sa réponse, jugée par un plus expérimenté, sera convaincue de fausse interprétation. Que l'on demande à cet autre ce qu'il résume au centre de ses connaissances sous le mot *rosier ?* Il lui sera démontré par un plus habile qu'il confond sous cette connaissance bien des êtres qu'il ne voulait pas désigner. Eh bien ! ces plus expérimentés, ces plus habiles, à mesure qu'ils progressent eux-mêmes, se trouvent insuffisants , incapables en présence de l'étendue des empreintes qu'ils croyaient le mieux limitées.

D'ailleurs la communication de ces mots artificiels d'homme à homme, de parents à enfants, de précepteurs à élèves, s'effectue à l'aide des empreintes déposées par l'organe de l'ouïe. La connaissance du mot artificiel, comme émission de la voix, satisfait d'abord comme ferait une réalité ; mais par la communication on n'acquiert pas même les quelques empreintes naturelles qui ont, après choix, créé l'empreinte artificielle ; on jouit du travail effectué par d'autres et on s'en rapporte à leur discernement ; c'est-à-dire qu'on reçoit seulement l'empreinte du mot sans avoir la connaissance. Cependant, pour l'avoir vu employé ailleurs dans des circonstances presque identiques, on se croit en droit d'en faire usage, et c'est ainsi qu'on veut ensuite communiquer aux autres des connaissances que l'on n'a point soi-même.

Assurément le mot naturel laisse subsister bien des ignorances, surtout quand l'empreinte *naturelle* ne se fortifie pas par la réitération ; mais celle-ci se fixe avec un bien autre degré d'exactitude sans même qu'il soit besoin de faire une étude des parties qui la composent. Le mot naturel embrasse dans le cadre de l'empreinte une série de faits particuliers si bien enchaînés les uns aux autres, que le moindre rappel de l'un d'eux au centre des connaissances

provoque nécessairement tous les autres, et, par conséquent, ramène l'empreinte complète. Au contraire, la connaissance *artificielle*,
formée de parties extraites çà et là, compose un tout hétérogène
dont les membres mal liés entre eux se heurtent mutuellement et
n'ont de rapprochement que par un effort de la volonté dont l'action persiste plus ou moins longtemps et cède plus souvent encore.
De sorte que l'empreinte seule du mot soutient cette image sans
cesse fugitive. Son infériorité sur l'empreinte naturelle est plus manifeste encore quand on cherche à pénétrer plus avant dans leur
analyse. L'étude du mot naturel est facile, et pour la raison que nous
venons de déduire de l'enchaînement des parties, et parce que le
renouvellement de l'empreinte naturelle s'effectue aisément. Un
nouvel aperçu du fait extérieur, qu'il s'offre sous la même face ou
sous une face différente, est aussi fructueux. Dans le premier cas,
il confirme ce qu'un premier examen faisait entrevoir et fait découvrir quelques-uns des liens si nombreux qui avaient échappé à la
première vue. Dans le second cas, il montre ces mêmes parties et
ces mêmes liens sous un nouveau jour, éclaire ce qui était resté
dans l'ombre, agrandit et complète la connaissance. Au contraire,
la connaissance artificielle, quand on procède à son analyse, se dé-
robe à l'examen ; à la place des parties qui avaient d'abord déterminé l'empreinte, chacun place celles qui surgissent accidentellement et se produisent dans un ordre nouveau chaque fois qu'il
cherche à renouveler cette empreinte. A moins qu'une définition
dogmatique, en formant quelques parties et quelques liens artificiels,
ne prête chaque fois un fil conducteur, il n'est pas un mot artificiel qui soit défini deux fois de la même manière par la même personne. Aussi l'étude de cette connaissance devient rebutante et
reste abandonnée, ou, quand par nécessité elle est poursuivie, ses
différentes faces envisagées, loin d'amener le progrès, apportent la
confusion et un sentiment profond d'impuissance.

Puisque la connaissance artificielle est si voisine de l'erreur et
pourtant intéresse l'humanité à si haut point, on ne saurait trop attentivement étudier son jeu dans le fonctionnement des empreintes,
et régler sagement son emploi en se conformant aux lois de la parole.

Mais ce qui est surtout le fondement de la connaissance humaine est aussi ce qui fait mieux ressortir la force et la faiblesse de l'empreinte et du mot artificiels : c'est *la manière d'être.*

La *manière d'être* est la formule la plus générale du monde extérieur dont on a soustrait les êtres (animés ou inanimés). Son domaine est si vaste qu'il semble aussi renfermer les êtres eux-mêmes, puisque ceux-ci ne nous sont connus que par leurs manières d'être. Cependant, grâce aux hypothèses préalables (page 16) et aux déductions premières du fait extérieur (page 35), la distinction des êtres et des manières d'être une fois admise, on peut étudier à part la manière d'être dont le cadre embrasse tous les faits nés de l'état ou de l'action des êtres.

La manière d'être, c'est-à-dire le fait né de l'état ou de l'action des êtres, comprend donc tous les matériaux sur lesquels les artistes, les savants et tous les travailleurs de l'humanité bâtissent leurs édifices. Tous ces édifices sont artificiels comme les mots à l'aide desquels ils ont été conçus ; mais les services qu'ils rendent à l'humanité sont d'une réalité incontestable et attestent chaque jour la puissance salutaire de la parole.

La définition de l'empreinte artificielle (page 63) s'applique surtout à la manière d'être ; celle-ci ressort de tous les faits dont les empreintes si multipliées se sont accumulées au centre des connaissances pendant la durée de la vie d'un individu. Comme il est loisible de combiner de mille et mille manières les parties incessamment révélées de ces faits, il n'y a pas de limites dans la formation des empreintes artificielles. Un peuple, suivant ses besoins et l'étendue de ses investigations dans le perfectionnement social, accepte un nombre déterminé de ces empreintes et les résume chacune par le mot artificiel qui les rappelle chez tous ses membres. Si chaque peuple collationnait attentivement ces empreintes et, après définition, comparait avec les faits eux-mêmes ce qui a surgi chez chaque individu au centre de ses connaissances, il serait effrayé des divergences considérables qu'il rencontrerait et s'étonnerait, à juste titre, que tant de gens aient la prétention de se comprendre les uns les autres.

Ces divergences sont faciles à expliquer.

L'homme reçoit presque toutes les empreintes des mots avant celles des manières d'être et même des faits qui donnent naissance aux mots artificiels; quand il apprend à faire usage de la parole, il est conduit avant tout par l'imitation : les empreintes des mots se gravent bien longtemps avant que les faits l'aient impressionné; il est tellement dominé par les empreintes de la voix et des sons, qu'il peut réciter pendant un temps assez long des phrases dont les mots n'ont pour lui *aucune* signification. Il a longtemps ainsi, et quelquefois toute sa vie, au moins pour beaucoup de mots, l'apparence du savoir plutôt que le savoir. Il a pris une telle habitude de se satisfaire du son qu'il ne comprend plus le progrès sans cette satisfaction : à peine a-t-il entrevu un fait qu'avant même de s'en rendre le moindre compte il demande le mot qui lui correspond : satisfait de la réponse, il n'a, dans l'enfance surtout, ni le temps ni la volonté d'établir plus solidement sa connaissance. C'est ainsi que tous les mots de la langue usuelle prennent cours dans la société avant que chacun des membres ait pu se rendre compte des parties d'empreintes qui ont produit les mots artificiels.

Plus tard, quand arrive le moment d'appliquer les mots aux faits, c'est encoré l'imitation qui guide ; mais le fait accidentel et la circonstance accidentellement saillante qui le caractérise, sont précisément ce qui vient se ranger sous l'empreinte du mot; heureux même alors que l'imitation n'induise pas dans une erreur grossière !

Plus tard encore, le contact fréquent des hommes entre eux et surtout la lecture enrichit et fortifie l'empreinte artificielle résumée par le mot; mais cette empreinte, livrée chez tous au hasard des événements, conserve chez chaque individu les traces divergentes des circonstances qui ont présidé à sa naissance.

C'est seulement quand une de ces sciences, qu'on nomme exactes, a pris le mot à son service qu'il figure dans la coordination des faits scientifiques par la définition qui détermine l'empreinte avec précision, et qu'il est envisagé sous un jour à peu près uniforme. Encore, quand la même science change d'interprète, la différence de méthode apporte souvent une différence essentielle dans le sen du mot artificiel. Dans l'un et l'autre cas, s'il y a une scission entre les partisans de l'une et de l'autre méthode, il n'y a presque plus rien de commun entre la signification du mot pratique et celle du mot devenu théorique.

Or, voici ce qui se passe au centre des connaissances au moment où l'individu crée les empreintes artificielles et simultanément les mots artificiels.

D'abord, en tant qu'être animé, l'homme a conscience de son centre des connaissances (page 17), c'est-à-dire de toutes les empreintes et parties d'empreintes qui y sont déposées. Il tient ainsi en réserve un répertoire d'empreintes d'autant plus considérable que ses sens ont été plus actifs et plus impressionnables, et que le centre de ses connaissances aura été mieux disposé à les recevoir promptement et à en conserver l'image. Quelle que soit à cet égard sa capacité, il a dans les premières années de la vie et depuis, dans toutes les circonstances qui ont causé sur lui un ébranlement marqué, assez senti pour avoir recueilli plus de matériaux qu'il n'en aura besoin dans le cours de sa vie matérielle.

En second lieu, et au même titre, l'homme a eu pour première connaissance issue de la conscience de soi-même et du monde extérieur, celle du tout et de ses parties : tout ce qui est autour de lui et en lui-même ne lui semble exister qu'à la condition de figurer des parties réunies dans un tout ; êtres animés ou inanimés, tous, sans exception, lui ont apparu ce qu'il s'est senti lui-même, un ensemble composé de parties. Si l'infini lui échappe, c'est qu'il ne peut faire un tout de parties qu'il n'aperçoit pas. Cette nécessité de ramener les parties ou la multiplicité à un tout ou à l'unité est le besoin le plus impérieux de la connaissance humaine; c'est elle qui va engendrer l'empreinte artificielle.

Armé de tant d'empreintes et de parties d'empreintes, le centre des connaissances reçoit quelquefois du fait extérieur tel ébranlement qui fait surgir une empreinte à peu près connue ; à côté d'elle et sous la même impression surgissent à leur tour des empreintes analogues, nées des faits extérieurs presque semblables. Si, dans ces occasions, l'être animé ne faisait pas usage de la parole ou de tout autre symbole significatif, cette évocation d'empreintes serait stérile et pourrait se renouveler sans autre conséquence que celle du fait présent; mais si, frappé par ces empreintes analogues, l'homme désire en conserver la trace, alors, en vertu de la nécessité que lui impose toute connaissance, de ces empreintes détachées il suppose l'union dans une empreinte artificielle; puis, comme cette création n'aurait qu'une existence bien éphémère au centre des connaissances, car elle devrait, pour être évoquée de nouveau, rappeler toutes les parties qui la composent, alors il lui donne la même vie que celle des autres empreintes à l'aide de l'empreinte même du son ou de la voix, c'est-à-dire à l'aide du mot artificiel.

Le plus grand nombre des mots ainsi formés doivent avoir été produits au début des sociétés humaines; mais dans les mots d'une fabrique plus récente on pourrait reconnaître encore cette manière de procéder.

Par exemple, qu'on ait assisté à quelques-unes de ces représentations où des faiseurs de tours, soi-disant physiciens, fascinent les yeux à l'aide de cartes préparées, de boîtes à double fond, etc... Parmi les empreintes laissées au centre des connaissances l'occasion se présente d'évoquer celles qui relèvent plus spécialement d'un genre d'escamotage, soit de faire paraître et disparaître la boule dite *muscade*, soit de faire sauter la coupe, de filer la carte, etc., s'il faut, chaque fois que l'on dissertera sur cet objet spécial, rappeler, dans leur ordre ou non, toutes ou plusieurs de ces empreintes pour fixer l'attention sur le même aperçu, la gêne et l'embarras seront d'autant plus grands que l'on énumérera toujours des *parties* sans la sanction ordinaire du *tout*. Mais si, réunissant au centre des connaissances toutes ces empreintes décousues, on les rattache artificiellement pour en composer une empreinte commune; si l'on caractérise cette dernière par un mot artificiel, tel que celui de *prestidigitation*, désormais l'empreinte de ce mot (comme voix et articulation) prête sa réalité à l'empreinte qu'il résume et permet d'évoquer sans difficulté et assez rapidement ce qui restait sans cela vague et indéterminé.

C'est donc le besoin incessant d'envisager l'unité ou le tout (généralisation) et de distinguer la multiplicité ou les parties (analyse) qui explique tous ces mots artificiels dont est formé le langage.

En montant ou en descendant dans un ordre quelconque de connaissances on se rendra compte du besoin de créer le mot artificiel. Un exemple suffira pour expliquer ces créations. Le géomètre a besoin de désigner certaines parties de l'espace auxquelles il ne veut pourtant attribuer aucune des trois dimensions ; ces parties vont être résumées sous le mot artificiel : *point.* S'il suppose des séries de points infiniment rapprochés dans l'espace suivant les directions les plus variées, ces différentes séries seront les parties d'un tout résumé par le mot artificiel : *ligne.* Si, parmi les lignes, il s'attache particulièrement à celles qui figurent le chemin le plus direct ou le plus court pour aller d'un point à un autre, il formulera le mot artificiel : *droite.* Avec les droites ou lignes droites, il représentera toutes les combinaisons entre elles, sous le mot artificiel : *figure.* Le besoin de distinguer les figures qui terminent les corps lui suggère le mot artificiel : *surface.* Parmi les surfaces, il pourra s'arrêter à celles qui renfermeraient une ligne droite indéfiniment prolongée et placée dans tous les sens : il les appellera : plans, etc., etc.....

Dans quelque ordre de connaissances que l'homme s'aventure, il rencontre la même nécessité : ou les mots artificiels sont créés d'avance, et il n'a encore qu'à en faire emploi ; ou il les crée lui-même après la réunion artificielle des empreintes qui surgissent d'elles-mêmes chaque fois qu'il cherche à interpréter quelque connaissance.

Ce n'est pas seulement la science, les matières sérieuses, les sujets dont les parties s'enchaînent avec coordination, qui réclament le secours du mot artificiel ; la pratique de la vie commune est impossible sans son concours. Le mot naturel ou plutôt l'empreinte naturelle, condamnée à être un tout sans distinction de parties et sans être elle-même partie d'un tout artificiel ou naturel, ne produirait aucun résultat salutaire pour l'individu et ne permettrait en aucun cas la communication sociale. L'homme ne traite pas avec les êtres animés ou inanimés et même avec ses semblables, mais avec leurs manières d'être ; c'est seulement la manière d'être, et, par conséquent, le mot artificiel, qui est le mobile de ses actes comme elle est sa seule préoccupation. S'il emploie l'empreinte naturelle ou le mot qui la résume, c'est d'abord et avant tout parce qu'elle figure toutes les manières d'être propres à l'être qu'il envisage.

Ainsi, quand l'empreinte du fait extérieur se manifeste au centre des connaissances et que l'individu cherche à s'emparer de la connaissance, c'est la manière d'être qui lui apparaît aussitôt ; ce sont les manières d'être qu'il poursuit en scrutant profondément quelque objet ; ce sont les manières d'être qui font pendant toute sa vie la source de ses préoccupations.

Il faut en conclure que le mot artificiel sans lequel la manière d'être ne pourrait être formulée est le véritable fondement du langage ; que les mots artificiels se bifurquent en deux branches bien distinctes : l'une formant des mots artificiels pour résumer les êtres ou les objets qui figurent des *tout* naturels ; l'autre formant des mots artificiels avec des manières d'être ramenées par un autre procédé à l'état de *tout* artificiel ; que les manières d'être, résultat d'un double artifice, doivent donner plus de prise à l'erreur que les êtres et les objets ; enfin, que le langage, appuyé tout entier sur des fondements artificiels, ne saurait être trop prémuni contre des envahissements nouveaux de l'artifice qui, en l'éloignant de plus en plus de la nature et de la vérité, le nourrirait le plus souvent de prestiges et de déceptions.

§ III.

Création du Mot conformément aux lois de la parole.

S'il est vrai que le *mot artificiel* soit le fondement du langage, on n'a pu établir qu'un *art* sur une pareille base. *L'art de la parole* ne s'applique donc plus seulement aux procédés inventés pour charmer l'oreille et entraîner les sentiments ; ce sera la formule de toute communication sociale faite par l'organe de la voix (1).

Deux conséquences se déduisent de ce principe :

La parole, comme toute création humaine, est d'une perfectibilité indéfinie.

Les lois de la parole, ou, suivant la définition (page 6), les rapports nécessaires qui dérivent de la nature de la parole, ne peuvent se rencontrer que dans les faits extérieurs et dans les empreintes fixées au centre des connaissances.

Ces deux conclusions sont d'une haute gravité : la première est la condamnation des générations qui se succèdent, jouissant et abusant de la parole, sans remonter à son origine pour en obtenir le développement normal ; la seconde justifie la recherche des lois de la parole d'avoir répudié le bagage embarrassant de tous ces systèmes qui font un amalgame quasi-mystique de la pensée et de la parole.

Il est vrai que, comme tous les autres arts, celui-ci a commencé par la pratique ; il est encore vrai que les essais théoriques, sauf celui des langues sémitiques qui atteste des efforts parallèles, mais bien inférieurs à celui du sanscrit, n'ont guère fait qu'ébaucher quelques principes sur des parties accessoires du langage ; enfin il est vrai que le besoin de réviser les fondements de la parole s'est fait à peine sentir tant qu'elle suffisait aux grandes découvertes, et que, s'il commence à devenir impérieux, cela est dû aux progrès inouïs de tous les arts et de toutes les sciences qui trouvent désormais dans le concours des mots plutôt des entraves que l'appui sur lequel on a droit de compter.

Mais, puisque chaque art a une enfance, pendant laquelle les témoins et les admirateurs se satisfont d'essais incorrects qui leur semblent des chefs-d'œuvre, il n'est pas surprenant qu'on ne se soit pas retrempé aux sources de l'art et que des intelligences peu étendues ou imprévoyantes n'envisagent même pas encore cette nécessité.

Quoi qu'il en soit, la vérité est salutaire à toutes les époques de

____

(1) Il ne faut pas comprendre dans ces communications celles qui résultent de cris arrachés par des sentiments trop vifs, et qui se propagent avec la rapidité de l'électricité.

l'existence sociale; plus tôt elle s'offre et plus tôt se réalisent les bénéfices qui la font désirer. Les lois de la parole, s'il est donné de les fixer avec quelque sûreté, ne peuvent manquer d'exercer une puissante influence sur les relations internationales et sur l'avenir de l'humanité.

Comment donc créer le mot artificiel en subordonnant sa création aux rapports nécessaires qui dérivent de là nature de la parole ?

Ces rapports nécessaires ont déjà été, sinon étudiés, au moins mis à contribution, puisque des mots artificiels ont été créés dans toutes les langues. Ce qu'on a droit d'attendre du secours de la parole réglementée c'est que ces mots dérivent plus directement, plus méthodiquement et plus fructueusement de ces lois.

Or, si la parole est avant tout le grand lien social, après avoir satisfait aux exigences de la nature des connaissances chez l'individu, il faudra surtout veiller à ce que ce lien unisse tous les membres par des communications aussi sûres et aussi complètes que possible. Laisser prise au hasard dans les contacts que cet art doit ménager, c'est faire preuve d'impuissance et exposer la société aux plus dangereuses conséquences.

La définition du mot artificiel, d'après les explications fournies par le paragraphe précédent, pourrait être ainsi déterminée : *une empreinte de sons et d'articulations dont l'ensemble se substitue artificiellement à celui que produiraient certaines empreintes analogues réunies entre elles comme si elles étaient les parties d'un tout naturel.*

Le mot artificiel étant la base du langage, la définition de ce mot doit servir de point d'appui à tous les raisonnements qui analysent la parole. On ne saurait donc trop s'appesantir sur les termes qui la composent et se pénétrer de leur signification.

Qu'on se rappelle les données essentielles précédemment développées : tout fait extérieur capable d'impressionner les sens vient fixer son empreinte au siége des connaissances; chaque empreinte ainsi déposée est un tout composé de parties; chacune de ces parties peut être considérée à part comme étant elle-même un tout composé de parties ; l'être animé a conscience de soi-même et, par conséquent, du centre de ses connaissances ; il peut suspendre momentanément les ébranlements de ses sens et faire l'évocation au centre de ses connaissances de telle ou telle empreinte précédemment déposée ; les empreintes ou les parties d'empreintes que le fait extérieur a fait naître sont seules naturelles ; les empreintes ou les parties d'empreintes disposées par l'être animé dans un ordre autre que celui suivant lequel le fait extérieur les avait disposées est un tout artificiel.

A l'aide de ce résumé les termes de la définition sont faciles à élucider.

Le *mot* se compose d'un ou de plusieurs sons énoncés à part ou avec le concours d'articulations ; émis par la voix, il vient, comme fait extérieur, impressionner le sens de l'ouïe et déposer son empreinte au siége des connaissances ; cette empreinte est celle d'un tout composé de parties (voyelles ou consonnes) ; l'homme peut à son gré évoquer cette empreinte ; si elle est indissolublement liée à une autre empreinte, en évoquant l'une, il appellera l'autre : c'est ainsi que le mot désignera les faits qui auront déposé des empreintes naturelles.

Mais lorsque l'homme met à part certaines empreintes ou certaines parties d'empreintes et cherche à réunir dans un tout factice celles qui lui semblent jouir de quelque analogie, alors il réunit des parties qui ne peuvent figurer un tout au centre des connaissances ; cependant il ne peut souvent faire progresser ses connaissances sans avoir opéré cet ensemble qui, tout artificiel qu'il soit, ne peut être qu'une empreinte. C'est ainsi que les empreintes analogues réunies ne forment un tout au centre des connaissances que lorsque le mot artificiel ou de convention représente leur ensemble.

Des individus sont hâves, maigres et couverts de haillons ; d'autres mangent un pain sec et noir avec un appétit dévorant ; des femmes mendient ou devant les églises ou devant la porte des riches ; des enfants crient et pleurent en implorant de la nourriture, etc... Tous ces tableaux laissent leurs empreintes distinctes au centre des connaissances et chacune d'elles est un tout composé de parties. Si, pour une cause quelconque, l'homme réunit ces empreintes déposées à des époques différentes et veut appuyer sur

leur ensemble certaines connaissances, il sentira le besoin d'en
faire un tout factice, une empreinte artificielle. Or, l'empreinte du
mot remplira aisément ce rôle avec les sons et les articulations
convenues. Il est d'autant plus naturel d'accorder ce privilége aux
empreintes déposées par la voix qu'elles ont déjà servi à désigner
les êtres animés et inanimés et que les habitudes contractées de
ramener l'empreinte du fait quand l'empreinte d'un son convenu
vient de surgir, donnent à tous les organes mis en jeu une élasticité
merveilleuse.

La nature du mot artificiel, entrevue d'après sa définition, se
complique de la nature même de la parole dont il est le principal,
presque l'unique élément (page 65). Or, le but de la parole étant,
comme on le dirait communément, de communiquer aux autres sa
pensée, ou, comme on cherche à l'établir ici, de provoquer chez
les autres l'empreinte qu'on a soi-même évoquée au centre de ses
connaissances, il faut que le mot artificiel remplisse surtout et
d'abord cet objet.

Soit donc proposé de substituer une empreinte de la voix à une
empreinte artificielle, dont les parties ont été déposées par l'exercice d'un sens quelconque.

Il est évident que l'empreinte substituée doit être assimilée autant
que possible à celle qu'elle remplace ; comme celle-ci du moins elle
doit figurer les parties d'un tout lorsqu'on procède à son analyse ;
de plus, puisque l'empreinte artificielle doit imiter l'empreinte naturelle, elle doit remplir encore deux autres conditions : quoiqu'elle
soit un tout, elle doit être considérée comme partie d'un autre tout
plus vaste, jusqu'à ce qu'elle soit ramenée à une limite infranchis-
sable ; ses parties doivent pouvoir se subdiviser autant que les
besoins humains le réclament.

Enfin, et c'est ici le point capital, l'analyse de l'empreinte de la
voix doit pouvoir se substituer autant que possible (1) à l'analyse de
l'empreinte artificielle.

____

(1) Les mots *autant que possible*, nécessairement admis dans l'énoncé de ces
conditions, confirment ce qui a été avancé plus haut, à savoir : que la parole
est un art.

Les mots artificiels, reçus dans les langues mortes et vivantes, sont-ils créés d'après ces rapports nécessaires de la nature de la parole? Il suffit de les soumettre à l'épreuve de ces principes.

On ne peut nier que toutes les langues formées par la pratique, modifiées et enrichies par la pratique, satisfassent à la condition préalable de provoquer chez les autres quelque empreinte analogue à celle que l'interlocuteur évoque au centre de ses connaissances; il suffit, pour obtenir ce but, que les conventions soient établies : bonnes ou mauvaises, pratiques ou théoriques, elles conduisent infailliblement à ce résultat; mais la question d'analogie laisse le champ libre aux approximations plus ou moins erronées, plus ou moins complètes. Les rapports dérivés de la nature de la parole et qui doivent faire loi ne sont pas ceux qui naissent seulement des conventions humaines : ce sont ceux qui ayant leur principe dans le fait extérieur et dans les facultés intérieures de l'homme doivent être considérés comme nécessaires.

Eh bien! les mots ou naturels ou artificiels créés par toutes les langues, parce que celles-ci sont purement pratiques, sont tous d'accord avec les nécessités qu'imposent l'organe de la parole et la nature des conventions sociales, mais en dehors des autres nécessités imposées par la nature intérieure de l'homme et extérieure des faits ; ils ne peuvent donc répondre aux conditions proposées.

Ainsi, l'empreinte de ces mots pratiques n'est assimilée à l'empreinte substituée qu'en vertu de la convention qui lui assigne ce rôle; si on l'analyse, on retrouve, il est vrai, les parties d'un tout, mais, sauf quelques exemples sans portée, *sans aucune imitation de l'empreinte qu'elle remplace.* Les mots *mine, air, apparence, forme, démarche*, etc., peuvent être reçus conventionnellement pour les parties du mot *extérieur*, mais ils ne figurent nullement quelque imitation de l'empreinte dont ce dernier mot est la substitution.

De même, l'empreinte de ces mots pratiques ne peut être considérée qu'en vertu de conventions gratuites, comme partie d'un autre plus vaste : les mots *présent, passé, futur*, n'ont pas plus de connexité avec ceux de *temps* et de *durée* que les mots *mois*, *jour*, *heure*, etc., n'en ont avec ceux d'*an*, *siècle*, etc.

A plus forte raison, dans ces langues formées au hasard, rien n'a pu être prévu pour que les subdivisions des empreintes fussent figurées en quelque manière par les subdivisions des mots substitués et pour que cette dérivation pût être prolongée aussi loin que le réclament les besoins sociaux.

Mais ce qui constate mieux que tout ce qui précède l'impuissance des langues pratiques, c'est l'impossibilité manifeste de substituer une analyse quelconque du mot à l'analyse de l'empreinte. Soit, par exemple, le mot « éternité » : il se compose de huit lettres et quatre syllabes ; ces lettres et ces syllabes sont disposées dans un ordre dont il est interdit de faire la moindre interversion ; l'empreinte de ce mot artificiel est substituée à l'ensemble des faits nombreux qui, se prolongeant dans l'avenir et dans le passé d'une manière non finie pour l'esprit humain, ont dû être résumés par quelque unité au centre des connaissances. Peut-on remarquer entre l'analyse de ces faits et celle du mot substitué la moindre relation ? Comment cette empreinte du mot, qui exige au moins quinze connaissances profondément distinctes, et qui commande impérieusement la disposition de chacune d'elles dans l'ensemble, ne reflétera pas la moindre lueur de la connaissance exprimée! Comment tant d'efforts des organes de la voix, de l'ouïe et du centre des connaissances seront dépensés gratuitement en faveur d'une convention qu'une simple voyelle pouvait si aisément remplacer! Quiconque ne peut se satisfaire du jeu mécanique de l'oreille et de la voix, quiconque est doué de cette belle vertu d'investigation qui prête à l'homme tant de puissance, demandera avec une curiosité inquiète s'il n'y a rien au fond de cette convention : celui-ci, réduit aux seules ressources de la langue française, reconnaîtra une finale « ité » de certains substantifs, et une racine « étern » ; celui-là remonte à l'aide du latin à une finale semblable et à une racine presque identique ; un plus érudit retrouvera cette finale dans le sanscrit et hasardera l'explication de la racine par le rapprochement de deux racines sanscrites. Ce dernier, qui semble voir plus loin que les deux autres, ne pourra guère se satisfaire d'une explication suspecte et qui, en rendant raison du mot composé, laisse dans l'obscurité les parties composantes. Toutes ces analyses prouvent seulement le besoin bien senti de faire sortir de l'empreinte du mot les relations qui l'unissent à l'empreinte du fait.

En effet, quand le géomètre veut figurer sur le papier les longueurs, les surfaces et les solides, il se sert d'une imitation qui lui permet encore de poursuivre l'analyse des objets sur l'analyse de la figure. L'anatomiste figure en cire ou en carton ce qu'il n'a pas en chair sous sa main. Que, par impossible, on veuille représenter un homme par un carré avec cette hypothèse que tout dépend de la convention : aussitôt qu'il faudra parler de la tête on élèvera un cercle sur ce carré, et quand il sera question d'une jambe on formera deux lignes inférieures. Cette image toute incomplète fournira du moins une analyse grossière de l'objet. Sans cette analyse, pas d'explications et, partant, peu de progrès !

Les langues pratiques n'ont pu rien prévoir : elles se sont laissé entraîner les unes à la suite des autres. L'homme conduit par le besoin de correspondre avec son semblable accepte avec bonheur toutes les conventions qui lui font atteindre ce but et ne s'enquiert pas à quelles sources sont puisées ces conventions, ni si elles pourraient être plus correctes. C'est dans l'examen attentif des lois de la parole qu'il acquiert plus tard le moyen de faire progresser le langage et avec lui toutes les connaissances qui en sont issues.

Qu'on n'accuse pas la parole en proclamant qu'elle ne peut atteindre à la création du mot artificiel dans de pareilles conditions ! Pour prononcer un *veto* semblable sur cette matière, il faudrait avoir épuisé toutes les combinaisons possibles ; or, des langues toutes pratiques se moulent les unes sur les autres et n'essaient pas des formes nouvelles. Certes, la nature humaine est circonscrite et rencontre à tous les points de la circonférence des impossibilités devant lesquelles elle doit fléchir ; elle en rencontrera d'insurmontables dans le langage ; mais tant qu'elle n'a pas envisagé la théorie de la parole, elle ne peut en préciser les limites.

L'homme dispose des empreintes du fait extérieur : il peut faire surgir telle ou telle empreinte, telle ou telle de ses parties ; il peut rapprocher, séparer des parties différentes ou semblables ; il peut même créer et faire fonctionner de la même manière des empreintes artificielles ; enfin il peut, par quelque acte extérieur, manifester conventionnellement l'empreinte qu'il a évoquée et en faire apparaître un équivalent au centre de connaissances de son semblable.

En usant de ces possibilités, non plus au hasard comme il le fait dans les langues pratiques, mais en retournant à la source même du possible, comme il le ferait avec la théorie du langage, il devra ouvrir des routes inconnues et pénétrer dans le domaine inexploré de la parole.

Puisque le monde extérieur lui apparaît comme un tout dont il fait lui-même partie ; puisque après s'être arrêté à l'une des parties de ce tout, s'il la rattache à un autre tout plus considérable, il est forcé par cette voie, et après quelques pas, de considérer le monde extérieur tout entier ; il est bien naturel que ce tout extérieur, auquel il remonte sans cesse et qui a été, après celle de lui-même, la première de toutes ses connaissances, devienne la base de toutes ses empreintes.

C'est à partir de cette première empreinte que se développe le champ le plus vaste pour renfermer le cadre de toutes les autres. Probablement l'avenir, en éclairant de plus en plus l'humanité, lui enseignera des points de vue que nous ne pouvons apercevoir aujourd'hui ; mais, à toutes les époques, elle procédera du connu à l'inconnu ; à la nôtre, il faut aussi qu'elle mette en ordre ses connaissances et ses empreintes avant de songer à découvrir les sphères inconnues.

Cette puissante considération qu'il faut toujours avoir présente pendant qu'on opère la décomposition des faits de ce monde, ou plutôt de leurs empreintes, implique la plus grande abnégation de tout esprit de système. Une pareille coordination, subordonnée toujours et partout aux exigences de l'empreinte que la pratique a constituée, repousse les entraînements dangereux du métaphysicien, de l'historien du langage, des philologues même aux aperçus restreints et exclusifs ; elle doit s'accommoder avant tout à l'état actuel des connaissances figurées par le langage reçu chez tous les peuples, de telle sorte que les classes, ordres, etc., soient toujours des empreintes qui sont familières et ont cours partout. D'ailleurs, les notions fournies par l'examen fait aux origines de la parole et en scrutant ses éléments, sont pour ainsi dire les seules qui doivent conduire dans ce travail de déduction.

Au milieu, par exemple, des mille et une manières de diviser la grande empreinte fournie par le monde extérieur, la plus rationnelle paraît être celle que font ressortir les *origines et les éléments du langage* (page 15 et suiv.), les *êtres* (animés ou inanimés) et leurs *manières d'être*. Quoique les êtres ne soient révélés à l'homme que par leurs manières d'être, la révélation d'un tout spécial est trop bien gravée au centre des connaissances pour que cette distinction ne soit pas profonde.

Scindée en deux grandes branches, l'empreinte du monde sera aisément subdivisée : les empreintes dites naturelles seront les *animaux*, les *végétaux* et les *minéraux*, et les empreintes artificielles seront les manières d'être de ces trois sortes d'êtres.

Tout ceci est tellement conforme aux connaissances acquises par l'humanité qu'on est assuré de rencontrer sur cette voie toutes les empreintes universellement adoptées.

Que les naturalistes classent et ordonnent les empreintes naturelles comme ils le jugeront convenable, il n'y a de réserve à faire que pour cette partie des minéraux qui renferme les objets modifiés de manière à devenir des instruments sociaux ; dans le nouvel état que l'homme leur a fait, la substance minérale n'est plus que secondaire en regard du profit qu'il a tiré de sa modification. On déduira donc de cet aperçu une quatrième empreinte, qui complète les trois premières sous le titre *d'objets* confectionnés par l'art ou artificiels.

Mais, dira-t-on, les naturalistes, mais les savants, de quelque ordre que ce soit, auxquels serait confiée la coordination d'une série

d'empreintes discuteront, disputeront et n'atteindront jamais le but.
Sans doute, tout ce qui dépend de l'homme et de l'art est soumis à
la discussion et aux disputes ; mais que le nœud gordien soit tranché ou non par le glaive de la majorité, il suffit de démontrer les
bases sur lesquelles l'art doit reposer ; il suffit de démontrer que cet
art peut naître et qu'il enrichira l'humanité, pour qu'il surgisse tôt
ou tard. Les classifications les plus contestables, les moins régulières, pourvu qu'elles n'omettent aucune empreinte et s'appuient
sur des faits avérés, seront mille fois supérieures à ces accumulations d'empreintes perdues et confondues au centre des connaissances ; à plus forte raison lorsqu'elles auront pour auteur :
Cuvier, Linné ou quelque savant qui, sans avoir les vues aussi
élevées , aura pourtant le sentiment de l'ordre et de la précision.

Les empreintes artificielles ne sont pas plus difficiles à ordonner
que les empreintes naturelles ; comme ces dernières, elles attendent
plutôt un homme d'un esprit méthodique qu'un savant ; comme
elles, leur ordonnancement devra être tranché par le suffrage imposant d'une majorité. Pour les déduire, il faut poursuivre celles
qui renferment le plus d'empreintes déjà avouées par le plus grand
nombre. Or, les manières d'être des trois sortes d'êtres considérées
plus haut étant relatives aux empreintes qui sont déposées au centre
des connaissances, c'est l'individu humain qui est le point de
départ ; puis la communication avec ses semblables étant le but
même de la parole apparaît en seconde ligne ; enfin, les empreintes des êtres animés et inanimés ne figurent qu'en dernier
lieu.

Une division naturelle pourrait donc être établie ainsi : Manières
d'être *du monde moral :* dénomination communément attribuée à
l'ensemble des empreintes déposées au centre des connaissances et
à leurs actions réciproques ; manières d'être de *l'individu pris
isolément :* il s'agira surtout de l'individu humain et accessoirement
de tout autre être animé ; manières d'être de *l'état social,* réservé
presque exclusivement à l'homme ; manières d'être *des objets,* c'est-
à-dire de tout ce qui est inanimé.

Ces huit parties de l'empreinte du *monde*, dont le tableau que voici offre le résumé,

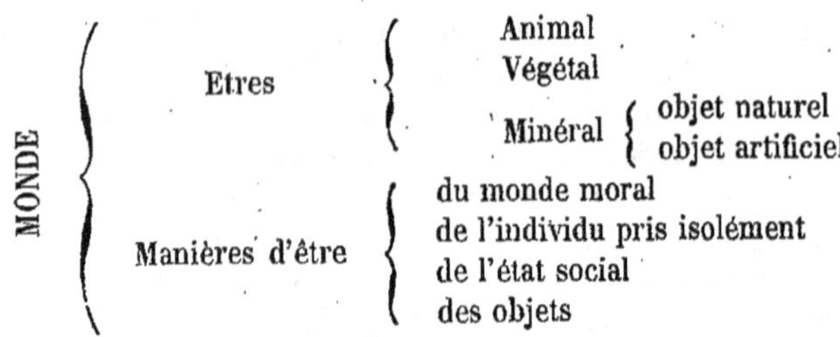

renferment toutes les empreintes que l'homme peut enregistrer au centre de ses connaissances. Elles pourraient être remplacées par d'autres empreintes dont la généralité répondrait peut-être au même but ; mais peut-être aussi ne déduirait-on pas aussi simplement toutes les empreintes acquises et vulgarisées aujourd'hui dans les diverses sociétés humaines. Au reste tout autre essai qu'on opposerait à celui-ci serait un nouveau gage de la possibilité de coordonner les empreintes.

Il est superflu de pousser plus loin ici la décomposition de l'empreinte *monde* ; on comprend que plus le cadre se resserre plus l'analyse est facile, et parce qu'on domine mieux les matériaux à ordonner, et parce que ceux-ci sont moins multipliés. Il suffit que désormais il soit avéré que le centre des connaissances peut être soumis à la distribution méthodique des empreintes ; qu'on peut y faire régner l'ordre malgré l'immense quantité de faits qui y sont accumulés ; et que là comme partout où sont entassés des matériaux confus et innombrables, il doit y avoir un bénéfice incalculable à jouir avec calme et sans délai de l'objet sur lequel se porte l'attention.

Cette classification établie, il est aisé de concevoir comment le MOT sera créé théoriquement ou CONFORMÉMENT AUX LOIS DE LA PAROLE.

Toutes les langues renferment un certain nombre de sons et d'articulations qu'on peut appeler simples, c'est-à-dire, qui ne forment ni diphthongue ni double articulation : la langue française contient 16 sons de ce genre et 17 articulations.

En faisant alterner un son avec une articulation on composera des mots aussi courts et aussi longs que l'on voudra et d'une prononciation très-facile.

Que l'on affecte un son à une partie, dans la classification des empreintes, que l'on se serve d'une articulation pour désigner la décomposition qui suit immédiatement et ainsi de suite en faisant alterner les sons et les articulations et on aura composé le mot théorique. Par exemple soit: a le monde, b l'être, d la manière d'être; a l'animal, é le végétal, i le minéral; et, pour suivre la décomposition d : les manières d'être du monde moral a; celles de l'individu é; celles de l'état social i; celles de l'objet o. Les mots *animal, végétal, minéral, monde moral, individu, société, objet,* seront nommés d'après les lois de la parole. En effet : les mots théoriques aba, abé, abi; ada, adé, adi, ado; jouissent des priviléges de cette création (*comparer avec le tableau ci-dessus*).

Cette fois, le mot imite jusqu'à un certain degré l'empreinte qu'il figure : en descendant ou en remontant du son à l'articulation on descend ou on remonte dans la classification des empreintes; enfin la substitution de l'empreinte du mot à celle qu'il remplace est légitime : car l'analyse du mot se substitue à l'analyse de l'empreinte. C'est ce qui apparaît dans l'un quelconque de ces mots : abé peut résumer le végétal, parce que de ce mot on remonte au mot a, monde, comme du mot a, monde, on descend au végétal abé, et chaque fois en passant par l'empreinte de l'être b ; et, parce que l'analyse des empreintes monde, être, végétal, correspond à celle des mots a, ab, abé.

Après avoir reconnu qu'il fallait un certain art pour classer convenablement les empreintes, il ne doit pas sembler surprenant de reconnaître qu'il faut aussi de l'art pour distribuer les empreintes des mots. Il suffira d'une courte explication pour dissiper les principaux nuages que soulèvent les premières difficultés.

D'abord il serait ridicule que tous les mots d'une langue com-

mençassent par a, ou même, après cette suppression, par b et par d.
Le point de départ de la classification et du mot serait donc figuré par
les derniers mots du tableau ci-dessus; or, ici ne se présente aucune
difficulté, puisqu'il existe plus de consonnes et de voyelles qu'il n'en
faut pour les huit premières divisions. On voit de suite que la première lettre du mot doit être une voyelle : car celle-ci doit seule et
sans le secours d'autre lettre figurer des empreintes : comme celles
d'*animal*, *végétal*, etc... Maintenant, les lettres se succédant toujours
dans le même ordre de manière que chacune figure le même numéro
d'ordre, et de plus représentant la série d'une décomposition des
empreintes, il arrivera : que, très-fréquemment, les empreintes partielles qui répondent à l'empreinte qui les résume, offriront moins
de parties qu'il n'y a de voyelles et de consonnes : ce qui ferait
perdre l'emploi du plus grand nombre de ces lettres et produirait
des mots d'une longueur demesurée ; ou que, ce qui sera plus rare,
toutes les lettres seront épuisées quand la décomposition de l'empreinte en nécessiterait encore d'autres. On va voir que cette double
difficulté n'offre rien de sérieux.

Si, comme il arrivera si souvent, les parties d'une empreinte ne
sont pas, dans une classification bien entendue, aussi nombreuses
que les lettres chargées de figurer les sons ou les articulations, il
en résultera que les alternatives des sons et des articulations se pro-
longeront assez loin avant d'atteindre l'empreinte spéciale qui a
cours dans le langage ; les mots seront alors mal proportionnés à
ceux dont l'usage est généralement adopté, et gêneront le discours.

Cet inconvénient disparaît devant ce procédé : analyser une ou
plusieurs des empreintes qui n'étaient pas en nombre suffisant,
jusqu'à ce que leur nombre reproduise presque en totalité celui des
sons ou des articulations. Soit supposé que l'empreinte LÉGISLA-
TION donne lieu à la décomposition *droit* et *application du droit;*
cette bifurcation ne satisfait pas la nomenclature ; le remède est
aisé : la division du *droit,* en ayant soin toutefois qu'elle soit complète, peut se ramener à autant de titres que l'on voudra, en séparant ou réunissant à volonté sous un même titre toutes les espèces

de droit que les sociétés peuvent imaginer : droit civil, militaire,
pénal, administratif, international, etc..... De même *l'application
du droit* qui peut être résumé par la magistrature et les jugements,
s'étend autant que chacune de ces deux parties d'empreintes sont
elles-mêmes analysées. Or, il ne faut pas croire que les empreintes
remplacées ainsi par leur analyse soient supprimées elles-mêmes
par cette décomposition. En effet, toute empreinte ou connaissance
dont la décomposition épuise le nombre des caractères (voyelles ou
consonnes), figure d'abord en tête de cette analyse et a pour signe
caractéristique la première lettre de la série (a ou b) ; ce sera
donc dans le cadre de cette première et plus large empreinte que
seront comprises celles plus générales qui auront été remplacées
par leur analyse. Si l'empreinte *législation* est exprimée par le
mot éj, et, qu'au lieu de faire représenter le droit par éjé, l'application du droit par éji, on utilise par la décomposition analytique
de ces divisions les mots éjo, éju, éjê, etc., la législation exprimée
par éj sera considérée à son premier degré analytique dans éja, et,
dès lors, s'il est nécessaire de distinguer les empreintes « droit et ap-
« plication du droit, » elles se trouveront parmi les mots éjab, éjag,
éjad, éjav, etc. (1).

(1) On trouvera dans le 2e volume du *Cours complet de Langue universelle*,
une décomposition théorique qui fournira la solution de toutes les difficultés
que peut offrir cette analyse artificielle. Les nombreuses transformations effec-
tuées dans le cours de l'ouvrage et dans les volumes d'application aux sciences
et aux lettres, prouvent surabondamment la possibilité de cette décomposition.
Le système décimal a servi de base à la composition des mots à l'aide de dix
sons et de dix articulations. L'auteur aurait pu s'arrêter au système duodéci-
mal ou à tout autre ; mais le système décimal étant déjà universel, répondait
mieux à son but. De cette manière les empreintes sont pour ainsi dire numé-
rotées au centre des connaissances, comme le sont dans les administrations fi-
nancières les millions d'actions ou de titres de rente, qui tous sont nominativement désignés par un nombre. Le mot ytábo, argent, exprime numérique-
ment 88,614 ; les mots ipágé, laisser, ipâ, consentir, etc., expriment les nombres
36622, 366, etc. .... Dans l'état des habitudes et des connaissances des sociétés
modernes, les avantages du système décimal dans le matériel des mots sont
considérables ; mais les lois de la parole n'en prescrivent pas l'adoption comme
serait celle d'une base nécessaire.

Si, au contraire, ce qui serait assez rare, car l'esprit aime à généraliser, le nombre des parties classées sous une empreinte dépassait le nombre des sons ou des articulations déterminés pour chaque série, il serait aisé de réunir quelques-unes de ces parties sous une empreinte collective, et d'opérer ainsi jusqu'à ce que les parties soient revenues au nombre normal. S'il faut, par exemple, énumérer les *signes particuliers* de l'écriture, et qu'en y comprenant tous ceux que l'on connaît on parvienne à un nombre exagéré pour les ressources dont on dispose, on pourra réunir sous un même titre les signes de ponctuation, ou les signes musicaux, ou, etc.....

D'après la création du mot ainsi esquissée, il demeure évident que si les mots des langues n'ont pas été établis conformément aux lois de la parole, la raison d'impossibilité ni même de difficulté ne peut en aucune façon être alléguée. Comme dans toutes les œuvres de l'humanité, la pratique a précédé la théorie, le langage a devancé les règles bien constatées que la nature impose à cette manifestation ; d'ailleurs, s'il est aujourd'hui si difficile d'introduire la moindre amélioration dans l'orthographe et à plus forte raison dans la parole elle-même, cette difficulté devait être insurmontable quand la pratique du langage était à peine à son début et avait tant de choses à enfanter ; comment aurait-on pu alors rectifier ses efforts élémentaires et prévoir les besoins postérieurs qui commanderaient cette rectification ? La théorie n'intervient que lorsque la pratique est jugée insuffisante ; or, à notre époque, si avancée dans toutes les connaissances, c'est à peine si, en offrant les brillants résultats de la théorie et en rappelant toute la pauvreté de la pratique, on parvient à exciter l'attention des hommes instruits.

Quoi qu'il en soit, le mot créé conformément aux lois de la parole a pour point de départ la double hypothèse qui domine toute la théorie du langage (page 16). L'homme a d'abord conscience du *monde* ou des faits extérieurs ; c'est de cette grande vérité qui domine toutes les autres, qu'il descend progressivement jusqu'à cette autre vérité qu'il ne peut récuser, parce qu'il a la conscience de soi-même : l'empreinte fixée au centre de ses connaissances. Obligé de substituer des empreintes de sons et d'articulations pour figurer par leur concours l'unité artificielle qui renferme les parties analogues des empreintes des faits, il ne peut sans danger, dans la composition de cette unité, s'écarter de la ligne que la nature impose à l'art. Ainsi, le *monde extérieur* ou telle partie qui le rappelle immédiatement, doit être représenté par une voyelle au commencement du mot ; quels que soient ensuite les caractères (sons et articulations) qui conduisent au caractère final, ils doivent être ménagés de manière à suivre, dans un ordre méthodique, la filiation des connaissances d'où dérive celle que l'on veut dénommer.

Avantages du mot créé conformément aux lois de la parole.

Le mot devant servir de fondement au discours, les avantages de sa création théorique apparaîtront surtout dans les deux chapitres qui suivent ; mais, afin de n'être pas préoccupé par l'exposition des ressources que procure ce mode de formation quand il sera question du tissu de la parole et des lois qui le régissent, il n'est pas hors de propos de faire remarquer ici combien la création théorique du mot est supérieure à son émission toute pratique.

Le mot, théorique ou pratique, ne serait d'aucun intérêt pour l'humanité s'il ne représentait le fait dont l'empreinte est évoquée au centre des connaissances. Qu'un interlocuteur se serve d'un mot qui, suivant lui, éveille chez les autres l'empreinte qu'il perçoit lui-même, et qu'au contraire ce mot évoque chez chacun des auditeurs des empreintes plus ou moins éloignées, le but de la parole est manqué. C'est ce qui se passe, avec différents degrés dans l'erreur, au moyen des langues pratiques. Qu'on jette au milieu d'une foule les mots : spectacle, fraternité, harmonie, éclat, etc...., chaque assistant fera surgir telle empreinte qui ne concordera nullement avec celle des autres. Cela ne tient pas seulement à ce que presque tous les mots des langues ont des significations multiples, mais encore cela résulte des empreintes différentes que, même pour le même ordre de faits, chacun a enregistrées au centre de ses connaissances et de l'aptitude de chacun à raviver ces empreintes au moment de l'énonciation du mot. Il serait donc infiniment curieux et instructif que l'on pût exposer comme sur des plaques photographiques les images de ces empreintes.

Cette différence est tellement inhérente à la nature des choses qu'il serait ridicule de prétendre la faire disparaître en totalité ; mais on ne peut nier qu'il faut souvent lui attribuer les dissentiments qui s'élèvent sur l'objet qu'on veut atteindre en soulevant ces empreintes. Si le but de la parole est surtout de faire communiquer entre eux les membres de l'humanité en faisant effectuer le même travail analytique sur les mêmes empreintes, il est certain qu'au début même de cette communication, c'est-à-dire par l'emploi du mot, on dévie de la ligne qu'il faudrait suivre.

Si l'on peut obtenir d'un auditeur que laissant de côté les empreintes qui ont dû naître différentes entre tous les hommes, il s'attache aux généralités qui sont communes à tous dans la perception de ces empreintes, généralités que l'art aura ménagées avec soin pour qu'elles ne se confondent pas entre elles ni avec les particularités ; si on compose ainsi des empreintes dont les grandes divisions, sinon les plus spéciales, soient nettement dessinées et arrêtent l'attention, alors il y aura véritablement un degré de connaissances communes sur lequel pourra s'établir le lien de la communication.

La classification des empreintes répare, jusqu'à certain point, l'inconvénient de cette divergence, résultat de la vie si différente pour chaque individu. En plaçant les hommes en présence, elle fait disparaître, au moins pour le profit de cette communication, ce « moi » qui non-seulement est haïssable, mais qui offusque la sincérité du langage. Tous les membres d'une société ne seront pas jetés dans le même moule, mais ils sauront d'avance, en s'abordant, les cases nombreuses où sont situées les empreintes qu'ils voudront évoquer ; quant aux diversités qui naissent des faits propres à chaque individu, elles auront un libre développement dans les débats de la parole.

Préparées par la même classification, les empreintes ne laissent plus d'incertitude et de nuage entre les centres des connaissances des individus qui font usage de la parole : chaque mot n'a d'abord pour cortége en fait de connaissances, que celles dont il compose ostensiblement sa substance ; ce qu'il contient de caché et dont se forment les divergences individuelles, provisoirement suspendu, n'a le droit de se montrer qu'en se faisant annoncer dans le cours de la rencontre ; mais, dans ce cas, les titres des nouveaux venus étant eux-mêmes gravés sur l'empreinte des mots, ne peuvent donner lieu aux ambiguïtés ni aux surprises. Le dialogue n'a plus qu'à suivre les règles que les lois de la parole lui assignent ; il ne trouve désormais ni obstacle, ni voie détournée, ni embûches dans les mots dont la pratique fait si souvent aujourd'hui le plus décevant emploi.

D'ailleurs un mot n'a plus le droit de figurer une douzaine d'empreintes différentes, qui n'ont même souvent entre elles aucune connexité. Il y a dans toutes les langues un nombre considérable de ces mots qui attestent la pauvreté de la pratique ; ils sont l'occasion de méprises ; ils fatiguent l'attention, forcée à chaque instant, pendant la rapidité du discours, d'opérer la séparation des acceptions inopportunes, et la distraient ainsi du travail bien autrement substantiel par lequel elle discerne la connaissance complexe que renferme la phrase. Grâce à la classification des empreintes, aucun mot ne peut signifier deux choses même voisines : conduit infailliblement par les caractères dont il se compose, l'auditeur se place de suite à la case où est fixée l'empreinte évoquée, et ne peut la confondre avec aucune autre.

Qu'on prenne pour exemple l'empreinte citée plus haut (page 79), qui exigeait pour l'empreinte du mot une quinzaine de connaissances parfaitement inutiles pour sa signification: le mot « éternité. » Quoique ce mot soit du nombre de ceux qu'on ne peut confondre avec aucun autre, cependant il sera dans la pratique quelquefois et improprement accepté pour continuité, perpétuité, sempiternité, etc. Dans une coordination bien faite des empreintes, il ne saurait y avoir lieu à une méprise : ainsi parmi les manières d'être des *objets* (o), si l'on considère leur *durée* (ov) ; si cette durée est envisagée au point de vue de la *continuité* (ovâ) ; si cette continuité

s'applique à la durée d'un avenir que l'on suppose sans fin, autrement dit à la *perpétuité* (ovâj) ; enfin, si l'on applique cette perpétuité aussi bien au passé qu'à l'avenir, ce qui crée l'*éternité* (ovâju),
il ne sera pas possible de s'égarer dans l'acception de ces différentes phases de la durée. Les caractères qui composent le mot ne
seront plus stériles pour l'empreinte évoquée ; ils rappellent les liens
qui la rattachent aux grandes empreintes de la classification ; ils
fortifient ces importantes connaissances et les enchaînent au centre
des connaissances par le retour instructif des mots : o, objet ; ov,
temps ; ovâ, continuité ; ovâj, perpétuité.

Aujourd'hui, quand l'enfant a reçu par le canal de la langue pratique ces milliers de mots qui sont pour lui des empreintes de sons
avant de figurer toute autre connaissance, comment parvient-il à la
signification de ces mots ? S'il est enfermé dans le cercle des gens
inexpérimentés, qui emploient au hasard les expressions plus ou
moins détournées de leur véritable acception, il ne pourra jamais
s'en rendre un compte exact, quelle que soit la vigueur de son intelligence ; s'il est plus heureusement entouré ou s'il peut se livrer
à la lecture, il reconnaîtra approximativement l'usage conventionnel
attaché à quelques-uns de ces termes ; mais leur emploi se trouvera
toujours, même à son insu, influencé par les circonstances dans
lesquelles il l'a trouvé engagé quand il s'en est résolûment emparé. De même les précepteurs de l'enfance ayant subi cette influence la communiquent à leur tour, ce qui occasionne les divergences les plus considérables dans la signification et l'emploi des
mots. Souvent même une signification erronée ou incomplète une
fois admise, la lecture et les préceptes sont impuissants pour la
rectifier. Aussi, après certains délais, des mots emportés par le style
imagé qui s'en empare, se défigurent, se transforment et quelquefois
disparaissent sans d'autre raison que cet « *usus* » dont Horace, Quin-
tilien, Labruyère et tant d'autres réprouvent l'empire tyrannique.

Formé au contraire d'après les lois de la parole, le mot, en dé-
posant son empreinte de sons et d'articulations, grave en même
temps au centre des connaissances le signe figuratif des connaissances coordonnées. L'enfant ne reçoit plus l'une sans l'autre. Pour

peu qu'il soit doué de la plus minime appréciation, il n'aura pas
acquis une centaine de mots qu'il aura déjà le sentiment de l'ordre
général de la classification : la première lettre d'un mot, c'est-à-dire
le son initial, sera pour lui un trait de lumière qui lui fera distinguer l'animal du végétal et des manières d'être (page 84). A mesure
que les mots afflueront, ils se contrôleront mutuellement, commande-
ront l'attention par le rapprochement des sons ou des articulations,
et développeront l'esprit d'observation et les facultés intellectuelles
de l'enfant. A l'aide de ce millier de mots qui forment dans les langues
pratiques le premier bagage dont il est chargé, il serait déjà en état
de reconstruire, sans de grands efforts, une partie importante de la
classification des empreintes ; il sera ainsi de bonne heure et sans
une étude fatigante initié aux conventions qui font surtout la puissance de l'homme.

De son côté le précepteur de l'enfance trouvera le terrain si bien
préparé qu'il n'aura plus qu'à faire germer et fructifier ce que le
temps avait semé avant son arrivée. Quelle que soit la médiocrité
de son pouvoir de communication, il n'a pas de méthode à inventer
pour mettre l'ordre dans les connaissances de son élève ni dans les
siennes propres : sa marche est nécessairement régulière ; les éléments de la parole la tracent irrévocablement et sans favoriser les
divagations stériles. S'il est inventif, s'il possède l'art d'éveiller le
centre des connaissances et d'y faire naître des empreintes vives et
durables, il agrandira promptement et à coup sûr la sphère d'activité intérieure de son élève et préparera pour la société des sujets
dont l'imagination aura toujours pour contre-poids l'ordre et la
méthode.

Des sujets ainsi disposés par l'étude des empreintes ne sont pas
les jouets du mirage fascinateur de la parole pompeuse et vide, élé-
gante et perfide. Pour eux il n'y a plus de *querelles de mots :* car tous
les mots sont définis, et ceux qui seraient de fabrique nouvelle porte-
raient avec eux leur raison d'être et leur définition. S'ils consentent
encore à se *payer de mots* ce ne sera plus par impuissance et parce
qu'ils ignorent la valeur de cette monnaie littéraire ; le centre de
leurs connaissances jouira encore de cette évocation rapide et sé-

duisante d'images scintillantes ou pleines de chaleur, comme l'œil jouit des éclairs éblouissants d'un beau feu d'artifice, comme l'oreille jouit d'une harmonie enivrante et de modulations passionnées ; mais, quand aux heures d'extase succédera l'examen paisible du vrai, toute la fantasmagorie se dissipera devant l'empreinte pure, calme et précise des mots.

Ce n'est pas seulement l'instruction publique chez tous les peuples qui gagnerait par la création du mot théorique : les lettres, les sciences et les arts ont incessamment besoin de créer des mots nouveaux ; après avoir épuisé depuis longtemps la ressource qu'offrait le latin et beaucoup trop dépassé le « *parcè detorta* » qu'Horace recommandait de son temps pour l'emploi des radicaux grecs, voilà qu'on demande aux racines sanscrites de prêter quelques-unes de leurs richesses. De pareils emprunts n'enrichissent pas les langues ; elles encombrent le centre des connaissances par des empreintes de sons et d'articulations sans aucune valeur pour la signification. A l'aide de mots théoriques bien composés, non-seulement on obtient sans le secours d'aucun radical étranger le mot qui définit l'objet ; mais, la case étant ouverte d'avance, ce nouveau venu ne surcharge en aucune façon le centre des connaissances de sons et d'articulations, il constate seulement l'apparition de la nouvelle connaissance, tout en fortifiant celles qui sont voisines et celles dont elle est une déduction.

Détournés fréquemment de leur sens propre pour exprimer un sens figuré, les mots ne perdront plus dans ces déviations passagères le cachet de leur origine et la sincérité de leur signification ; ils prêteront une énergie d'autant plus marquée aux images qui les emprunteront qu'ils ne compromettront jamais rien de leur valeur réelle. Toujours, ou pendant toute la durée d'une classification des empreintes, la case assignée par la coordination des connaissances et par la nomenclature sera occupée par le même mot défini de la même manière. Ainsi sera fondée dans cet élément si important de la parole une stabilité aussi solide qu'il est permis à l'homme de l'imaginer. Cette permanence de l'empreinte et de sa manifestation

par la voix et l'écriture, est assurément la plus belle garantie de
tous les précieux héritages transmis aux sociétés par la tradition.

On pouvait compter sur les avantages mentionnés jusqu'ici et sur
tous ceux qu'il serait facile d'y joindre encore : car la création du
mot conformément aux lois de la parole devait lui assurer toute la
supériorité de la théorie sur la pratique.

§ IV.

Du mot auxiliaire.

Maître d'évoquer au centre de ses connaissances telle empreinte
ou telle partie d'empreinte qu'il juge convenable, libre de rapprocher, de réunir ce que le fait extérieur lui avait offert, éloigné ou
séparé, l'homme veut non-seulement éveiller chez son semblable
l'empreinte qui lui apparaît, mais encore provoquer chez lui le
travail qu'il effectue lui-même. Lier une empreinte à celle qui précède ou qui suit, établir les rapports suivant lesquels on les dispose,
annoncer l'intention qui préside à leur union ou à leur séparation,
faire connaître le moment où un travail commencé s'achève et celui
où un nouveau s'opère : tout cela pouvait, sans aucun doute, être
manifesté par quelques-uns des mots dont la nomenclature a été
développée théoriquement ; mais, par un raffinement dont on jugera
plus tard le mérite, les langues pratiques ont mis au jour des séries
de mots qui répondent à ce besoin sans rien emprunter, au moins
ostensiblement, aux mots qui caractérisent les empreintes des êtres
et des manières d'être. Ces mots prendront ici le nom *d'auxiliaires* (1).

Quoique les lois de la parole ne soient pas intéressées dans le
concours de ces auxiliaires, ils ont été si universellement adoptés

(1) Ces mots se trouvent surtout parmi les articles , les prépositions , les adverbes , les conjonctions, les interjections, et même suppléent à certains effets
de la ponctuation.

par la pratique qu'on doit rechercher les moyens de les mettre d'accord avec ces lois.

Or, un moyen d'une efficacité incontestable serait d'annoncer, par un caractère spécial dans l'écriture et par quelque procédé distinct de la voix, ces mots à l'aide desquels les empreintes réagissent les unes sur les autres. De cette manière, on ne confondrait jamais le principal avec l'accessoire, la connaissance avec l'instrument qui la fait fonctionner.

Puisqu'un mot théorique doit nécessairement commencer par une voyelle (page 86), le mot auxiliaire se distinguerait du premier en commençant par un des sons qui n'entrent pas dans la formation des séries radicales, ou mieux encore, en commençant par une articulation.

Les langues pratiques ayant tout mélangé, les mots qui rappellent les empreintes et les mots auxiliaires, ne se sont pas préoccupées de ces distinctions; les sons et les articulations n'ont pas été calculés de manière à limiter telle ou telle partie du mot, à séparer les connaissances des moyens de les mettre en présence; elles ont fonctionné pour recueillir les avantages des conventions, mais sans en apprécier le mérite. Aussi, la confusion règne parmi ces deux espèces d'empreintes et de mots; la sincérité des communications réciproques entre les individus est sans cesse embarrassée par ce mélange, et la vérité, péniblement dégagée par ceux qui la poursuivent sérieusement, ne sort pas toujours sans quelque déchirement de l'étreinte qu'elle est forcée de subir.

C'est pour obvier quelque peu à cet inconvénient que les mots auxiliaires, détournés primitivement de mots ordinaires, se sont amoindris dans la pratique par la suppression d'une ou de plusieurs syllabes, comme cela se remarque dans presque toutes les langues et notamment dans le persan. Ramenés ainsi à quelques syllabes élémentaires, les mots auxiliaires prennent un cachet tout particulier qui permettrait de les distinguer dans la phrase; mais, d'autres considérations entraînant d'autres peuples, et l'Anglais en particulier, à rendre le langage très-concis, détruisent bientôt cet avantage et entretiennent de nouveau une confusion regrettable.

Si le mot auxiliaire doit nécessairement prendre rang dans le discours, tout ce qui pourra diminuer son importance et le différencier de la dénomination des autres empreintes sera d'accord avec la loi des empreintes, et, par conséquent, avec celles de la parole.

L'articulation, autrement dit, la consonne qui annoncerait sa présence deviendrait, pour cette espèce de mot, un point de départ parallèle à celui du mot *monde* pour les autres empreintes; à partir de ce premier degré signifiant *mot auxiliaire*, la division analytique pourrait s'effectuer comme elle a lieu dans la classification ordinaire. Or, ces nouveaux mots étant limités par le but restreint auquel ils doivent tendre, seront presque toujours monosyllabiques, ce qui les ferait répondre à la condition que les langues pratiques voudraient leur imposer.

Comme élément du langage, le mot auxiliaire fait partie de l'un des systèmes qui constituent le tissu de la parole; son importance et les conditions qu'il doit remplir seront plus apparentes quand ce système aura été discuté; en attendant, on voit que les langues pratiques ont encore ici fait fausse route en s'éloignant d'une classification rationnelle, en permettant à l'aveugle routine de composer des auxiliaires compromettants, et en jetant inconsidérément la confusion au milieu des véritables éléments de la parole.

Les langues slaves et celles si nombreuses des peuples occidentaux qui ont emprunté au sanscrit presque toutes leurs formes grammaticales, n'ont pas manqué d'accepter de lui une des créations de radicaux qui réclamait le secours du mot *auxiliaire*. En effet, pour créer des mots au moyen de ses racines, si limitées en nombre, le sanscrit s'est servi des mots déjà formés et en plaçant devant, avec ses contractions habituelles, certains auxiliaires, il a fait dévier la signification et produit des mots nouveaux. Le grec, le russe, le latin, l'allemand, le français, etc..., l'ont suivi sur ce terrain; et à l'aide de petits mots qu'ils appellent prépositions, et qui sont en réalité des mots auxiliaires, ils ont créé un grand nombre de mots. Dans cette création, les auxiliaires conservent la signification qu'ils avaient dans la langue où ils ont pris naissance et se sont répandus dans les autres idiomes où ils n'ont pas même cours, ce qui produit une grande bizarrerie; d'autre part, ils forment une sorte de composé radical dont la racine n'existe nulle part chez le peuple qui l'emprunte. Par exemple, du latin *descendere*, le français fait *descendre;* mais il n'a pas pris d'*ascendere* le mot *ascendre;* il accepte *ascension* et ne veut pas *descension*, etc. D'ailleurs, le mot *scendre* n'existe pas en français. Il y aurait des volumes à composer pour énumérer ces irrégularités chez tous les peuples qui ont emprunté le mot auxiliaire pour composer une signification à l'aide d'un autre radical. Cette formation atteste à la fois le besoin d'analyse et de synthèse de l'esprit humain et l'impuissance où il était de lui donner satisfaction par les procédés pratiques dont il était en possession.

Ainsi le mot *auxiliaire*, quoiqu'on puisse lui assigner une fonction et une formation théoriques, et quoiqu'il présente quelque utilité pour lier entre elles les connaissances admises, ne peut remédier à l'absence de classification; par son imperfection, il engendre en grande partie le désordre et la confusion au milieu des langues pratiques.

§ V.

Du Mot composé.

La composition théorique du mot, conformément aux lois de la parole, était un besoin si naturel que son absence a dû plus d'une fois être regrettée par les administrateurs des langues pratiques. Dans les circonstances où la création d'un mot nouveau était indispensable pour caractériser une empreinte nouvelle, la pratique, ne pouvant offrir que des éléments déterminés d'avance, restait impuissante à fournir le nouveau terme. Certes, si un grand nombre de mots nouveaux eussent fait irruption dans le domaine du langage, la nécessité impérieuse eût forcé celui-ci à se replier sur lui-même pour essayer quelque solution, comme cela s'est vu pour la chimie, et peut-être eût-on été conduit à envisager en face les règles de la théorie. Mais les besoins ne s'élevant que successivement dans les langues pratiques et par intervalles assez éloignés, trouvaient aussi successivement une satisfaction momentanée qui, faute de production meilleure, prenait rang dans le langage.

Ces créations éphémères, rendues définitives par l'ignorance des vrais principes du langage et sanctionnées enfin par l'usage, sont de plusieurs sortes. Le nom de l'inventeur d'un fait, du pays où il a été observé pour la première fois, de quelque circonstance soulevée à sa naissance ou le motivant, etc..., a servi quelquefois à vaincre cette difficulté ; l'introduction d'un mot d'une langue dans une autre : ce qui était l'acceptation des motifs connus ou inconnus pour lesquels un nom avait été imposé ; le caprice même de l'inventeur qui souvent formait des rapprochements bizarres et mal justifiés : telles ont été les causes des dénominations, quelquefois si étranges, substituées aux empreintes les plus légitimes des faits. Des esprits plus sérieux, guidés sans doute par la lumière entrevue des compositions méthodiques de la nomenclature, ont répudié les noms enfantés par la fantaisie et se sont efforcés, en présidant à leur naissance, de rappeler quelque souvenir des familles dont ils étaient issus. Pour cela, ils ont généralement rapproché deux mots, quelquefois trois, et ont désormais regardé cet assemblage comme formant une unité nouvelle ajoutée au nombre des mots. Cette création, due à l'union de deux ou de plusieurs radicaux, donne naissance au mot qu'on peut appeler : *composé radical.*

Il est un mot composé dont le mérite ne peut être discuté que dans le chapitre suivant, parce qu'il sert de base à une des formes les plus usitées du tissu de la parole. Or, cette forme ayant été généralement appelée grammaticale, le mot qui lui prête la vie pourra être appelé : *composé grammatical.*

Ce sont ces deux sortes de composés introduits dans la pratique du langage, qu'il faut encore examiner de près pour compléter la revue des éléments de la parole.

Composé radical.

Quelques langues, parmi lesquelles on peut s'étonner de rencontrer l'anglais, n'acceptent pas la composition des radicaux sans en conserver l'analyse dans l'écriture, à l'aide du *trait d'union :* ferry-boat, *bac*; fiddle-stick, *archer;* market-place, *marché*, etc.....; chef-lieu, cerf-volant, porte-faix, etc..... ; cependant elles introduisent sans difficulté dans leur répertoire les mots composés de radicaux étrangers : triumvirate, amphybology, biography, etc.; bivalve, photographie, embryogénie, etc... Sans chercher si le français doit cette forme analytique à l'introduction des formes radicales et grammaticales du latin, qui lui a fait perdre de vue les radicaux qu'il aurait pu composer; si l'anglais, si riche par ses radicaux saxons, n'a pas à son tour subi l'influence française, après avoir longtemps, comme l'allemand, formé des composés très-acceptables, le fait seul de ces langues qui refusent la formation du mot composé avec leurs propres radicaux et qui l'acceptent avec des radicaux étrangers, mérite assurément d'être mentionné.

D'autres, et c'est avec l'allemand et le grec, si perfectionnés, le plus grand nombre des langues qui sortent encore de l'enfance, placent sans nulle précaution les radicaux, assez souvent monosyllabiques; à la suite les uns des autres pour former un composé radical. Les empreintes restent distinctes comme les radicaux et composent ainsi un mot nouveau dont il est permis de faire une analyse grossière, mais dont la synthèse imparfaite ne conduit pas encore à une véritable unité.

Enfin, une langue qui a jeté ses profondes racines en Asie et en Europe, le sanscrit, a su, grâce aux dispositions les plus ingénieuses et les plus méthodiques, jouir à la fois de l'analyse et de la synthèse ou de la multiplicité et de l'unité dans le mot. Elle avait comme les autres le rapprochement des mots monosyllabiques; elle a compris que l'unité ne pouvait s'acquérir que par la fusion des radicaux ; or, ses lettres ou efforts de sons et d'articulations ayant acquis un degré considérable de richesse, et, d'après un exámen minutieux de la prononciation, se trouvant classées suivant la marche progressive de l'organe de la voix, elle a tiré parti du rapprochement de ces lettres pour opérer des contractions soit entre les voyelles, soit entre les consonnes: de cette manière la finale d'un radical, le plus souvent monosyllabique, se contracte avec l'initiale du radical annexé et forme un composé dont l'analyse est facile et dont l'énonciation offre une véritable synthèse.

Ces trois modes de formation pour les composés radicaux, qu'ils s'offrent avec plus ou moins de perfection, découlent-ils vraiment de l'observance régulière des lois de la parole ?

Qu'il y ait de la part du sanscrit une exhibition merveilleuse de l'art de la parole; que chez ses pâles imitateurs ou descendants, Grecs, Allemands, Slaves et peuples occidentaux, il y ait une simplification louable, quoique incomplète de ces procédés, cela n'est pas douteux ; mais comment deux mots juxtaposés seraient-ils conformes aux lois de la parole, lorsqu'aucun d'eux ne jouit de cette conformité ?

Il est vrai que chaque radical énonce une empreinte distincte, et que le composé a la prétention de la faire figurer comme un seul mot, et, par conséquent, comme une synthèse ; cet effet n'est pas autre que celui produit par deux ou plusieurs mots dans le discours : une fois énoncés, ils laissent une connaissance résumée qui renferme tout un membre de phrase et quelquefois une phrase entière. A ce compte le mot que, dans un accès de plaisanterie, Aristophane s'est complu à composer en quelques lignes, les phrases de longue haleine que le sanscrit peut offrir, en vertu de ses contractions, sous la forme d'un seul mot, seraient considérés comme des mots du vocabulaire ! Voilà où conduirait la pratique exempte des principes de la théorie.

La création normale du mot (page 85) lève tous les doutes : De même que l'attention ne se porte pas à la fois sur deux objets, de même l'évocation d'une empreinte et son résumé par la parole ne s'appliquent pas à la fois à deux faits extérieurs juxtaposés. Quand le mot artificiel résume un certain nombre d'empreintes analogues, il ne compose pas un tout avec ces différentes empreintes rapprochées et énumérées; cette énumération ne serait ni identique, ni aussi complète chez les différents individus ; au lieu de cela, il oblige chacun à faire un retour sur soi-même, à confesser l'existence du monde extérieur, à en suivre les manifestations par la route convenue et à proclamer l'empreinte qui se rencontre alors au centre des connaissances. C'est à cette condition qu'une suite de sons et d'articulations produiront le mot vraiment théorique.

Dans le radical composé, chaque partie composante est un mot distinct ; on ne prend plus le change à cet égard quand on ramène le mot à son empreinte et quand on poursuit sa déduction théorique. Les langues qui acceptent le trait d'union entre les radicaux en font réellement la déclaration. La juxtaposition ne ramène pas plus l'unité du mot que ce même rapprochement de deux mots bien distincts et sans trait d'union ne forme un seul mot dans les langues sémitiques, quand le génitif et la qualité sont exprimés par ce voisinage. Le mot composé schulfreundschaft (amitié d'école), n'exprimera pas un seul mot, parce qu'il omet, comme en arabe et en persan, le signe du rapport *de :* le mot pratique *école* résume toutes les connaissances que chacun a pu se faire sur les réunions de ce genre, soit par expérience, soit par tradition ; ces diverses images, analogues et pourtant divergentes chez les différents individus, deviennent une connaissance commune quand elles se déduisent par tous, en suivant la classification des empreintes. Il en est de même du mot *amitié*. Tous deux se rattachent au monde extérieur comme manière d'être, mais le premier aura même son premier caractère différent de celui qui servira d'initial au second, puisque l'un est une manière d'être de l'état social et le deuxième une manière d'être du monde moral (page 86).

Si la connaissance exprimée par la réunion de ces deux empreintes devenait indispensable, un mot pratique répondrait à ce besoin tout aussi bien que le mot composé, et il aurait de plus l'avantage de les ramener à l'unité. Ainsi le mot français « probité » paraît, dans la pratique, supérieur au mot καλοκἀγαθία (bel et bon), qui exprime la même signification. Ce dernier a, au reste, un cachet de sincérité qui atteste son origine toute pratique : le καὶ (et), rappelé par l'iota souscrit, rend le mot aussi bien divisé que l'est le mot arc-en-ciel.

Le composé radical, quoique avec une apparence un peu théorique, est donc en réalité purement pratique et ne donne pas satisfaction à la création du mot conforme aux lois de la parole.

Il a cependant deux mérites dont il faut lui tenir compte : 1° il sert provisoirement d'aliment à cet esprit d'investigation dont l'homme ne peut se départir, quand il cherche à pénétrer sérieusement dans l'analyse d'une empreinte commune : ce qui doit tôt ou tard le conduire à la création du mot théorique ; 2° il permet au penseur de signaler les empreintes isolées dont il pourrait être avantageux d'enrichir le discours.

Avec le mot théorique, satisfaction pleine et entière serait donnée à l'esprit d'analyse ; mais le mot composé pourrait encore rendre des services en désignant aux législateurs du langage théorique les mots qui pourraient être reçus dans la nomenclature des empreintes. Par exemple et pour utiliser le mot déjà connu du lecteur « ovâj, perpétuité », s'il devenait nécessaire de désigner par un seul terme la perpétuité du mouvement, dite *mouvement perpétuel;* l'auteur qui comprendrait cette nécessité rapprocherait provisoirement la manière d'être des objets (o) , quand ils sont mis en mouvement (c) avec la perpétuité , et formerait ainsi le composé ocaovâj ou encore oclovâj (1). Si , par suite de cet emploi réitéré, les maîtres du langage jugeaient à propos d'assigner à cette connaissance une place dans la nomenclature, ils pourraient composer le mot et son analyse à partir de : oc, mouvement , en considérant le mouvement proprement dit (oca) dans ses phases variées (ocat), et spécialement celle du mouvement perpétuel, ocatu.

Composé grammatical.

Pour satisfaire aux besoins d'un système appelé grammatical , on

---

(1) L'auteur ne connaissant qu'une formation théorique des radicaux , celle qu'il a donnée lui-même dans le 2ᵉ volume du *Cours complet de Langue universelle* , se sert de cette formation tout en rappelant au lecteur que mille autres aussi bonnes et probablement bien supérieures pourront être fondées. Dans celle-ci, la première case de la série (a ou b) exprime toujours l'idée précédente avec un premier degré de signification (oc, mouvement ; oca , mouvement proprement dit). D'un autre côté la lettre l, qui ne figure pas parmi les consonnes radicales, sert à séparer les deux radicaux dans la prononciation, comme ferait le trait d'union dans l'écriture. Dans ocaovâj, la rencontre des deux voyelles donne le même avertissement.

a imaginé d'importantes modifications au mot radical. Le sanscrit, qui paraît avoir le mérite de cette innovation, tant il apporte d'ordre, de méthode dans l'habillement de ses radicaux ; a donné un modèle complet de conventions rationnelles. La racine seule est simple ; il forme avec elle le plus grand nombre des mots qui résument les connaissances, de sorte que, pour lui, le mot composé commence au moment où le mot théorique serait ailleurs réputé simple. Ce système, qui sera tout à l'heure l'objet d'un examen tout spécial, donne lieu à la création d'un nombre si prodigieux de composés qu'on peut appeler grammaticaux qu'il suffira de s'arrêter aux bases principales sur lesquelles, du reste, les autres langues pratiques, semblent s'être modelées.

Tantôt c'est à la racine que l'addition grammaticale est fixée et tantôt c'est à ce composé, qu'on peut déjà appeler *nom*, qu'elle est adaptée ; puis c'est à ces sortes de composés et surcomposés que de nouvelles règles de désinences sont affectées.

Cette complication s'effectue avec tant d'art, dans des conditions si bien ménagées, que, dans la lecture des ouvrages, la décomposition des composés grammaticaux donne pour ainsi dire à l'esprit autant de satisfaction que, dans un cadre plus vaste, procurent ces belles périodes de Cicéron, où le verbe final dénoue le problème élégant offert par l'ensemble de la phrase.

C'est sur les finales de cette langue que, chez tant de peuples, se trouvent représentées les finales figurées en français par té, teur, tion, etc. : activité, *activitas ;* acteur, *actor* ; action, *actio*, etc.

Ces mots qu'on appelle communément *substantifs* et *adjectifs*, ont la prétention de former des mots où se trouvent comprises les connaissances abstraites et celles de l'agent, du fait, du lieu, du temps, de l'instrument, de l'action, de succession, de possession, d'augmentation, de diminution, etc. ; celles du genre des individus, mâles ou femelles, que, par une bizarrerie à peine croyable, on a transportées aux êtres inanimés et aux manières d'être ; celles de commander certaines obligations particulières aux mots qui les suivront ou qui les précéderont ; celles enfin d'être applicables à un, deux ou plusieurs êtres, à une, deux ou plusieurs manières d'être.

Mais le chef-d'œuvre de l'art pour les mots composés a été sans contredit la création appelée *verbe*, qui, en réunissant toutes les connaissances revendiquées par le substantif, y joignait encore celles de la personne ou des personnes qui parlent, celles de la personne ou des personnes à qui l'on parle ou de qui l'on parle ; enfin, par le rafinement le plus ingénieux, celles des temps, présent, passé ou futur, avec un nombre considérable de nuances, et en y joignant même celles de plusieurs intentions, telles que l'ordre, le désir, la subordination, etc.

Ces efforts prodigieux de l'art remontent sans doute aux époques où la parole n'ayant pas encore fait élaborer les grands problèmes des arts et des sciences, mais ayant déjà introduit les hommes dans le sanctuaire des connaissances, paraissait être elle-même le dernier mot de tous les problèmes qu'offre le monde. Il semblait alors qu'en la repliant sur elle-même et en multipliant sa puissance créatrice on pénétrerait dans les secrets les plus cachés ; on ignorait que l'empreinte est la première condition du savoir, et que la parole, instrument d'analyse et de communication, a pour mérite singulier la précision et la simplicité.

Les langues pratiques ont naturellement avancé dans cette voie ; si elle eût dû leur offrir des chances de grand succès, elles en auraient exploité toutes les issues. Loin de là, elles l'ont presque abandonnée : les unes, et ce sont celles des peuples chez qui la civilisation a poussé ses racines les plus profondes (1), ont dépouillé le verbe de la composition qui lui attribuait la connaissance des temps et des modes, et se sont contentées de reconnaître la personne à qui l'on parle, les autres circonstances étant déterminées par des mots auxiliaires ; elles n'ont pu demander au substantif d'exprimer autre chose que la connaissance ou l'empreinte qui lui est propre, sans y joindre celles accessoires de lieu, temps, etc., de genre, du rôle qui lui convient dans la phrase, laissant à celles-ci le soin de se faire jour par l'enchaînement des connaissances ; les autres (2),

(1) Anglais.
(2) Français, Allemands, Italiens, Espagnols.

qui suivent de près pour les progrès sociaux, après avoir acquis quelques degrés de cette simplification, ont conservé les connaissances compliquées de genre, de personnes, de modes et de temps; enfin une troisième catégorie chez qui la civilisation est encore à l'état élémentaire (1) ont conservé le plus grand nombre des mots composés, renchérissant quelquefois sur le type sanscrit, tant pour les compléments indirects des verbes que pour le genre des personnes dans les verbes. Le Turc, de son côté, au lieu de suivre le cours des langues sémitiques qui ont toutes progressé dans l'esprit de simplification, s'est complu à enrichir encore les verbes des connaissances les plus complexes (2).

Sans attacher pour le moment une valeur exagérée à ce rapprochement de la civilisation et du joug imposé par le mot grammatical, on peut, par le simple raisonnement, se rendre compte des avantages que procure la parole dans sa plus simple analyse. Le mot composé, en réunissant des formes qui, le plus souvent, ne sont pas utiles pour l'intelligence de la connaissance, surcharge le centre des connaissances de parties plus ou moins envahissantes, et retarde l'avénement déjà si difficile de la connaissance complexe contenue dans la phrase. La précision de l'empreinte doit mal s'accommoder de cet encombrement, et le peuple qui se complaît dans cette ingénieuse surabondance doit, comme celui qui s'adonnerait avec trop de partialité aux charmes de la littérature, attacher trop de prix à la forme et aux ornements, aux dépens du fond et de la vérité.

Quoi qu'il en soit, le composé grammatical est aujourd'hui un des mots les plus importants du langage ; il doit donc avoir des droits à l'examen et à une formation nettement déterminée par les lois de la parole.

Puisqu'il résulte d'une extension donnée à quelque connaissance fondamentale, puisque tout en jetant la clarté au milieu des connaissances il jette aussi sur elles comme un manteau qui les déguise en

_____

(1) Russes, Slaves.
(2) Voir le 1er volume du *Cours complet de Langue universelle*, p. 321.

appelant l'attention autant et plus sur la forme que sur le fond, la première condition à laquelle il faut l'assujettir, c'est de se détacher aisément de la connaissance qui l'emprunte, afin que celle-ci puisse toujours se montrer et être étudiée dans sa nudité et dans sa décomposition.

Une seconde condition qu'on doit lui imposer est la simplicité dans les sons et les articulations qu'elle apporte aux mots comme suppléments. Quelle que soit, en effet, l'habitude d'analyser que possède un individu, quand il parcourt des connaissances successivement enchaînées les unes aux autres, pour en composer une empreinte générale, il est, malgré lui, offusqué par la prolixité des parties composantes, et retire difficilement les radicaux comme étouffés sous leur poids : *i*verunt , λελυσοιμεθα, *h*oshyamehé (1) , laissent à peine perceptibles pour les oreilles et pour les yeux les radicaux i, λυ, ho.

Une troisième condition est encore puisée à la nécessité de rendre ces compositions si faciles qu'elles attirent le moins possible l'attention sur elles et ne la détourne pas ainsi du véritable élément de la parole : elle consiste à offrir toujours et sans exception la même composition avec les mêmes sons et les mêmes articulations.

Enfin, et cette dernière condition laisse un champ fort vaste à la discussion, c'est que le composé grammatical n'empiète pas sans motif plausible sur le domaine des empreintes classifiées, qu'on peut aussi nommer radicales.

Ces quatre conditions découlent évidemment des lois de la parole : car elles garantissent la netteté de l'empreinte et assurent sa communication facilement, purement et simplement.

Il est aisé de comprendre pourquoi les langues pratiques ne se sont pas pliées sous le joug de ces conditions. Héritiers de cette admiration et de ce culte que leurs devanciers avaient voués à la grande création de la parole, les savants, chez presque tous les peuples, se sont complu dans l'ornementation de cette idole : ce

______

(1) Deuxième futur sanscrit, dont le radical est *hu*.

n'était pas le fond, mais la forme qui avait toutes leurs sympathies ; il fallait bien que la pensée assistât au triomphe de sa rivale, dont elle seule justifiait l'existence ; mais reléguée au second plan, elle restait à peine visible sous les voiles pompeux qui la déguisaient.

Les périodes sinueuses et prolongées se déroulant emphatiquement et se terminant par des chutes cadencées dont la prosodie faisait prévoir le terme, étaient pour les rhéteurs et leurs auditeurs passionnés le charme offert par les composés grammaticaux. La persuasion oratoire entraînait les masses jusqu'à ce que les sons et leurs séductions dissipés peu à peu fussent remplacés par la réalité trop longtemps dissimulée. Or, le plaisir veut être renouvelé, et les Athéniens appelaient encore Démosthènes à la tribune quand de graves circonstances réclamaient plutôt le calme de la raison que le feu des passions. Comment alors ne pas encourager la formation de ces mots composés qui étaient l'occasion de tous ces prestiges ! Comment demander aux empreintes de se dépouiller des ornements qui les cachaient, et de se présenter froides et sévères devant des juges qui ne cédaient qu'à l'entraînement !

Aussi, chez les peuples plus spécialement adonnés aux lettres, orateurs, écrivains, poëtes, tous sont à l'œuvre pour imaginer des formes nouvelles et pour exprimer du composé grammatical tout ce qu'il contient d'illusions. Le génie n'est pas l'étude et la révélation du vrai dans toute chose ; c'est, en première ligne, l'habileté artistique qui tire le meilleur parti des déceptions dont le langage peut être la source. Cependant, à notre époque et chez certains peuples, l'empreinte vraie se dégage insensiblement de son enveloppe ; si l'on ne peut se débarrasser de ces formes transmises irrévocablement dans les langues pratiques, on commence à sentir que le mot auxiliaire et le composé grammatical occupent une trop large part dans le développement des connaissances ; il n'est donc pas à craindre que les innovations apportent de nouveaux progrès dans les empiétements grammaticaux.

Cependant les préceptes seraient insuffisants s'ils n'étaient accompagnés des preuves manifestes que les conditions ci-dessus peuvent être remplies dans la pratique de la parole.

Puisque l'on peut avec huit ou dix sons et huit ou dix articulations, créer tous les mots théoriques qui figurent toutes les empreintes possibles, en utilisant le matériel de la langue française (page 85), il resterait encore au moins *six* sons et *sept* articulations qu'il serait impossible de confondre avec les caractères qui ont servi à former les radicaux, et qu'on pourrait employer à la désignation des mots composés grammaticaux. D'ailleurs tout mot théorique radical commençant nécessairement par une voyelle (page 86), tout mot commençant par une consonne pourrait annoncer le composé grammatical.

Ces simples données vont suffire pour satisfaire aux quatre conditions imposées au composé grammatical par les lois de la parole.

Toute consonne qui commence un mot peut désigner l'espèce grammaticale du mot : substantif, adjectif, verbe, etc. Or ces espèces étant au nombre de huit à dix et le nombre des consonnes étant dix-sept il y a plus qu'il ne faut pour répondre au besoin. Le radical suivra cette consonne sans interruption et s'il faut exprimer le rôle qu'il joue dans la phrase, la finale devra être chargée de cette fonction. Or, l'apparition d'une interruption dans la forme si régulière du radical préviendra du moment où finit le radical et où commence le grammatical. Par exemple : soit *idu* le radical dont la signification serait *amitié ;* bidu pourrait être l'adjectif *amical*, gidu le verbe *aimer*, etc...; une voyelle à la fin de ces mots annoncerait la forme grammaticale : car pour le radical il faudrait le retour d'une consonne. De même l'apparition d'une consonne qui ne forme pas les radicaux (et il en reste au moins *six*) servirait de limite au radical. Supposons que l n'entre pas dans les radicaux : en plaçant cette lettre après u, « gidul », on peut indiquer un certain mode du verbe ; la voyelle qui suivrait (une quelconque des seize voyelles) indiquerait le temps, et même une autre voyelle à la suite, ce qui ne serait pas désagréable à l'oreille, désignerait la personne 1re, 2e ou 3e du singulier, du duel ou du pluriel. *Giduléo* pourrait ainsi figurer le sens d'*amaveramus*.

La première condition qui exige la présentation immédiate du radical est remplie : car la consonne initiale ne peut appartenir au radical et l est un caractère qui ne peut être que grammatical ; ainsi le radical est idu et le grammatical g-lêo.

La partie grammaticale g-lêo étant la plus composée qui puisse être formée : la seconde condition se trouve satisfaite.

La consonne initiale fait mieux ressortir la voyelle qui commence le radical ; la voyelle qui termine les substantifs, les adjectifs et même les verbes, tout en indiquant le rôle que le radical joue dans la phrase, occupe si peu de place dans la structure du mot composé, qu'elle semble plutôt le temps d'arrêt qui annonce la fin du mot. Si maintenant, *sans aucune exception,* la même consonne initiale représente toujours la même espèce de mot ; si la même voyelle finale figure toujours le même rôle dans l'intérieur de la phrase, la troisième condition sera remplie.

Quant à la quatrième condition, elle intéresse peu les moyens d'exécution. Ceux-ci, à l'aide des sons et des articulations dont leur bagage est en dehors des radicaux proprement dits, répondraient à tous les besoins. Ce qui résulte de l'examen des langues où les composés grammaticaux sont le plus en honneur : c'est que l'individu qui subit la manière d'être ou qui commande l'action paraît seul avoir une place rationnelle dans le substantif composé.

Le mot composé grammaticalement a donc des règles à suivre pour se conformer aux lois de la parole ; ces règles eussent été facilement suivies si la pratique n'eût devancé la théorie et n'eût retardé son avénement par le fardeau même des connaissances qu'elle obligeait à soulever.

CHAPITRE IV.

TISSU DE LA PAROLE.

Lorsqu'une empreinte s'offre au centre des connaissances, elle
apparaît comme un tout composé de parties ; le mot qui la représente et la communique par la voie de l'oreille est chargé de figurer
et cette unité et la multiplicité dont elle se compose. Aussitôt donc
qu'un mot isolé vient frapper le sens de l'ouïe, chaque individu pour
qui la convention n'est pas un secret voit s'élever au centre de ses
connaissances une empreinte plus ou moins distincte, et plus ou
moins semblable à celle qui occupe l'attention des autres. Si le mot
est purement pratique, il est impossible de préciser le moindre point
de contact, le moindre rapprochement même entre ces diverses
apparitions ; si le mot est conforme aux lois de la parole, tous
étant d'accord sur sa parenté, sa filiation, la source d'où il découle
et l'ordonnancement des parties dont il est formé, savent par avance
comment il est interprété par celui qui le prononce et par tous ceux
qui l'entendent.

Mais le nombre indéfini de parties dont une empreinte peut se
composer , le nombre indéfini d'empreintes qui concourent à la
représentation intérieure du fait extérieur, laissent toujours l'auditeur en suspens sur l'empreinte ou la partie d'empreinte qui
préoccupe l'interlocuteur quand il déclare par un mot l'objet de son
attention. Au mot *punition*, par exemple, répondra dans les langues
pratiques un amas confus d'empreintes qui se croiseront sans laisser
rien de fixe dans l'esprit, et qui, en tous cas, n'auront pas de similitude, au moins quant à l'ordre des empreintes et à leur énumération,
chez les différents auditeurs. Dans la langue théorique on remontera

peut-être à la législation, à l'Etat, et aux manières d'être des hommes en société, et on descendra peut-être à l'énumération des peines qui intéressent la vie, la propriété, l'emploi que l'on occupe, la liberté, etc... et de cette manière on aura un cercle de connaissances semblable à celui qui se forme d'abord chez tout individu initié à ces conventions normales. Mais si l'interlocuteur a devant lui au centre de ses connaissances quelque fait particulier sur lequel il veut attirer l'attention, il doit au milieu des parties de cette première empreinte évoquer celle qui répond à sa connaissance actuelle ou même faire intervenir quelque autre empreinte qui, dans l'ordre de la classification, peut n'avoir de connexion avec la première que par les déductions tirées d'un embranchement plus général. Tel serait le mot *matelot* qui, dans la langue pratique, n'a aucun rapprochement avec le premier, et qui, dans la langue théorique, peut découler, comme la *punition*, de l'Etat, ou de l'homme en société ; or, de ce mot nouveau confronté avec le premier résultent deux empreintes en présence : chacune d'elles reste vague si les deux mots sont pratiques et sera définie pour tous de la même manière s'ils sont théoriques. Désormais chacun de ces mots limite la connaissance de l'autre ; il n'y a rien à examiner sur la punition en dehors de ce qui peut concerner le matelot, ni rien à dire sur le matelot en dehors de la punition qu'il a pu encourir.

Puisqu'une connaissance présente d'abord un ensemble dont il faut étudier une à une les parties pour s'en rendre vraiment maître (page 31), il s'ensuit que le premier degré de la connaissance est le passage de l'empreinte générale, qui comme telle est peu distincte, à une quelconque de ses parties. La marche proposée dans l'exemple ci-dessus est donc conforme aux lois de la parole : le mot *punition* est l'empreinte générale et le mot *matelot* la particularité de cette empreinte sur laquelle on appelle l'attention. On eût pu intervertir les deux termes et la connaissance serait restée la même. On verra plus loin pourquoi l serait plus rationnel de commencer avec le chinois par le mot « matelot, » et d'en faire ainsi 'empreinte générale. La première relation qui unit ces deux mots, sans qu'il soit besoin d'une convention spéciale, est si bien déter-

minée par la nature des empreintes qu'elle s'établit impérieusement et se fixe au centre des connaissances.

Voilà donc deux mots artificiels qui produisent une empreinte
non classée dans la nomenclature ; qu'on l'introduise ou non elle
figure l'unité, et c'est sur elle désormais que l'auditeur fixe son
attention, sans avoir presque besoin de s'arrêter aux parties composantes.

Rien n'empêche de joindre à cette nouvelle empreinte une troisième connaissance, comme serait celle de « sévérité ; » celle-ci va
restreindre encore la signification des deux premières ; et, sans qu'il
soit besoin du moindre intermédiaire, l'empreinte arrêtée au centre
des connaissances répondra au sens exprimé par les mots français : sévérité des punitions infligées aux matelots.

Si à la connaissance synthétique de ces trois empreintes, qui n'en
forment plus qu'une, on ajoute une manière d'être des objets
ou des faits (page 84) répondant à celle du lieu où réside l'objet et
où se passe le fait, on formera un composé nouveau qui laissera
cette fois quelque incertitude : car la connaissance du *lieu où les
punitions infligées aux matelots sont sévères*, ne sera complète
que quand ce lieu aura été désigné. Toutefois les mots en italique ne
constituent pas moins une empreinte unique, qui n'attend pour être
couronnée que celle du lieu où se passe le fait.

Le mot *Angleterre* apportera ce couronnement, et désormais la
connaissance devient ceci : En Angleterre les punitions infligées
aux matelots sont sévères.

Si le complément attendu avait été figuré par deux empreintes, il
eût été évident que la dernière aurait limité l'avant-dernière, comme
la seconde dans toute cette composition avait limité la première. Par
exemple, le mot *marine* qui suivrait Angleterre ne laisserait plus à ce
lieu le vague ou la généralité trop vaste qu'il embrasse ; or, dans
la composition naturelle suivie jusqu'ici, « Angleterre, marine »
répondent aux mots français : Marine anglaise.

Une empreinte finale se trouve ainsi produite par la série des
mots : Matelot, — punition, — sévérité, — (avoir lieu dans) — Angleterre, — marine, et elle serait exprimée par les mots français :

Dans la marine anglaise, les punitions infligées aux matelots sont sévères.

C'est à cette suite d'empreintes qui forment successivement d'autres empreintes composées et une seule finale, qu'on peut donner le nom de TISSU DE LA PAROLE.

§ Ier.

Des différentes sortes de Tissus de la Parole.

Le besoin qui rapprochait les membres épars de la grande famille humaine, après avoir fait naître les mots qui appelaient chez tous une empreinte à peu près analogue, fit bientôt préluder au tissu de la parole. Quand l'empreinte éveillée apparaissait à chaque individu, elle était telle que sa connaissance antérieure lui permettait de l'évoquer. Or, l'insuffisance de la communication devait se faire sentir à chaque instant; ainsi, dans l'état presque sauvage où vécurent les familles isolées; quand, par un mot connu, un membre accourait annoncer quelque danger, le cri ou le mot qui signifiait danger, ou ennemi, ou fuir, était loin d'exprimer suffisamment la nature du péril, le genre d'ennemi et la manière dont la fuite serait salutaire. Au contraire, en communiquant un détail important du fait ou de l'empreinte qu'il avait présente, le messager donnait un avertissement si précieux qu'on ne dût pas tarder à recourir à la série de mots qui en complétait la portée.

A toutes les époques de l'existence sociale, une communication suffisante entre les membres divers n'a pu s'établir qu'à l'aide du tissu de la parole : celui qui exposait ce qui se passait au centre de ses connaissances ne tardait pas à reconnaître que le simple mot par lequel il appelait l'attention de ses auditeurs, n'éveillait en eux qu'un rapprochement si vague de l'empreinte dont il était préoccupé qu'il ne pouvait presque en tirer aucun parti profitable. La nécessité de faire naître chez les autres les aperçus que cette empreinte figurait chez lui, l'obligeait donc à formuler les parties dont elle se composait, ou au moins celles qui s'accordaient avec un but proposé.

Sans le tissu de la parole, la communication entre les individus devenait impraticable ; avec lui, les empreintes quoique divergentes concouraient au moins par les points que l'interlocuteur jugeait à propos d'envisager ; tous faisant abstraction des parties qui n'intéressaient pas la question traitée, ou le fait exposé, considéraient une empreinte formée d'éléments à peu près semblables, et une entente convenable s'établissait entre eux.

Puisque le tissu de la parole a été et reste encore le lien véritable qui rapproche les hommes et établit la communication des connaissances entre eux, il a dû à toutes les époques et il devrait encore aujourd'hui être l'objet d'un examen approfondi. Cependant aussitôt qu'il a eu produit quelques fruits, chaque peuple s'est emparé résolûment de la voie que les devanciers avaient tracée, sans s'inquiéter des moyens de donner à ce tissu plus de consistance ou de durée, tout en maintenant une transparence aussi parfaite que possible. Cela tenait sans doute à ce que ces premiers fruits ont été suivis de moissons si abondantes qu'on n'a point senti d'abord l'utilité de retourner aux sources du langage.

Il est résulté du laisser-aller auquel l'humanité s'est abandonnée sur tous les points du globe, que le tissu de la parole affecte des formes diverses qui paraissent plus ou moins rationnelles ou correctes, quand on les compare aux principes qui doivent diriger dans cette matière.

Ces formes variées, observées chez un grand nombre de peuples, semblent pouvoir être ramenées à trois :

1° La forme naturelle du tissu de la parole : c'est celle dont quelques traits sont esquissés au commencement de ce chapitre. En suivant la marche que la nature indiquait, on expose la connaissance générale, puis on la modifie successivement par les parties de cette connaissance jusqu'à ce que les traits principaux de l'empreinte soient suffisamment évoqués chez les auditeurs ;

2° La forme artificielle du tissu de la parole : c'est celle que les peuples ont jusqu'ici le plus généralement adopté. Elle consiste à établir les relations que les parties de l'empreinte ont entre elles à l'aide d'un certain artifice de convention qui permet de n'être pas préoccupé de la succession naturelle des connaissances partielles de l'empreinte générale ;

3° La forme mixte du tissu de la parole : c'est celle vers laquelle semblent incliner les langues modernes. Elle consiste à conserver la forme artificielle, dont elle n'est qu'un embranchement ; mais à substituer quelques-unes des formes naturelles à certains artifices dont le mérite paraît contestable.

Ces trois formes doivent être l'objet d'un examen bien attentif : car elles tendent au même but par des routes assez différentes, sur lesquelles il importe de ne pas laisser régner d'indécision. Le mot, ou l'empreinte générale, dirigé d'abord par la classification, serait d'un secours médiocre si le tissu de la parole ne parvenait à en éclairer les parties indispensables et n'établissait une communication aussi correcte que possible entre les centres des connaissances des individus qui pratiquent le langage.

Il faut donc pour se rendre vraiment compte du tissu de la parole l'étudier sous chacune de ces faces : comme *naturel*, comme *artificiel*, ou comme *mixte*.

§ II.

Tissu naturel de la Parole (type : *le Chinois* (1).

Les peuples qui ont de tout temps pratiqué le tissu artificiel de la parole sont si peu préparés à l'intelligence du tissu naturel qu'ils sont tentés d'en nier l'efficacité. Pour quiconque a sans cesse mis en œuvre dans le langage, des noms, des adjectifs, des verbes, etc., ou, familier avec la syntaxe de sa langue pratique, a lié à l'aide de pronoms et de participes des phrases incidentes avec des phrases principales ou complémentaires ; pour ces peuples et pour ces individus un tissu de la parole qui répudie adjectifs, verbes, adverbes, etc., qui n'a guère que des propositions principales, semble une bizarrerie, sœur de la grossièreté et de l'ignorance.

(1) Il s'agira surtout dans ce chapitre du style antique dont le style moderne est loin de reproduire la pureté.

Cependant le tissu naturel de la parole pourrait bien être le dernier mot comme il a été le premier de toute langue humaine. Le peuple si ingénieux qui en fournit un exemple admirablement perfectionné, rend encore ce service aux peuples occidentaux : il leur rappelle que la nature précède l'art ; qu'elle a dans ses procédés des ressources inépuisables qu'il faudrait avoir longtemps expérimentées avant d'avoir recours à l'art et aux conventions. Sans lui une branche importante du tissu de la parole serait sans doute ignorée ; sans lui, le philologue qui, remontant aux sources du langage, proclamerait la marche naturelle de l'homme à l'origine de la parole, serait considéré comme un ami des doctrines étranges, comme un fauteur de paradoxes.

C'est donc au chinois qui faut demander les secrets du tissu naturel de la parole. Or, pour que les hommes sérieux ne se laissent pas aller aux fins de non-recevoir issues de quelque plaisanterie proverbiale, il faut les faire souvenir que la civilisation de ce peuple a, sur plus d'un point, dépassé celle des peuples occidentaux ; que seuls et sans les emprunts que les autres nations se font mutuellement, ils ont pénétré presque tous les mystères dont nous nous attribuons la découverte ; que leurs philosophes sont parvenus aux limites les plus avancées de la saine morale et ont substitué la pratique des vertus aux dogmes religieux et irrationnels qu'on a importés chez eux ; enfin, que non-seulement leur littérature étincelle de beautés, mais encore a des charmes que, sous le rapport de la parole écrite, il n'est donné à aucun autre peuple de pouvoir égaler.

Avant de pénétrer dans l'examen du tissu naturel de la parole pour lequel le chinois offrira des exemples si intéressants, il n'est pas hors de propos d'adresser une remarque aux sinologues et aux lecteurs qui ont pu ouvrir quelque part des grammaires chinoises. Le premier coup d'œil leur a fait apercevoir, comme dans toute autre grammaire, les espèces de mots qui sont reçues dans les langues nommées ici « à tissu artificiel. » C'est avec des adjectifs, des adverbes, des verbes, etc., que les principes de la langue sont exposés ; comment donc ferait-on sur le chinois une exception qui n'est pas justifiée ?

Ce qui donne lieu à cette fausse interprétation, c'est la forme malheureuse dans laquelle les grammairiens étrangers se sont laissé entraîner dans l'exposition des principes de la langue chinoise. Le grammairien chinois peut former telle division qu'il lui plaira sur les mots qui formulent les idées ; mais en fait des mots qui concordent à la formation de la phrase, il n'a que les mots *pleins* et les mots *vides* (1). Le grammairien étranger, obligé de s'adresser à un lecteur tout rempli des formes grammaticales et qui ne comprend pas qu'un langage puisse subsister sans 8, 9 ou 10 espèces de mots, soit qu'il s'abuse lui-même, soit qu'il le fasse pour se rendre intelligible, distingue toutes les espèces de mots connues dans la langue qu'il pratique. En réalité, il expose comment le chinois s'affranchit du joug de la grammaire et s'abstient de distinguer, ici l'adjectif, là le verbe, etc., et remplace tout l'échafaudage grammatical par la liaison naturelle des mots dans la phrase. Au reste, il faut rendre justice au travail si remarquable de M. Abel Rémusat : Après avoir procédé suivant les formes ordinaires, ce grammairien a soin, dans un résumé de quelques lignes (page 166), de montrer le vrai jour sous lequel le chinois doit être présenté, et il esquisse en peu de mots les grands principes suivant lesquels les éléments du langage se trouvent disposés dans toute phraséologie chinoise.

A ceux qui s'obstineraient à faire sur le chinois la distinction des espèces des mots on pourrait répondre qu'ils confondent les espèces d'idées avec les espèces de mots : car comment distinguer des mots qui représentent sans aucun changement de forme, suivant la place qu'ils occupent, des substantifs, des adjectifs, des verbes ou des adverbes. Il faudrait que les habitudes grammaticales fussent devenues comme une seconde nature pour qu'un philologue quelconque n'aperçût pas que tout le travail de l'intelligence repose ici sur la pensée sans le secours des conventions de la grammaire. Au

______

(1) Voir : 2169 et 9365.

NOTA.—Ces chiffres renvoient au dictionnaire chinois de M. Deguignes ; il en sera de même pour tous les mots chinois dont le lecteur désirerait retrouver les caractères.

reste les principes que nous allons exposer pour créer le tissu naturel de la parole et les exemples frappants que nous fournira le chinois devront convaincre les plus incrédules.

PREMIER PRINCIPE. *L'empreinte la plus générale sur laquelle l'interlocuteur appelle l'attention de l'auditeur s'énonce la première.*

En effet : quand on veut communiquer à autrui ce que l'on éprouve, évoquer à son centre de connaissances l'empreinte que l'on a soi-même présente, le résumé de cette empreinte est avant tout ce qui frappe et par conséquent ce que l'on veut exprimer. L'auditeur qui agit lui-même de cette manière quand il veut manifester sa connaissance est tout disposé à recevoir cette impulsion et à faire comparaître l'empreinte demandée comme à en accepter les modifications.

La théorie se trouve ici exactement sur le même terrain que la pratique : car, quand le sourd-muet et l'étranger dans un pays dont ils ne connaissent pas la langue, veulent manifester quelque connaissance, implorer un secours ou se procurer quelque renseignement utile, ils s'efforcent par le geste de figurer ce qu'ils ont présent au centre de leurs connaissances, c'est-à-dire ce qui résume leur besoin. L'enfant à peine initié aux usages d'une langue, exprime par un mot significatif l'ensemble du fait dont il analysera plus tard les détails.

On peut d'ailleurs, en étudiant la manière dont la parole communique la connaissance, vérifier l'exactitude de ce principe. Quelle que soit la forme sous laquelle s'offre cette communication, que les phrases soient longues ou courtes, accidentées par des propositions de plusieurs sortes, l'homme qui travaille sérieusement à en saisir le vrai sens cherche au milieu des termes celui qui rend le mieux la connaissance résumée, et c'est autour de ce terme qu'il groupe les parties moins caractéristiques de la phrase. Il suit en cela la marche naturelle que l'écrivain ou l'orateur avait lui-même suivie. Aussi le littérateur et le comédien savent tirer un profit merveilleux de ce procédé naturel de la communication : le premier met tout son art à présenter sous un jour éclatant, dans le lieu le plus saillant du vers ou de la prose, le mot qui est comme le nœud de la connaissance complexe ; le second, soit par l'intonation, soit par le geste, appuie sur ce mot ou sur l'empreinte qu'il figure, de manière à saisir vivement l'imagination de l'auditeur. C'est ainsi que Racine et Talma ont produit les plus grands effets dramatiques. Le portrait de ce dernier a été saisi avec un rare bonheur dans le moment où il donnait une preuve frappante de cette assertion : la main et l'index tournés vers le lieu où « caché... » Néron surveillera l'entrevue de Junie et de Britannicus ; c'est sur les mots *caché* et *voir* que l'intonation et le geste appellent l'attention du spectateur.

De même, dans le cours ordinaire de la vie, quand pour une cause quelconque un certain nombre de mots ne parviennent pas jusqu'à l'oreille, si celui qui exprime l'empreinte générale a pu être saisi, les autres sont comme illuminés par cet éclat de lumière et ne restent plus dans l'obscurité.

Les langues à tissu artificiel, et plus souvent encore les langues à tissu mixte peuvent employer cette forme empruntée à la nature des empreintes ; mais, comme elles n'y sont pas contraintes par le tissu même de la parole, elles s'écartent fréquemment de ce principe. Le chinois au contraire forcé par la forme naturelle qu'il adopte d'être toujours fidèle à ce principe, acquiert une précision qui n'exclut en rien la vivacité des images. Quand donc le français dira : nous ne pouvons rester indifférents sur l'âge de nos parents ; le chinois s'exprime ainsi : père mère, etc. (1). Quand le français s'écrie : que la prudence de Chun est grande ! Le chinois commence son exclamation par : Chun, etc... » (2).

DEUXIÈME PRINCIPE. *La partie d'empreinte à laquelle on veut restreindre l'empreinte générale se place immédiatement après celle-ci.*

Cette seconde condition est encore imposée par la nature des connaissances : l'empreinte générale énoncée évoque chez l'auditeur une empreinte analogue aussi vaste, et dans laquelle se rencontrent

(1) Abel Rémusat : *Grammaire*, page 94.
(2) Id., *Id.*, page 56.

une foule de parties qui n'intéressent nullement l'image sur laquelle on appelle son attention; l'évocation d'une partie plus spéciale limite déjà la compréhension.

A.—A la connaissance *France* qui soulève une si grande quantité de matériaux, que l'on ajoute celle de *souverain*, et ces deux empreintes énoncées dans cet ordre expriment quelque chose d'aussi précis que ces mots: le souverain de la France.

Quand on se familiarise avec cette succession naturelle des connaissances elles ne laissent jamais la moindre incertitude et souvent elles s'offrent avec une netteté et une précision d'autant plus grandes que les idées de détermination indiquées par les articles, et de rapport par la préposition *de*, ne répondent qu'à des conventions et non à l'ordre naturel des empreintes. Les mots : rivière, courant ; vertu, récompense ; fauteuil, dossier; patrie, amour ; ville, porte, etc., etc... se présentent à l'esprit dégagés de toutes les formes accessoires et conventionnelles qui se rencontrent dans les mots : le courant de la rivière ; la récompense de la vertu ; le dossier du fauteuil ; l'amour de la patrie ; la porte de la ville ; etc., etc... On peut même affirmer que lorsque l'attention se porte définitivement sur la signification résultant de ces mots français, elle reprend la forme naturelle et ne se fixe sur les premiers termes : courant, récompense, dossier, amour, porte, etc. , qu'après avoir considéré les seconds termes : rivière, vertu, fauteuil, patrie, ville, etc.

Ces considérations sont loin d'être aussi mesquines qu'elles paraissent d'abord : le travail mental est assez pénible et obscur pour que les conventions qui le manifestent soient calculées en vue de le faciliter et de l'éclairer.

Le chinois n'a pas dû procéder autrement, puisqu'il suit les formes naturelles de langage. Aussi rencontre-t-on à chaque ligne verticale des exemples nombreux de ce principe :

fleuve	peuple	ciel	cité	village
orient ;	force ;	ordre ;	magistrat ;	homme (1).

(1) Voir le *Dict. chinois* aux nᵒˢ 4896, 4108; 4820, 865 ; 1798 , 1200 ; 11180, 11251; 2130, 91.

On place ici les mots verticalement, comme cela se pratique en chinois. Cette

La signification de ces deux mots dans l'ordre vertical n'est plus un mystère pour le lecteur ; il ne s'étonnerait plus de la signification si différente attribuée aux deux mots, *milieu* et *état*, suivant l'ordre dans lequel ils sont placés :

milieu   état
état ;   milieu (1).

Dans le premier cas, il s'agira de l'état du milieu où se trouve le siége de l'empire ; dans le second, on entendra : au milieu de l'état. Ces interversions sont aussi fréquentes que l'exigent les besoins du discours et ne laissent pas plus d'incertitude que ne feraient les mots : homme de cœur, et le cœur de l'homme.

B—La place de l'adjectif ou du mot qui exprime la qualité ou la propriété attribuée à une chose ou à une manière d'être, n'est qu'une application à cette règle.

La qualité et la propriété forment, en effet, si bien des empreintes au centre des connaissances que toutes les langues l'ont reconnu dans la pratique : grand, long, large, blanc, facile, etc., ont leur substantif : grandeur, longueur, largeur, blancheur, facilité, etc. ; ce qu'on appelle adjectif constitue donc un artifice de langage qui ne doit pas pénétrer dans le tissu naturel de la parole. Rien n'est plus général que la qualité ou que la propriété des choses et des faits, puisqu'elle peut, une fois distraite de l'objet qui l'a révélée, s'appliquer et se superposer sur tout ce qui existe. Il suffit donc d'énoncer d'abord cette empreinte si générale pour arrêter l'attention sur l'objet, ou sur la manière d'être qui en est affectée.

Quand on énonce le mot « courage », l'empreinte éveillée se compose de tous les faits et de tous les êtres chez lesquels on a

disposition était la plus convenable pour le tissu naturel de la parole qui s'effectue en déduisant l'idée qui suit de celle qui précède. Quant à l'usage reçu de procéder de droite à gauche dans l'écriture de ces lignes, il ne paraît pas même justifié par la forme des caractères qui sont vulgairement tracés en opérant avec le pinceau de gauche à droite. A cet égard, l'écriture des langues sémitiques a des exigences plus rationnelles.

(1) Voir le *Dict. chinois*, aux nᵒˢ 1539, 26.

saisi ce témoignage ; les mots « roi, homme, action, etc., » qui suivront signifieront donc : le roi courageux, l'homme courageux, l'action courageuse, etc. De même, grandeur montagne, ardent feu, profondeur fossé, animation entretien, etc., produisent la même connaissance que grande montagne, feu ardent, fossé profond, entretien animé, etc.

Ce principe est aussi d'accord avec la composition des empreintes chez les Chinois ; ils diront :

grandeur	immolation	supériorité
vieillard ;	hommes ;	châtiment (1).

Des vieillards grands par leurs vertus (Pe-i, Thaï-Koung) ; des hommes immolés ; des châtiments sévères : ces trois adjectifs sont exprimés par des mots qui se rencontrent le plus souvent là où les langues à tissu artificiel placeraient un adjectif, un verbe et une préposition ; mais, pour le chinois, il n'y a qu'une connaissance plus générale restreinte par une autre plus particulière.

C—Le verbe dit actif ou transitif, et son régime ou complément, sont encore une application de ce principe.

Au lieu de considérer certains mots comme verbes et de distinguer ceux-ci en actifs ou neutres, en transitifs ou intransitifs, on peut tout simplement s'arrêter aux empreintes et chercher à discerner celles dont la connaissance a besoin d'être complétée. Les mots jet, abandon, prise, poursuite, etc., sont des empreintes artificielles d'autant moins satisfaisantes pour la signification qu'elles figurent des faits indépendamment de l'agent et de l'objet. Or, au point de vue de l'agent, comme ils limitent son action, ils doivent prendre place après lui : homme jet ; enfant abandon ; femme prise ; chien poursuite, etc... ; c'est-à-dire jet que fait l'homme ; abandon que fait l'enfant ; prise que fait la femme ; poursuite

(1) *Meng-Tseu*, 2ᵉ part., p. 13-14.—Voir le *Dict. chinois*, aux nᵒˢ 1797, 8281, 4753, 91, 7, 778.

Les grands vieillards sont Pe-i et Thaï-Koung ; les mots qui expriment *tuer* et *supériorité* sont rarement pris comme adjectifs : l'un sert presque toujours de verbe et l'autre de préposition.

que fait le chien, etc. ; c'est-à-dire encore : l'homme jette ; l'enfant abandonne ; la femme prend ; le chien poursuit, etc.... Mais, au point de vue de l'objet, ils sont à leur tour limités par lui ; car on peut jeter, abandonner, prendre, poursuivre, etc., une foule d'objets. L'objet ou le complément doit donc suivre ces mots dont ils particularisent la généralité : jet pierre ; abandon jardin ; prise quenouille ; poursuite lièvre.

C'est ainsi que l'empreinte de l'objet qui complète la connaissance d'un fait, suit toujours immédiatement l'empreinte de l'acte qu'elle détermine : ou, comme le diraient les grammairiens, le complément direct du verbe actif se place immédiatement après ce verbe.

La phrase « chien-poursuite-lièvre », est peut-être plus nette que cette autre : *leporem sequitur canis*, et surpasse même la phrase française, puisqu'elle se débarrasse des articles et des connaissances accessoires contenues dans le verbe. L'amphibologie n'est pas possible : car l'idée première est celle du chien ; avec le second mot on voit le chien poursuivre, et avec le troisième mot on voit l'objet de sa poursuite.

Le chinois ne pouvait pas ignorer ce principe si étroitement lié à la déduction des connaissances : aussi l'applique-t-il en toute rencontre. Pour lui, la difficulté de reconnaître les verbes qui ont leur régime direct ou indirect n'est qu'un jeu : ce qui complète la signification de l'empreinte se place immédiatement après elle, et si d'autres déterminations sont encore nécessaires, elles suivront de près.

(honneur rendu)   réjouissance   épuisement   connaissance
vertu ;   justice ;   esprit ;   nature (1).

Quand chacun des mots de la première ligne a formé son empreinte, on reconnaît de suite qu'il exige un complément, et l'attention

_____

(1) *Meng-Tseu*, 2ᵉ part., pages 120 et suiv. — Voir le *Dict. chinois*, aux nᵒˢ 2109, 2719; 4460, 8206; 6567, 2727; 6801, 2793.

se fixant sur l'objet de cette connaissance, le second mot résout l'in-décision.

La phrase qui suit et qu'il faut lire en allant de gauche à droite présente un exemple d'un complément indirect français devenu complément direct par la déduction naturelle des connaissances.

Confucius	(conséquence) (1)	Taï } grand	ciel }
Ascension	petitesse	Chan { mont	sous } empire.
Toung } orient.	Lou (royaume)	(conséquence)	(2)
Chan } mont.	Ascension	petitesse	

TROISIÈME PRINCIPE. *Quand deux empreintes se suivent sans que la première puisse être modifiée par la seconde, ou celle-ci vient appuyer sur la signification de la première (a), ou elles jouent toutes deux simultanément le même rôle dans la phrase (b).*

Quand une empreinte apparaît au centre des connaissances, on peut désirer préciser sa signification sans pourtant la restreindre ; dans ce cas le second mot, presque synonyme du premier, vient lui prêter son appui et la clarté dont il peut avoir besoin ; il fortifie le sens, mais ne diminue pas son étendue. Enfin, il est quelquefois utile de faire entrer deux ou plusieurs empreintes parallèlement, soit qu'elles jouissent chacune des mêmes attributs, soit qu'elles puissent elles-mêmes servir indistinctement d'attributs à d'autres sujets.

(a) Toutes les langues reconnaissent le besoin d'appuyer sur la signification d'un mot, ou d'insister sur la connaissance qu'il figure pour la rendre plus saillante : honneur, dignités ; fortune, richesse. Les langues à tissu artificiel satisfont ce besoin avec des mots d'espèce

(1) Mot vide sur lequel il sera donné quelques éclaircissements.

(2) *Meng-Tseu* (édit. St-Julien, 2º partie, page 130, ligne 9). Lorsque Confucius montait sur le mont Toung-Chan, le royaume de Lou lui semblait petit, quand il montait sur le Taï-chan, l'empire tout entier ne lui semblait qu'un point. Voir le *Dict. chinois*, aux nºˢ 2061, 2059, 6481, 4108, 2275, 8292, 2727; 12787, 6481, 1790, 2275, 8292, 2727, 1798, 8.

différente, mais qui répondent aux mêmes nécessités : intelligence éclairée, fuite rapide, se glisser furtivement, arracher violemment, etc... Quelquefois encore c'est le même mot qui, par sa réitération, fortifie la connaissance : bravo, bravo! vivat, vivat! fi, fi! En peignant les distractions de la vie et l'entraînement fatal qui pousse l'homme vers la mort, Bossuet, à plusieurs reprises, s'écrie : Marche! marche !

La langue à tissu naturel du chinois doit surtout admettre cette nécessité : car autant la langue écrite est riche, autant la langue parlée, réduite aux monosyllabes, laisse par sa pauvreté de vague et d'incertitude ; aussi, ce qui est un besoin modéré pour la langue écrite devient une nécessité impérieuse pour la langue parlée. Chaque monosyllabe ayant un nombre considérable de significations, a souvent besoin du concours d'une autre monosyllabe qui, sous un son différent, figure une idée semblable ; ce rapprochement détermine et précise le sens du composé. Dans sa grammaire, Abel Rémusat cite neuf significations différentes du mot táo et sept du mot loú ; or, les deux seules qui ont de l'analogie entre elles, sont voie et chemin : táo loú signifiera donc *route*, et si l'écriture conserve cette double désignation (*Meng-Tseu*, édit. St-Julien, page 5, ligne 9), ce sera seulement en vertu du principe qui vient d'être posé.

Mais outre ces sortes de composés, dont une table considérable dressée par le P. Bazile a été reproduite par Klaproth, il y a encore ceux qui appuient et fortifient la signification, et surtout ceux qui empruntent leur énergie et la peinture du fait à la réitération. Tels sont ces mots, que les grammairiens appellent adverbes, qui peignent certaines manières dont la réitération semble imiter la nature :

pleurs	saut	gravité
pleurs	saut	gravité.

Là ce sont les pleurs ou les sauts qui se succèdent comme la réalité les représente ; ici ce sont les pas lents et mesurés.

(b) Lorsque deux ou plusieurs empreintes sont soumises aux mêmes épreuves dans la phrase, les mots peuvent se suivre sans aucun signe de séparation, s'ils sont assez distincts pour que le premier ne soit pas modifié par le second ; dans le cas contraire, un des signes dont il sera fait mention plus loin, pourrait exprimer le genre d'union qui leur convient. L'eau et le feu sont deux éléments ; ils ont cela et bien autre chose de commun ; en plaçant l'un à la suite de l'autre sans la conjonction *et*, il ne peut exister aucune incertitude, car le feu n'est pas une particularité de l'eau, ni réciproquement. Les noms d'hommes et tout ce qui exprime des êtres nominativement déterminés, ne peuvent non plus entraîner aucune confusion et ne craignent point le rapprochement immédiat : soleil, lune, terre, ciel, chien, chat, etc.

Le chinois ne devait pas rester étranger à ce genre de rapprochement si bien indiqué par la nature ; non-seulement il dira :

ciel	fleuve	oreille
terre	mer	œil
(de cela)	(de cela)	(de cela)
intervalle (1)	(comparaison à) (2)	fonction (3)

mais appliquant aux deux empreintes distinctes, quoique non liées par quelque mot, des propriétés aussi distinctes, il met dans la bouche de Confucius, alors ministre de l'agriculture :

bœuf	grandeur
brebis	(et après)
graisse	suffisance
force	(4)

(1) *Meng-Tseu*, 1re partie, page 50, lignes 3 et 4.—Voir le *Dict. chinois*, aux nos 1798, 1557, 41, 11662.

(2) *Idem*, 1re partie, page 55, ligne 3. — Voir le *Dict. chinois*, aux nos 4896, 4993, 41, 3829.

(3) *Id.*, 2e partie, page 96, ligne 1. — Voir le *Dict. chinois*, aux nos 8337, 6589, 41, 2116.

(4) *Id.*, 2e partie, page 70, ligne 6.—Voir le *Dict. chinois*, aux nos 5643, 8183. 8889, 1761, 11629, 8292, 2395, 6799.

« que les bœufs et les brebis soient grands, forts et gras, c'est là
le point important. »

INTERVENTION DE L'ART.

La représentation des empreintes des faits à l'aide de mots,
s'effectue, comme on le voit, en suivant la marche que trace la nature même de ces empreintes. Les trois principes donnés ci-dessus
sont la source d'une phraséologie toute naturelle, dont l'homme a
dû faire emploi toutes les fois qu'il n'a pas reçu son langage en tout
ou en partie de quelque peuple déjà en possession d'un tissu artificiel de la parole. Sous ce rapport, le monosyllabe chinois est une
indication bien précieuse d'une de ces langues primitives dont on
cherche aujourd'hui la trace avec tant de curiosité.

Ce serait à tort que le grammairien refuserait à ce langage un
degré suffisant de précision, parce qu'il n'y voit pas apparaître le
verbe substantif *être* sur lequel, suivant lui, repose tout l'édifice
d'une proposition. Dans le tissu naturel de la parole, l'existence
joue un rôle bien important, et bien des modes d'existence doivent
former leur empreinte au centre des connaissances; mais ce verbe
être, auquel on attribue la substance de la phrase, qui affirme et
relie les membres de la proposition, n'est d'aucune utilité avec les
empreintes ordonnées naturellement.

L'affirmative est partout avec la parole : un mot est une véritable
affirmation, puisqu'il peint l'empreinte que l'interlocuteur déclare par
le fait même de sa parole, avoir présente au centre de ses connaissances. Quand on veut se rendre compte du sens d'un *mot* dans
les langues à tissu artificiel, aussitôt et malgré soi, on se sert du
verbe affirmatif pour en formuler la définition. De même deux
mots, dans leur ordre naturel, présentent non-seulement l'affirmative qui ressort, pour chacun d'eux, de leur production, mais
encore celle qui résulte de la déduction offerte par leur contact :
victoire roi (le roi victorieux), se traduirait dans une langue grammaticale par « le roi qui est victorieux ». Ces observations expliquent pourquoi, dans l'analyse *dite* logique, les grammairiens ba-
taillent sans cesse sur le nombre des propositions dont une phrase

se compose, et pourquoi ils sont convenus de limiter ces propositions au nombre des verbes employés dans ces phrases à un mode personnel; encore, dans ce dernier cas, ils ont de la peine à s'accorder sur les phrases dites elliptiques où le verbe ne trouve pas sa place.

Le chinois a aussi plusieurs mots exprimant l'existence; mais il n'en a pas pour figurer celle qui relie un sujet à un attribut. Il composera des phrases de longue haleine sans faire intervenir un de ces mots vides dont il sera question tout à l'heure et, à plus forte raison, le mot qui indiquerait qu'un attribut appartient à un sujet :

Meng (1)	homme	bien	magistrature
Tseu	dignité	non	grandeur
discours	chose	fatigue	préfecture
existence (y avoir)	philanthropie	cela	cela
ciel	justice	ciel	
dignité	droiture	dignité	homme
chose	honnêteté	(assurément)	dignité
existence (y avoir)	jouissance	royauté	(assurément (2)

Excepté les deux mots entre parenthèses qui se balancent dans la phrase comme feraient μεν et δε en grec, on ne voit aucun mot étranger aux empreintes dans leur ordre naturel : car *cela* n'est pas un pronom, mais bien l'empreinte « chose que voilà. »

Cependant pour que la parole fonctionne aisément il ne suffit pas que les empreintes se déduisent les unes des autres dans un ordre naturel; il arrivera souvent que des intentions et le travail de dé-

---

(1) *Meng-Tseu*, 2ᵉ part., page 96, lignes 5 et 6. Meng-Tseu disait : Il existe des dignités qui sont conférées par le Ciel, comme il en existe qui sont conférées par les hommes. La philanthropie, la justice, la droiture, l'honnêteté, l'aspiration incessante vers le bien, voilà des dignités que le Ciel confère; être roi, magistrat grand préfet, voilà ce que confèrent les hommes.

(2) On a conservé entre les mots le signe *o* qui figure dans l'écriture les temps d'arrêt de la prononciation.

duction seront méconnus par l'auditeur si quelques conventions particulières ne viennent obvier à cette ignorance. En effet, l'enchaînement prolongé des empreintes entre elles implique certaines
subordinations, certains contrastes ou rapports, que la volonté seule
de l'interlocuteur peut faire naître et que l'auditeur ne peut comprendre s'il n'est initié au secret de ces intentions.

C'est à ce moment que l'art doit intervenir pour appeler l'attention sur les signes de ce travail intérieur sans la détourner pourtant
de la vraie signification des empreintes.

C'est aussi à ce moment que les langues à tissu naturel devraient
se séparer et adopter des conventions plus ou moins bien appro-
priées à ce tissu. A cet égard, une théorie fondée sur les connaissances tirées de la pratique pourrait peut-être fournir des principes
qui simplifieraient en les perfectionnant les procédés introduits par
l'usage. Au lieu de suivre cette marche et de poser des règles
dont les Chinois seuls pourraient avoir à profiter, parce qu'ils ont
seuls conservé la succession naturelle des empreintes, il semble préférable de faire connaître aux lecteurs qui les ignoreraient les
procédés à l'aide desquels ils ont surmonté les principales difficultés.

Les difficultés que rencontre le tissu naturel de la parole aussitôt
qu'il met en œuvre les connaissances déduites des trois principes
énoncés ci-dessus, sont de plusieurs sortes. Parmi elles on peut
distinguer cinq divisions : 1° l'empreinte qui tombe sous la *dépendance* de celle qui précède ; 2° celle dont la dépendance est une
simple *liaison ;* 3° celle dont la liaison implique un *résultat* ou le
but de la précédente ; 4° celle dont la liaison détermine une *relation*
quelconque à une autre ; 5° l'*intention* qui domine l'empreinte composée ou la phrase.

Dans les langues à tissu artificiel, la première et la quatrième de
ces difficultés sont plus généralement résolues par les mots appelés
prépositions ; la deuxième par les *conjonctions ;* la troisième par
les désinences des *noms* et des *verbes ;* la cinquième par quelques
adverbes, certaines formes du verbe, et, dans l'écriture, par la ponctuation.

Voici comment les langues à tissu naturel, et en particulier le chinois, satisfont à ces exigences de la parole :

1° Quand une empreinte se trouve sous la *dépendance* de celle qui précède, elle se place immédiatement à sa suite (2e principe) ; mais quand l'une ou l'autre est composée, et alors figurée par plusieurs mots, il serait permis d'ignorer si la dépendance s'établit entre l'une des parties composantes ou avec le composé tout entier ; d'autre côté, deux empreintes, par la nature de leur signification, peuvent donner à croire qu'elles contractent la signification exprimée par les parties *b* et *c* du deuxième principe ou par celles *a* et *b* du troisième, quand elles relèvent seulement de la partie *a* du deuxième principe, c'est-à-dire quand elles sont dans une dépendance telle que la deuxième semble une partie de la première. Dans ces deux circonstances, une marque distinctive de la dépendance doit être adoptée. Le Chinois l'a compris et s'est approprié un signe pour cette dépendance (1).

Trois exemples ont déjà été présentés (page 127) où la nécessité de ce signe se montre avec évidence : si après le mot « terre » on avait immédiatement placé le mot « intervalle, » le sens serait : la terre est éloignée du ciel ; et non pas, comme avec le signe de dépendance : l'intervalle qui sépare le ciel et la terre. Dans les autres exemples : 1° la comparaison s'établirait avec la mer seulement ; 2° la fonction serait attribuée à l'œil seul et non à l'oreille conjointement.

Voici des exemples nouveaux qui suffiront pour éclairer ce mode de déduction :

faire	(dépendance)	(dépendance)
prince	musique (2)	non
ministre	—	aimer
mutuel	craindre	bravoure (3)
discours	roi	—

---

(1) Voir le *Dict. chinois* au n° 41.

(2) *Meng-Tseu*, 1re partie, page 28, ligne 9. —Voir le *Dict. chinois* aux nos 173, 1150, 8652, 6597, 10,094, 41, 4460.

(3) *Meng-Tscu*, 1re partie, page 26, ligne 2. —Voir le *Dict. chinois* aux nos 2818, 5884 *bis*, 41, 9, 1849, 891.

> pouvoir être
> mouvement
> (dépendance)
> main
> dedans (1)

La liaison entre « faire » et « prince » doit être du genre de celle indiquée par le 2ᵉ principe (c) ; celle entre « prince » et « ministre » pourrait être déterminée par le même principe (a), mais la signification « *mutuel* » annonce que *prince* et *ministre* relèvent du 3ᵉ principe (b) ; quant à « mutuel » et « discours » ils sont expliqués par le 2ᵉ principe (b). Si la phrase se terminait ici, le sens serait : *faire les discours qui ont lieu entre un prince et son ministre ;* mais le signe de dépendance vient détourner l'attention et la porter sur le mot « musique ». Or les quatre mots qui précèdent ne pouvant changer leur signification, il est évident que le complément de faire est jeté à la fin de la phrase et que ce mot tient sous sa dépendance les quatre autres parties. Le sens sera donc : *mettre en musique* (poésie ou mélodie) *les discours qui ont lieu entre un prince et son ministre.*

Dans le 2ᵉ exemple et par des considérations analogues on arrive à ce sens : *craindre que le roi ne soit pas amoureux de la gloire.*

Enfin dans le 3ᵈ exemple et par des raisons semblables on arrive à cette signification : *pouvoir être manié dans le creux de la main.*

Les nombreux exemples de dépendance que l'on rencontre dans la littérature chinoise rappellent dans les phrases françaises l'apparition si fréquente de la préposition *de ;* ce petit mot rend souvent compte des rapports de dépendance, mais il est loin de suffire à la généralité de l'idée auxiliaire chinoise et il exprime d'ailleurs une foule de rapports qui sont étrangers à cette idée. L'idée de dépendance, non exprimée dans la traduction, mais bien sentie

---

(1) *Meng-Tseu*, 1ʳᵉ partie, page 59, ligne 3. —Voir le *Dict. chinois* aux nᵒˢ 1120, 11109, 41, 3427, 7.

dans la suite des empreintes est le meilleur mode d'interprétation.

2° Le lien qui unit les parties d'une même empreinte ou les empreintes entre elles, étant presque toujours déterminé par quelqu'une de celles qui ne sont pas le produit de l'art, il serait superflu de s'y arrêter ; mais comme les grammairiens des langues à tissu artificiel ont tous distingué l'espèce de mot nommée *conjonction*, il n'est peut-être pas inutile d'en exposer quelques exemples.

L'expression du doute (1) ou de l'alternative répondra à la conjonction *ou ;* celle de cause à *car* (2) ; celle de comparaison à *comme* (3) ; celle de motif à *c'est pourquoi* (4).

Il a dû arriver pour le chinois comme pour les autres langues que les mots impliquant la liaison naturelle des empreintes se soient perdus pour leur signification première et ne soient restés qu'avec la fonction de liens dans la phrase ; alors ils semblent figurer de vraies conjonctions : tels sont les mots qui signifient *et*, celui qui figure *aussi* ou *même* (5). L'un d'eux a le sens de « *et après* » ce qui le ramène quelquefois à celui de but (pour). Cette anomalie que l'on rencontre chez tous les peuples n'empêche pas de conclure que dans la langue dont nous examinons le tissu, la conjonction n'a nul besoin de former une classe à part et que l'art n'est ici qu'un oubli de l'empreinte naturelle.

3° Lorsque la liaison des empreintes exprimées par plusieurs mots se complique d'une signification autre que celle de simple liaison et de celle de dépendance, alors le sens de la nouvelle expression pourrait se confondre avec celui des empreintes composées et apporter de l'embarras dans le tissu naturel de la parole. Pour obvier à cette confusion il faut que certains mots spécialement adaptés à ce besoin ne permettent jamais à l'attention de s'égarer. Le chinois a en conséquence des termes tout particuliers dont la signification auxiliaire remplace suffisamment les formes grammа-

(1) Voir le *Dict. chinois* au n° 3181.
(2) Voir le *Dict. chinois* au n° 1515.
(3) Voir le *Dict. chinois* au n° 8873.
(4) Voir le *Dict. chinois* au n° 3735.
(5) Voir le *Dict. chinois* aux n°ˢ 8292, 1089.

ticales sans qu'il soit possible de préciser par les équivalents des langues à flexion l'étendue de leurs applications.

Un de ces termes, avec beaucoup d'autres nuances comprises sous le titre, de *liaison* ou *rapport d'un membre à l'autre*, représente surtout le *but, l'objet* ou *le résultat* (1). Pour donner la connaissance complète de ce mot il faudrait énumérer une foule de cas où les liens de la phrase sont déterminés par la grammaire des peuples à tissu artificiel ; on en pourra prendre un aperçu en lisant attentivement ces quelques exemples :

a	besoin	*c* à nous	*d* partir de	*e* eux	*f* (but)	
	(but, se servir)	roi	y avoir	(but)	force	
	compas	non	naissance	à eux	feinte	
	règle (2)	promenade	peuple	opulence	philanthropie	
		o			o	o
	—	à nous	(but)	moi	....	
b	cela	(interrogation)	venir (5)	(but)	(but)	
	(effet)	(effet)		à moi	vertu	
	...... (3)	repos (4)		philanthropie (6) .... (7)		

(1) Comme les principes du tissu naturel de la parole sont la véritable clef de la langue chinoise, il doit arriver qu'en dehors de ces principes les savants les plus distingués soient condamnés à faire des appréciations insuffisantes ou mal concordantes. C'est ainsi que M. Abel Rémusat, dans sa grammaire, constate sur ce mot un trop petit nombre de circonstances, et dans toutes le mot *but* serait tout à fait applicable. M. Stanislas Julien a mieux étudié ce terme et fournit dessus des indications précieuses ; mais, en voulant faire concorder les désinences des noms avec lui, il n'a pas vu qu'il traitait des cas exceptionnels et limitait ainsi un mot que sa généralité rend insociable avec toutes les formes de nos grammaires.

(2) *Meng-Tseu*, 2e partie, page 98, ligne 7.—Voir le *Dict. chinois* aux noo 2728, 115, 9866, 6806.

(3) *Meng-Tseu*, 1re partie, page 42, ligne 1.—Voir le *Dict. chinois* aux nos 3909, 115.

(4) *Meng-Tseu*, 1re partie, page 27, ligne 8.—Voir le *Dict. chinois* aux nos 1177, 3884 *bis*, 9, 11108, 1177, 166, 115, 136.

(5) *Meng-Tseu*, 1re partie, page 53, ligne 9.—Voir le *Dict. chinois* aux nos 8663, 4028, 6155, 4820, 115, 195.

(6) *Meng-Tseu*, 1re partie, page 88, lignes 5 et 6.—Voir le *Dict. chinois* aux nos 2676, 115, 618, 2150, 3177, 115, 1177, 93.

(7) *Meng-Tseu*, 1re partie, page 55, ligne 6.—Voir le *Dict. chinois* aux nos 115, 865, 318, 93, 115, 2719.

Après avoir déclaré que dans aucune des langues à tissu artificiel on ne peut imaginer un mot qui réponde au service rendu par celui auquel on substitue ici les termes *but*, *effet*, il est évident qu'on ne peut comprendre par ce mot qu'une généralité de liaison qui', le plus souvent, peut être interprétée par une connaissance analogue à ce mot.

Le sens propre du mot chinois est, dit-on, *se servir* : c'est pour cela que l'on place cette signification au premier exemple; mais elle devient ou trop particulière ou inexacte pour tous les autres. D'ailleurs se servir est compris dans la généralité *but* : car souvent le but d'un objet est le service qu'il rend.

a. Quel est le but sur lequel se porte le besoin ? La réponse étant le compas et la règle, le sens sera : *Il faut un compas et une règle.*

b. Cela ou la chose que l'on fixe, que l'on sait, à laquelle on pense a pour but ou pour effet ce qui suit : c'est-à-dire que ce qui suit en est la conséquence. Cela-but veut donc dire : *en conséquence; c'est pourquoi.*

c. A nous — roi, ou notre roi ; non — promenade : ne se promène pas ; à nous — (quel ou comment?) quel but? ou comment effet? Réponse : repos. Comment le repos serait-il le but à nous ? c'est-à-dire : Si le roi ne se promène pas (ne visite pas nos campagnes) comment notre bien-être sera-t-il assuré ?

d. A partir de (en gram. *depuis*) y — avoir : depuis qu'il y a ; naissance — peuple : des peuples créés ; *but* — arriver — ici : jusqu'à nous. *Depuis qu'il existe des peuples en descendant jusqu'à nous.* Le but est ici, là, où se dirige le mouvement.

e. Eux *but* : ils ont pour but ; à eux opulence : leur opulence ; moi but ; moi j'ai pour but ; à moi philanthropie : ma philanthropie. *Ils jouissent de leurs richesses et moi de mon amour pour l'humanité.* Le but est ici de jouir, mettre à profit, s'entourer de, etc.

Le sens général serait donc encore mieux et plus littéralement rendu par ces mots : A eux leurs richesses, à moi ma philanthropie.

f. L'antécédent du mot but est ici sous-entendu comme cela arrive fréquemment ; mais il sera révélé à la fin du membre de phrase par le mot *individu*. La violence et une philanthropie hypocrite voilà le but de celui-ci ; la vertu voilà le but de celui-là. *Celui qui règne par la violence en simulant la philanthropie... Celui qui règne par la vertu...*

4° La liaison qui règne entre les empreintes peut s'établir non-seulement en appelant l'attention sur leur union, leur dépendance et leur but ; mais encore sur beaucoup d'autres objets que les langues à tissu artificiel distinguent par des prépositions. Dans les langues où l'on considère des mots artificiellement composés comme des empreintes naturelles, les termes qu'on nomme régimes directs, régimes indirects, prennent une importance dont les langues à tissu naturel n'ont aucun soupçon.

La connaissance de la relation qui subsiste entre telle empreinte simple ou composée et telle autre qui la suit ou la précède est fondée sur le sens général de la phrase, de manière à ne laisser lieu à aucune méprise. Toutefois pour ne pas laisser subsister la moindre incertitude, ces langues ont des signes pour annoncer certaine relation ; or, l'avertissement seul qu'à tel moment donné, dans le discours, il se présente une certaine relation entre les empreintes suffira pour donner l'éveil et faire apprécier la nature de cette relation.

Dans la langue chinoise un signe qui peut varier d'ailleurs suivant le temps et même les écrivains remplit cet objet. Celui qui est le plus connu (1) dans le style antique va nous fournir de nombreux exemples.

De même que nous avons résumé par le mot *but* la généralité qui devait en chaque circonstance être interprétée par quelque mot plus simple ; de même nous expliquerons par les mots « *relativement à* » la

____

(1) Voir le *Dict. chinois* au n° 3829.

généralité qu'on pourrait dans chaque exemple définir plus spécialement.

a• eau	**b** viandes grasses	royauté	information	(dépendance)
(affirmation)	douceur	(interrogation)	(relativement à)	(relativement à)
n'y avoir pas	non	y avoir (4)	prince (6)	monticule
distinction	suffisance	—	—	fourmilière (8).
(relativement à)	(relativement à)	**e** Chun	**g** ne pas	—
Orient	bouche (2)	départ	y avoir	
Occident	—	(relativement à)	distance	
n'y avoir pas	**c** sage	campagne	(relativement à)	
distinction	(dépendance)	plaine	ici	
(relativement à)	(relativement à)	(dépendance)	temps (7)	
haut	animaux (3)	milieu (5)	—	
bas	—	—	**h** Taï	
interrogation (1)	**d** (relativement à)	**f** khe	chan	

S'il n'était clairement établi aux yeux du lecteur que la langue chinoise est véritablement le type d'une langue à tissu naturel, et, s'il pouvait rester un doute sur l'existence chez elle de ces mots qu'on appelle verbes, verbes actifs, verbes passifs, il pourrait être dissipé à l'occasion du terme qui exprime le rapport et forme ainsi le régime dit indirect.

(1) *Meng-Tseu*, 2ᵉ partie, page 79, ligne 1.—Voir le *Dictionnaire chinois* aux nᵒˢ 4831, 253, 5454, 744, 3829, 4108, 9852, 253, 5454, 3829, 7, 8, 43.

(2) *Id.*, 1ʳᵉ partie, page 15, ligne 89. — Voir le *Dictionnaire chinois* aux nᵒˢ 8418, 6145, 9, 10623, 3829, 1109.

(3) *Id.*, 2ᵉ partie, page 140, ligne 9. — Voir le *Dictionnaire chinois* aux nᵒˢ 1150, 2059, 41, 3829, 5653.

(4) *Id.*, 1ʳᵉ partie, page 30, ligne 7. — Voir le *Dictionnaire chinois* aux nᵒˢ 3829, 5884 *bis*, 166, 4028.

(5) *Id.*, 2ᵉ partie, page 118, ligne 7. — Voir le *Dictionnaire chinois* aux nᵒˢ 8727, 6482, 3829, 6199, 6212, 41, 26.

(6) *Id.*, 1ʳᵉ partie, page 42, ligne 5. — Voir le *Dictionnaire chinois* aux nᵒˢ 583, 1178. 3829, 1150.

(7) *Id.*, 1ʳᵉ partie, page 46, ligne 3. — Voyez le *Dictionnaire chinois*, aux nᵒˢ 4061, 4028, 6264, 3829, 4653, 3914.

(8) *Id.*, 1ʳᵉ partie, page 55, ligne 3. — Voir le *Dictionnaire chinois* aux n. 4932, 2275, 41, 3329, 17, 1603.

En effet : non-seulement nos deux célèbres sinologues MM. Abel Rémusat et Stanislas Julien ne sont pas d'accord sur ce terme de rapport et montrent, comme il a été dit dans la note de la page 5, de l'insuffisance dans leur jugement ; mais cette fois ils embrassent des opinions diamétralement opposées. M. Abel Rémusat fait de ce mot le complément d'un verbe passif et M. Stanislas Julien en fait le complément direct d'un verbe actif. L'un dit : chérir (complément indirect) parents : nous sommes chéris par nos parents ; ou bien : gouverner — hommes et gouverner (complément indirect) hommes : c'est-à-dire : gouverner les hommes et être gouverné par les hommes (1). L'autre produit bon nombre d'exemples où il est le symbole du complément direct : épuiser (complément direct) homme, cœur : *exhaurire hominis animum ;* regarder (complément direct) mer — celui qui : *qui aspectat pelagum,* etc. (2). Deux hommes de cette valeur ne peuvent pas avoir fait d'erreur grossière : d'où vient donc leur dissentiment ? De ce qu'ils jugent le chinois avec le point de vue des langues à tissu grammatical ou artificiel (3). Cependant M. Abel Rémusat entrevoyait la vérité quand il résumait (4) en quelques mots toute la phraséologie chinoise ; mais dans ce résumé il employait encore le mot *verbe,* quoiqu'il ait dit à l'article où il traite cette espèce de mot : *Tous les verbes, même les verbes actifs, accompagnés de leurs compléments directs ou indirects, sont souvent pris en un sens indéfini et deviennent à leur tour sujets ou compléments d'autres verbes ; de sorte qu'on peut les rendre, suivant l'occasion, par l'infinitif ou par le nom d'action qui leur*

(1) *Eléments de gramm. chin.*, page 73.

(2) *Petit Traité sur 4 lettres chinoises.....* annexé à la traduction de Meng-Tscu.

(3) Quand on accepte le verbe, il faut bien accepter les verbes actifs, passifs et neutres ; or l'espèce du verbe varie suivant les points de vue sous lesquels on envisage l'idée exprimée. Si *regarder* n'implique que l'action sans aucune idée de direction, il reste neutre ; mais si cette idée y est comprise implicitement il faudra un complément pour la déterminer : de là *regarder vers la mer* ou *regarder la mer.* Considéré comme verbe neutre, le verbe passif pourra donc être pris quelquefois comme actif et réciproquement.

(4) *Eléments de grammaire chinoise,* page 69.

correspond. Il n'avait plus qu'un pas à faire pour avoir la véritable clef de la langue chinoise, et pour aborder de front le tissu naturel de la parole.

Quoique l'on puisse, si l'on a bien compris ce qui précède, traduire aisément les phrases citées plus haut, un mot d'explication les rendra plus intelligibles.

a. Eau (affirmation). C'est sur l'eau que j'affirme ceci : n'y avoir pas — distinction : elle ne distingue pas ; (relativement à) — orient, — occident : entre l'orient et l'occident. N'y avoir pas distinction : c'est une reprise qui indique assez, même sans le signe o adopté dans les ouvrages, un nouveau membre de phrase : elle ne distingue pas ; (relativement à) — haut, — bas ; entre l'action de monter ou de descendre ; (interrogation) : est-ce vrai ? dernier membre que je n'affirme plus, mais sur lequel j'interroge. *L'eau coule indistinctement vers l'orient ou vers l'occident ; coule-t-elle indistinctement en montant ou en descendant ?*

b. Viandes grasses, — douceur : les viandes succulentes ; non, — suffisance : ne suffisent pas ; (relativement à) bouche : *Les viandes succulentes ne suffisent pas à votre palais.*

c. Sage — (dépendance) : le sage : car la dépendance indiquée entre le sage et ce qui suit, annonce que sage est pris dans un sens déterminé, et ainsi en français doit être précédé de l'article ; (relativement à) — animaux : eu égard aux animaux ; *en ce qui concerne les animaux, le sage.....*

d. (Relativement à) — royauté, — (interrogation) — y avoir : *Qu'y a-t-il à dire en ce qui concerne la royauté ?*

e. Chun, — départ, — (relativement à) : Chun s'en alla vers ; campagne, — plaine, — (dépendant) — milieu : au milieu des plaines et des campagnes ; *Chun se réfugia au milieu des plaines et des campagnes.*

f. Khé, — information, — (relativement à) — prince : *Khé s'entretint avec le prince.*

g. Ne pas, — y avoir, — distance : il n'y a pas longtemps ; (relativement à) — ici, — temps : eu égard au moment actuel : *Il n'y a pas encore longtemps de cela.*

h. Taï—chan, — (dépendance) : le Taï-chan ; (relativement à) — monticule, — fourmilière : comparé au monticule d'une fourmilière. Ici (relativement à) prend l'acception qui ressort naturellement du rapport établi entre les objets : celui de comparaison ; aussi le retrouvera-t-on souvent dans ce sens : *Le mont Taï-chan comparé au monticule élevé par une fourmilière.*

5° Lorsque la parole communique à un auditeur les empreintes fixées au centre des connaissances et provoque chez lui une exhibition semblable, elle ne révèle que des connaissances, ou isolées, ou produisant par leur réunion d'autres connaissances plus ou moins complexes. Or, les mouvements qui se produisent même chez l'animal muet, ont aussi besoin d'être communiquées. Le geste, les inflexions de la voix, l'expression de la physionomie sont autant d'indices sur lesquels on peut baser une opinion suffisamment motivée ; mais la convention peut aussi venir au secours des interlocuteurs et leur épargner des démonstrations quelquefois gênantes et mal définies.

Sans doute un lecteur habile reproduit par ses intonations les mouvements de surprise, d'admiration et d'interrogation ; il fléchit à propos pour marquer la suspension qui s'effectue dans le cours de la phrase, et il sait par la chute de sa voix annoncer et bientôt déterminer les dernières empreintes dont la liaison va être interrompue ; mais il faut que lui-même soit prévenu, par la lecture, de ces diverses intentions. Un livre n'est pas seulement muet ; il n'a ni gestes ni intentions extérieurement manifestées ; il n'a de vie que par les conventions qu'il enregistre. La parole ou parlée ou écrite a donc besoin d'offrir un certain nombre de conventions propres à figurer certains mouvements intérieurs qui dominent les empreintes elles-mêmes.

Ici l'art est d'autant plus en évidence que la nature est plus inimitable. Les langues ont donc le champ à peu près libre pour déterminer les conventions : elles ont au moins, pour la voix, choisi des sons et des articulations qui rappellent les mouvements spontanés de cet organe en présence des faits qui font surgir les émotions ; mais cette analogie est souvent elle-même devenue conventionnelle : car, puisqu'elle est sur beaucoup de points différente dans tous les idiomes, il faut croire qu'elle n'est pas absolument calquée sur la nature même de l'homme.

Les langues à tissu naturel jouissent à cet égard des mêmes priviléges que celles à tissu artificiel ; mais jalouses de conserver la sincérité des empreintes et ne voulant les altérer en rien par quelque composition de convention, ce sera toujours à l'aide de mots nouveaux qu'elles produiront ces effets nécessaires. Ainsi, le français interroge en plaçant le pronom sujet du verbe derrière celui-ci ; le chinois produit cet effet à l'aide de certains mots qui ont le sens : *interrogation*. On en a vu des exemples (page 134 *c*, et page 137 *a* et *d*). Mais comme une interrogation pèse sur la totalité d'un membre de phrase, il doit arriver que le signe interrogatif puisse être placé au commencement, ou au milieu, ou à la fin de la phrase ; c'est aussi ce que ce peuple ingénieux a d'autant mieux compris, que l'interrogation est pour lui le moyen le plus puissant d'acquérir l'instruction ; ses philosophes s'arment de la forme socratique pour établir la vérité et repousser les sophismes. On ne doit plus s'étonner que le signe d'interrogation apparaisse à la fois au commencement et à la fin dans une même phrase et souvent encore la précède.

La surprise et l'admiration généralement rejetées à la fin du membre de phrase sont également figurées par un mot.

grandeur	grandeur	extraordinaire	(interrogation avec doute)	intégrité
éclat (admiration)	continuation (admiration (1)	(admiration (2)	non en vérité	lettré (admiration interrogative (3)

(1) *Meng-Tseu*, 1re partie, page 118, ligne 1.—Voir le *Dict. chinois* aux nos 15, 12265, 1245, 15, 3257, 1245.

(2) *Meng-Tseu*, 1re partie.—Voir le *Dict. chinois* aux nos 6226, 1245.

(3) *Id.*, 1re partie, page 120, ligne 6.—Voir le *Dict. chinois* aux nos 10324, 9, 10026, 2548, 1759, 1245.

Quel grand éclat !... comme il s'est continué !... quelle chose extraordinaire !... quel homme vraiment tempérant !

Quant aux mots *vides* qui servent de *finales* et qui jouent un rôle si important dans la langue chinoise, il ne faudrait pas croire qu'ils soient d'une aussi grande utilité dans toute autre langue à tissu naturel : la prononciation, les interruptions ménagées de la voix et, dans l'écriture, la ponctuation pourraient suffire aux nécessités de cette nature. D'ailleurs les mots figurant les intentions rejetés à la fin des membres de phrase pourraient, comme cela se présente souvent dans les textes chinois, satisfaire à toutes les exigences. Il est probable que, dans son origine, la langue chinoise n'avait ainsi que des mots significatifs ; mais deux causes assez puissantes ont dû tendre à l'acceptation des finales vides. La première, c'est que la prononciation, grâce au système monosyllabique des mots, déjà préoccupée par des accentuations variées (1), se prêtait plus difficilement à des intonations capables d'éclairer sur la liaison des phrases. La seconde, c'est que la forme du caractère d'écriture ne permettait guère l'introduction des signes de ponctuation dont les traces auraient apporté de la confusion avec celles de ces caractères (2) ; or, l'écriture chinoise dont la perfection a dépassé de si loin le langage a dû dans tous les temps dominer ce dernier et lui faire sentir sa subordination.

En remontant aux sources du langage et en étudiant la déduction des connaissances au centre où elles ont leur siége on aperçoit bientôt la liaison nécessaire des idées, et on forme comme malgré soi *le tissu naturel de la parole*. Toutefois il faut savoir s'élever au-dessus des habitudes contractées dans les chaînes du tissu artificiel ou grammatical. Il doit être plus difficile à un chinois d'accepter les formes si nombreuses des conventions établies par les

(1) On sait que toute voyelle chinoise reçoit quatre intonations différentes : il en résulte certaine obligation musicale qui sert plutôt à nuancer les formes du style qu'à laisser discerner les cadences régulières de la phrase ponctuée.

(2) Cette difficulté paraît avoir préoccupé les savants chinois qui, après avoir banni de leur écriture les formes arrondies, ont pu désormais marquer la suspension des phrases à l'aide des ronds et sans aucune confusion possible.

autres peuples, qu'il ne serait pénible pour un français, un italien, etc..., de suivre les déductions rationnelles indiquées par la nature ; dans ce dernier cas il suffit d'oublier les préceptes de l'art, ce à quoi la volonté conduit aisément et infailliblement ; dans le premier au contraire il faut apprendre ces mêmes préceptes, ce qui exige outre la volonté un travail pénible et persévérant.

Enfin le chinois écrit est, surtout dans son style antique, une magnifique application du tissu naturel de la parole ; il prouve que l'homme pouvait se passer de ces échafaudages grammaticaux dont les variétés sont autant d'obstacles pour les peuples qui tendent vers l'unité ; il donne à rêver au philologue non-seulement sur le berceau du langage, mais aussi sur les entraves que rencontre l'avénement de la raison, et sur les espérances d'avenir qu'on peut fonder sur la parole.

<h2 style="text-align:center">§ III.</h2>

<h3 style="text-align:center">Tissu artificiel de la Parole.</h3>

(Types : le sanscrit et le latin.)

Puisque la nature même des connaissances engendrait le tissu naturel de la parole on peut s'étonner que les hommes aient abandonné cette voie pour en embrasser une autre pleine de difficultés, d'irrégularités, et qui, en déviant de l'empreinte originale, retirait aux mots leur pureté et leur contact immédiat avec la connaissance.

La recherche des causes qui ont déterminé la création des tissus artificiels est un objet plein d'intérêt pour la philologie. Les savants, dont les efforts tendent à percer les nuages amoncelés autour des langues primitives jetteront peut-être quelque clarté sur ces débuts de la parole ; ici ce sont les faits accomplis mis en présence de la raison qui sont en discussion. Que les tissus artificiels ou grammaticaux soient dus à l'insuffisance des termes comblée en partie par des extensions accordées à ceux qui étaient déjà créés ;

que l'esprit de l'homme toujours dominé par les avantages de l'analyse et de la synthèse ait cru transporter dans le langage le travail qui s'effectuait au centre de ses connaissances ; qu'épris des jouissances de l'art et de la magnificence de son rôle il ait cru faire de nouvelles conquêtes et s'emparer plus rapidement de son avenir en réglementant la parole dans un cadre que la nature ne lui avait pas ménagé ; toujours est-il que cette impulsion, d'où qu'elle soit partie, transmise de peuple à peuple et de générations en générations, a dominé sur le globe avec une intensité qui va peut-être en décroissant aujourd'hui, mais dont les effets sont encore souverains.

Le type du tissu artificiel pourrait peut-être se rencontrer aussi bien chez les hébreux que chez les indiens. La langue hébraïque, qui semble la mère des langues sémitiques, a comme celles-ci et plus qu'elles rendu un hommage éclatant au mot qui représente la révolution que l'art de la parole devait enfanter dans le langage : c'est-à-dire, au *verbe*. Ce mot appelé à juste titre par les admirateurs du nouvel art, le mot par excellence ; ce mot, que par une extension puérile on a voulu confondre avec la raison, est le symbole le plus significatif du changement radical survenu dans le tissu naturel de la parole. Les genres, les pluriels, qui des noms sont passés aux personnes des verbes ; les lettres serviles qui entourent le verbe et quelquefois s'introduisent dans les trilitères pour former les voix, les modes, les temps, les personnes, les genres et les nombres ; l'adjectif qui, quoique substantif, se place après le mot qu'il qualifie, et à ce titre déviant de la marche naturelle des empreintes est contraint de s'accorder avec lui en genre et en nombre ; les pronoms plus souvent affixes qu'isolés ; les substantifs dérivés de toutes les voix du verbe et de plusieurs modes ; leurs trois nombres : singulier, duel et pluriel ; les flexions ou changements de l'accent tonique occasionnés par l'adjonction des affixes, etc..., tout cela recommandait fortement l'hébreu pour être posé comme type du tissu artificiel de la parole.

Mais le sanscrit, qui jouit de toutes ces complications et de bien d'autres encore ; le sanscrit qui, malgré ses immenses conquêtes grammaticales, a trouvé moyen de conserver pures et intactes les

racines sur lesquelles est appuyé le vaste tronc ramifié de son langage ; qui n'a pas même voulu perdre complétement de vue le tissu
naturel de la parole ; le sanscrit auquel tous les peuples slaves,
germaniques et romains ont emprunté des formes artificielles, et
qui sait conduire l'attention depuis le monosyllabe ou même le son le
plus simple jusqu'au mot le plus composé, devait revendiquer justement la paternité de la grammaire. D'ailleurs des racines composées
d'un son ou le plus souvent d'une articulation suivie d'un son, ont
un cachet de priorité qui manque aux langues sémitiques avec leurs
racines trilitères.

Quant au latin, il ne figure ici comme type, que parce qu'il a
recueilli les avantages du tissu artificiel en répudiant ses complications inutiles. Il se présente avec une telle simplicité qu'il paraît
réduire à sa plus simple expression le tissu grammatical et proclamer
à la face du monde le dernier mot des priviléges qui y sont attachés.
Avec le latin se ferme le cercle des langues à tissu artificiel ; avec
lui les épreuves sont terminées : si ce tissu est la signification la
plus sûre de la connaissance, le latin se charge de le dire, car il en
a banni toutes les superfluités, et ses écrivains en ont extrait toute
la substance désirable ; s'il laisse à désirer pour la satisfaction de
l'esprit, le latin le dira encore, car ses écrivains ont tout embrassé
et offrent des modèles sans nombre.

Voici comment procède le tissu artificiel de la parole :

Aussitôt qu'une empreinte a été saisie au centre des connaissances, l'art consiste à la détacher à l'aide du mot qui la figure, et à
la revêtir d'une armure travaillée d'avance, qui la rende apte à se
produire, à se mêler, à régir et à être régie au milieu des éléments
qui composeront le tissu. Cette armure, on le conçoit, peut varier
non-seulement pour la forme, mais aussi pour le fond : les uns limitent à certaines opérations la nécessité d'employer ce nouvel hôte
du langage ; les autres, moins novateurs, le font fonctionner même
en forçant son aptitude et ses dispositions ; de là les formes significatives adoptées chez un peuple et abandonnées par une autre nation.

Que l'on appelle *racine* le mot qui représente l'empreinte, il doit
arriver que ce mot, issu des anciennes traditions du tissu naturel

10

de la parole, ne soit pas disposé pour recevoir devant, derrière, ou même à l'intérieur les adjonctions qui le modifieront et en feront un instrument de la phrase ; dans ce cas, il doit subir une préparation qui facilite ce travail. Le sanscrit n'a pas oublié ce procédé préparatoire, et, avec la racine, il compose un mot légèrement différent qu'on peut appeler radical. Il est vrai que ce travail est pour lui une source de conventions sans nombre qui compliquent l'étude de cette langue ; mais il s'est occupé sérieusement d'un besoin bien compris et il a, jusque dans ces complications, conservé si bien l'unité de ses principes ingénieux qu'on est surpris de prendre goût à cette étude.

Dans les autres langues sorties, imitées, ou même parallèles du sanscrit, le même besoin n'a pas été compris : racines et radicaux ont suivi l'impulsion de l'usage, et la régularité des principes est remplacée par les faits irréguliers introduits avec le temps.

Mais avant de pénétrer au milieu de tous ces matériaux dont la collection compose ce qu'on appelle la grammaire, il n'est pas inutile de rechercher à quel besoin ce recueil doit répondre.

Le point de départ de tout le travail résulte d'une déclaration formelle exprimée par la voix que telle empreinte convient ou ne convient pas à telle autre. Dans le tissu naturel de la parole, après avoir évoqué une empreinte, il suffisait d'une seconde évocation pour limiter l'attention sur quelque point de l'empreinte première ; dans le tissu artificiel, à l'empreinte se joint une déclaration qui affirme ou nie, qu'elle convienne à telle ou telle autre. Dans le premier : Dieu — bonté ; la bonté limite ce que l'on veut dire sur Dieu ; dans le second : Dieu est bon ; la bonté est déclarée appartenir à Dieu. Il est aisé de comprendre que le premier pourra, quand il voudra, exprimer l'affirmation, et que le second à son tour saura au besoin exprimer le point de vue limité que l'on considère.

Cette affirmation qui introduit à chaque instant au siége des connaissances de l'auditeur les intentions de l'interlocuteur, forme la différence essentielle des deux tissus et devient la source de tous les artifices de celui qu'on va étudier.

D'abord toute empreinte pouvant être l'objet auquel on attribue une autre empreinte, doit conserver sa forme primitive que quelques grammairiens regardent comme substantielle; on nomme d'après eux *substantifs* les mots observés sous cette forme.

Mais l'empreinte attribuée à une autre empreinte et que pour cette raison on a nommée attribut, puisqu'elle joue un rôle secondaire comme objet affirmé, ne doit pas être confondue avec celle qui a le premier rôle et qui est le sujet de l'affirmation. De là une forme particulière pour toute connaissance attribuable à un substantif. Cette forme que toute empreinte peut revêtir donne naissance à une espèce de mots connue sous le nom d'*adjectifs*.

La réitération du mot significatif de l'affirmation, quand le tissu du langage prenait quelque développement, a fait conserver dans plusieurs langues la forme admise par le tissu naturel, et l'adjectif et le substantif par leur simple rapprochement, remédiaient déjà quelque peu à cet inconvénient ; alors on a pu dire le bon Dieu pour Dieu qui est bon, et le substantif escorté de son adjectif est devenu au besoin le sujet de l'affirmation : le bon Dieu est un père. La langue française et beaucoup d'autres ont dans ce cas adopté la forme adjective, mais les langues sémitiques ont laissé subsister la forme substantive. L'allemand distingue entre l'adjectif attribut et l'adjectif ainsi uni au substantif.

Malgré cet effort pour échapper à la réitération de l'affirmation, celle-ci devenait si fréquente dans la langue qu'il a fallu procéder le plus possible à son élimination. La sous-entendre c'eût été revenir au tissu naturel dont on ne connaissait déjà plus les principes ; un artifice ingénieux est venu au secours des novateurs.

Il consistait à introduire l'affirmation dans l'attribut, de telle sorte qu'avec une convention on fût délivré du signe affirmatif; ce signe, qu'on peut figurer par le mot *être*, fut sans doute étroitement lié à l'attribut et fit naître le verbe que quelques grammairiens appellent verbe adjectif. Dès lors au lieu de dire : enfant être sommeil ; premier degré de l'affirmation, ou enfant être endormi; ce qui suppose l'adjectif ou le deuxième degré d'affirmation, on put dire : enfant dormir.

Les témoignages enthousiastes des grammairiens de tous les

temps sur la grandeur de la découverte du mot appelé verbe, expliquent comment on s'est plu à exagérer sa fonction dans le tissu artificiel. Voilà comment il a été mis en possession des circonstances les plus variées de voix, de modes, de temps, de personnes, de nombres et même de genres.

C'est ainsi qu'une empreinte quelconque pouvant devenir attribut devient attribut avec affirmation : c'est-à-dire qu'avec tout substantif on peut former un adjectif, et qu'avec l'adjectif on forme le verbe.

Or, l'empreinte figurant un fait accompli ne laisse rien à désirer après elle ; mais celle qui exigeait une autre empreinte pour la compléter donna naissance à une espèce de verbe nommé *actif*. Avec lui il devenait nécessaire de distinguer les empreintes complémentaires, ce qui détermina la création de toutes les autres parties du tissu artificiel de la parole.

Que ce fût ou non le mode de procéder des créateurs du tissu artificiel, ce sont là les résultats auxquels ils sont arrivés ; ils y ont joint, comme couronnement, le pronom, l'article, l'adverbe, et ces espèces de mots de rapports que le tissu naturel a été lui-même forcé d'admettre.

Le tissu artificiel de la parole devient ainsi une petite scène dans laquelle les espèces des mots jouent chacune leur personnage ; ces personnages se groupent avec art, s'enchaînent, se dénouent avec une certaine grâce qui fait le charme de l'auditeur ou du lecteur. Le fond du tableau figure, il est vrai, une connaissance générale qui ressort de cette mise en scène d'empreintes variées, habillées et présentées avec goût et discernement ; mais la forme saisit vivement les yeux et les oreilles et dissimule trop souvent la pauvreté de l'ensemble.

Ce sont ces personnages qu'il convient d'étudier un peu superficiellement, car ils intéressent plutôt les plaisirs de la parole que son action régulière sur la raison, et ils varient de peuple à peuple, de langue à langue, suivant les caprices, les goûts et quelquefois les formes gouvernementales de l'humanité.

GENRES. Par une bizarrerie qui semblerait inhérente au tissu artificiel, si quatre ou cinq langues n'avaient su s'en débarrasser, on
retrouve dans tous les autres idiomes une imitation qu'on peut
appeler grossière de ce qui se passe dans la nature. Comme pour
mieux simuler la scène active où se déroulent les événements, on a
imaginé d'y introduire des personnages du genre masculin et du
genre féminin ; on a même assez souvent accepté un troisième
genre qui n'est ni masculin ni féminin, et que pour cette raison on
appelle neutre. Il suffit de réfléchir un instant sur ce procédé pour
comprendre qu'il n'intéresse en rien le sens général du tissu, mais
que par la variété des formes il peut rompre la monotonie du langage.

Le sanscrit et le latin ont accepté les trois genres ; le grec, le
russe, l'allemand ont aussi suivi le sanscrit. Toutes ces langues proclament par cette adoption qu'elles voguent à pleines voiles dans le
langage artificiel et veulent s'en approprier tous les charmes.

NOMBRES. Lorsqu'une empreinte s'applique à un seul objet, on
lui destine un appareil qui rappelle cette circonstance ; si elle s'applique à plusieurs objets, elle aura de même un appareil spécial ;
enfin quelques langues en ont un pour le cas où il s'agit de deux
objets.

Le sanscrit adopte les trois nombres, mais le latin n'a pas vu la
nécessité de distinguer le duel du pluriel. L'hébreu et l'arabe qui
s'étaient contentés du masculin et du féminin ont cru devoir s'approprier le duel ; leurs descendants turcs et persans, qui avaient
déjà simplifié les genres en les ramenant à l'unité, n'ont pas conservé le duel ; mais le grec s'est approprié ce nombre que le russe
et l'allemand ont abandonné.

NOM OU SUBSTANTIF. Des langues à tissu artificiel perdant de vue
l'empreinte qui fait le fond de ce tissu, se trouvent embarrassées sur
la dénomination du mot qui figure l'empreinte. Les mots *noms* et
substantifs sont débattus par les grammairiens, parce qu'ils consi-

dèrent le mot qui figure l'empreinte comme l'un des éléments artificiels qui composent la phrase.

Mais le *nom* ou *substantif* remplit dans ce tissu deux fonctions
bien distinctes : il modifie la signification de l'empreinte primitive,
et il remplit, sous sa forme ou sous celle qui résulte de la modification, le rôle le plus important de la phrase.

Sous la forme qui modifie sa signification, le nom figure l'action,
l'agent, le lieu, le temps, l'instrument, le retour, la possession, la
relation, l'augmentation, la diminution du fait représenté par l'empreinte. On comprend que dans un pareil système on puisse déterminer
un bien plus grand nombre de circonstances sur le fait extérieur ou intérieur. Si d'une part on diminue ainsi le nombre des racines, de
l'autre on introduit des modifications qui sont trop souvent superflues dans le discours. De plus, puisqu'il faut nécessairement limiter
ces circonstances qu'on ne peut plus embrasser dans leur totalité, il
paraît plus simple de faire pour celles qui viennent d'être énumérées ce qui a été fait pour les autres, c'est-à-dire de les soumettre
aux règles adoptées pour les autres en les analysant dans la phrase.
Les noms d'action et d'agent sont peut-être les seuls qui, par leur
retour fréquent, méritent une distinction particulière.

Le sanscrit paraît avoir fait à l'origine un emploi considérable de
ces modifications, et c'est à cela qu'il faut attribuer la quantité prodigieuse de finales dont l'adjonction à la racine constitue les radicaux sans nombre qui fournissent des substantifs : de pech cuire,
peke qui cuit, comme de plu nager, pleve qui nage ; de nĭ guider
neyene, l'acte de guider ; de shrū, entendre ; shrotre ouïe ; de
vichistre, varié, vaichitrye, variété ; de jiv vivre, jiva, vie ; de
purushe, homme ; purusheta, état d'homme ; de putre, fils ; putrī,
fille ; de vech, parler, ukti, parole ; de bha, briller, bhanu, soleil ;
de da, donner ; datri, qui donne ; de kri, faire krit, qui fait ou
kermen, fait ; de kale, noir, kalimen, noirceur ; de men penser
menes, esprit ; etc., etc.

Le latin a sans doute beaucoup moins de choix dans ses finales ;
mais il a emprunté plusieurs de celles du sanscrit : celle en a (féminin) ; celle en i (féminin) ; celle en um (neutre) ; celle en tas (fémi-

nin) ; celle en tio (féminin) ; celles en men (neutre). La similitude
du genre et de la finale constatent assez ostensiblement cet emprunt.
Les autres langues ont aussi suivi ces données ; mais toutes, comme
le sanscrit, ont perdu la trace des causes qui ont déterminé les finales et ne conservent guère que le nom abstrait, celui d'action et
celui d'agent. Le lecteur les aura présents à son souvenir, sans qu'il
soit utile de les lui rappeler.

L'art étant le fruit du goût et du caprice, les modifications ont dû
varier de peuple à peuple ; on va voir que si le rôle du nom est
partout le même, la forme dont il est revêtu pour jouer ce rôle
dépend aussi du goût, du caprice et probablement des origines que
chaque langue peut revendiquer.

En effet : la création du verbe, dit adjectif, apportait la distinction
des compléments directs et indirects ; le nom devait donc joindre à
sa fonction de sujet dans la phrase ou à celle de déterminer la particularité du sujet, celles bien plus considérables de compléter directement ou indirectement la signification du verbe. Que si l'on
borne à une seule forme le substantif déterminant ou déterminé, et
aussi celui qui complète directement la signification du verbe, doit-il
en être autrement de ceux qui complètent indirectement cette
signification ? Les langues à tissu artificiel l'ont pensé ainsi.

Le sanscrit qui détermine le sujet à l'aide du substantif dans le
rôle dit *génitif* et qui complète directement le verbe par le substantif dans le rôle dit accusatif, emploie quatre rôles différents pour
le compléter indirectement. Le latin n'en a conservé que deux et le
grec un seul. Les langues slaves en ont trois.

Il est évident que la manière indirecte de compléter le substantif
à l'état de verbe peut être très variée ; aussi le sanscrit lui-même
s'est arrêté à l'ablatif, au datif, au locatif, et à l'instrumental ; mais
puisque les autres langues ont toutes accepté un moindre nombre
de formes pour le complément indirect, et que quelques-unes ne
sont pas plus compliquées que le sanscrit dans les prépositions qui
suppléent à ces formes, il faut conclure que celui-ci apporte ici
comme partout le luxe de ses artifices en grammaire. Que si le
grec est réduit à une seule forme de complément indirect, il supplée

à ce qu'il rejette par un si grand nombre de particularités qu'on ne peut le féliciter de sa modération. Le latin semble avoir pris la limite la plus sage en conservant le *datif* qu'on appellerait mieux l'*attributif*, et l'*ablatif* qu'on appellerait mieux, avec les russes, le *prépositionnel*.

ADJECTIF. L'empreinte que l'on affirme appartenir à une autre empreinte appelée sujet ou complément, et qui en est comme l'attribut a reçu le nom d'adjectif. Ce nom lui convient surtout quand, ajoutée simplement à la première, elle figure conjointement avec elle en laissant sous-entendu le signe de l'affirmation (page 147).

Son origine indique assez sa parenté avec le substantif. Aussi dans plusieurs langues sémitiques il s'ajoute à celui-ci par une simple juxtaposition. Dans cet état il rappelle complétement le tissu naturel de la parole : car il se place avant le substantif dont il manifeste une propriété, tandis que comme attribut il vient après le signe d'affirmation. Le persan toutefois le place après le substantif; mais il met l'izafet entre eux pour annoncer conventionnellement cette irrégularité et il supprime ce signe d'union dans les cas plus rares où il lui restitue sa place naturelle. Au reste quand la finale de l'adjectif témoigne de son accord avec le substantif la place qu'il occupe devient indifférente, puisqu'il est facilement reconnu dans la phrase.

C'est ce qui a lieu pour le sanscrit et pour le latin ; or, la similitude est ici frappante entre ces deux langues ; toutes deux acceptent la terminaison es, a, em (1) pour le masculin, le féminin et le neutre : car l'u des latins paraît avoir le son de notre e muet tel que nous le conservons encore au neutre : *templum sanctum*.

En supposant que l'adjectif attribut eût pu rester invariable pour désigner l'empreinte but de l'affirmation, devenu épithète il partage désormais le sort du substantif, et il devait varier avec et comme lui. La langue allemande a parfaitement compris ce double rôle de l'adjectif ; seulement elle s'est cru obligée de faire varier l'adjectif

_____

(1) Prononcez comme l'e muet.

épithète devant des finales particulières et devant l'article défini ou l'article indéfini. En cela elle a dépassé les complications du latin et du sanscrit.

Si ces deux types du langage artificiel n'avaient pas multiplié les procédés pour passer de la racine au radical de l'adjectif, ils auraient au moins simplifié le rôle de cette espèce de mot en la subordonnant, comme ils l'ont fait pour la finale, au substantif qu'elle accompagne.

Quoi qu'il en soit, le rôle de l'adjectif est nettement déterminé dans le langage artificiel ; il doit se faire reconnaître par des conventions spéciales comme empreinte caractérisant une autre empreinte : c'est aussi ce qui ouvre la porte aux divergences que l'on observe dans toutes les langues.

Mais le sanscrit jouit d'un privilége que peuvent lui envier les autres langues et dont l'effet semble surtout relever de l'adjectif. Les fondateurs de cette belle langue, lorsqu'ils ont substitué la parole artificielle à la parole naturelle ont compris que l'art devait les priver des avantages considérables nés du développement naturel de la connaissance. Epris des formes méthodiques dont ils allaient revêtir les empreintes, ils ont pourtant voulu conserver quelque chose de ce langage primitif si victorieusement communicatif. Or, cette langue antérieure qu'ils allaient remplacer par des tableaux de caprice, par des sons plus harmonieux peut-être, mais d'une complication qui altérait la netteté des images, conservait comme celle des chinois la liaison naturelle des empreintes. Ils la firent donc pénétrer dans leur nouvel idiome en réunissant les radicaux dans l'ordre naturel et ajoutant seulement à la fin de ces agrégations la finale qui l'impatronisait dans le système artificiel. De cette manière des membres de phrase, des phrases même subordonnées au régime du tissu naturel pénétrèrent dans le tissu grammatical. Les auteurs ont souvent tiré un excellent parti de ce mélange des deux tissus : Menou représente des parents qui abandonnent à la sépulture un corps mort kashthheloshtesemem, souche—monceau—semblable, pour relever l'éclat de la vertu qui accompagne son âme au ciel. Au reste l'abus, comme partout, suit de près l'usage ; on a pu faire des ad-

jectifs si compliqués que l'on en suit avec peine la décomposition.
Un grammairien cite parmi les milliers de composés analogues
celui-ci (1) : abeille, joyeux, essaim, poussé, bourdonnement, union à,
oiseau, voix, musique, plaisir, qui cause (adjectif de trois genres).
Or ce grammairien fait judicieusement remarquer que le sens de cet
adjectif n'est bien saisi qu'en renversant dans la langue du traduc-
teur les mots sanscrits. Cette réflexion rend parfaitement la différence qui existe entre les deux tissus : la nature déduit les empreintes successivement et l'art qui ne vient qu'après ce travail
remonte des dernières aux premières par la même route, mais en
sens inverse : il dira donc : *qui remplit de jouissances par les
voix harmonieuses des oiseaux unies aux bourdonnements que
font entendre les essaims joyeux des abeilles.*

Le latin n'a probablement connu que le tissu artificiel; il n'a
pas eu à regretter, comme le sanscrit, la beauté d'un tissu qu'il ne
pouvait apprécier. Aussi rien de semblable ne se rencontre dans
cette langue. L'adjectif copié pour ses finales sur le sanscrit se
forme assez régulièrement du radical qui donne naissance au substantif; ce radical n'étant jamais à découvert ne peut donner lieu
aux adjectifs à composés naturels.

Non-seulement les langues dont il est fait mention ici veulent que
l'adjectif s'accorde en genre et en nombre avec le substantif qu'il
caractérise; mais elles l'obligent à prendre sa part dans le rôle
qu'il joue; à être complément direct ou indirect dans toutes les
circonstances où le substantif remplit ces fonctions.

Verbe. Voici le mot qui a le plus exercé les créateurs du tissu
artificiel. Une fois que l'homme eut abandonné la nature et embrassé
un système de conventions, la naissance du verbe devenait une nécessité. Sans lui la parole n'eût été qu'un amas de mots mal éclairé
ou embarrassé par l'apparition uniformément réitérée du signe de
l'affirmation. Le verbe réunissait ou pouvait réunir à lui seul tant

____

(1) Mettemedhoukerenikeremouktephen-karemilitekokilalapesen-gitekesoukha-
vohes.

de circonstances diverses qu'il parut aux grammairiens comme le
gage de la vérité dans la connaissance. Ils ne comprirent pas que
cette analyse synthétisée dans un mot n'ajoutait rien à la sincérité
des empreintes qui seules méritaient analogie et synthèse, et qu'elle
rendait seulement viable un système de langage tout artificiel. Quoi
qu'il en soit, ce mot était un progrès considérable pour l'art de la
parole dont les déviations réclamaient impérieusement une lumière
nouvelle. On comprend la joie et l'admiration causées par son apparition : autour de lui venaient se grouper, dans un ordre irréprochable,
les parties du discours trop indistinctes depuis l'abandon et, par suite,
l'oubli des lois du tissu naturel.

Le verbe fut créé par l'adjectif joint aux signes d'affirmation ; or
l'adjectif étant lui-même issu du substantif, le verbe se rattachait par
son origine aux radicaux et enfin aux racines adoptées. Après sa
création il ne fut donc plus possible de déterminer sa dérivation de
l'adjectif ou du substantif.

Personnes. Heureux et fiers d'avoir réuni dans un seul mot
l'empreinte et son affirmation, les grammairiens poursuivirent
leurs ingénieuses préoccupations ; ils voulurent que le sujet lui-
même entrât aussi dans cette synthèse. A cet effet, ils firent la distinction de la personne qui parle de celle à qui l'on parle et de
celle de qui l'on parle. Cette dernière, comme semblent l'attester les
langues hébraïques et arabes, dut précéder quelque temps l'existence
des deux autres : car elle l'emporte par sa simplicité, et l'on sait que
les progrès et surtout ceux du langage se font lentement et par voie
de succession. Une légère modification dans la finale, en rappelant
l'idée de *moi* et de *toi*, permit désormais au verbe de renfermer le
sujet, l'attribut et l'affirmation. Le sanscrit prit pour caractéristique
des trois personnes m, s, t : m caractérisait déjà moi ; t caractérisait
à la fois les deux autres personnes (tvem et tet) ; mais le pronom
réfléchi svem applicable aux trois personnes et d'ailleurs la dentale t
si souvent mise à la place de s justifient le choix de ces trois consonnes dans l'ordre adopté. Le latin, dont les formes grammaticales
semblent copiées sur le sanscrit, reçut aussi ces trois caractéris-

tiques ; le grec les conserva dans ses anciens verbes en $\mu\iota$ et dans ses verbes passifs et moyens ; les autres langues ont conservé, les unes deux de ces lettres, les autres une seule ; mais toutes, quoique en y attachant plus ou moins d'importance, distinguent les trois personnes du verbe.

Nombre. Les personnes pouvant être considérées dans leur multiplicité, entraînèrent le verbe dans une nouvelle opération : il s'agit de lui faire représenter l'empreinte dans son état ou dans son action relativement à deux ou plusieurs personnes, c'est-à-dire qu'il fallut modifier le verbe pour lui faire signifier les trois personnes considérées au pluriel et au duel. Les finales ou même les initiales pouvaient apporter cette modification ; quelques langues, surtout celles plus rapprochées du langage originel, s'approprièrent le duel, les autres le supprimèrent. Elles suivirent toutes en cela les nécessités auxquelles elles avaient eu foi pour les nombres des substantifs. L'arabe eut donc le duel, tandis que le persan et le turc n'eurent que le pluriel ; le russe, le polonais, l'allemand n'eurent pas de duel ; mais le grec conserva ce nombre. L'hébreu, qui n'avait guère de duel que pour les objets que la nature a créés doubles, n'eut pas à se préoccuper de ce nombre dans les verbes. Enfin le sanscrit avait adopté le duel dont le latin, dans sa correction sage et rigoureuse, a su se débarrasser.

Genres. Tant de langues ont su se passer des genres dans les verbes qu'on peut s'étonner qu'ils y aient jamais été introduits : c'est sans doute à cette époque où le verbe paraissait devoir tout réunir qu'il faut remonter pour trouver les premières traces de cette introduction. Que l'action ou l'état soit constaté chez un homme, chez une femme ou dans un objet, il faut être épris du luxe des indications pour rapporter au verbe de pareilles distinctions. Aussi le turc et le persan ont abandonné ici les traces de l'hébreu, du chaldéen et de l'arabe qui distinguaient le féminin du masculin ; mais de nos jours encore nous retrouvons les *trois* genres dans le russe, le polonais et le bohémien. Le sanscrit et le latin se sont affranchis de ce joug vraiment intolérable.

Temps. La distinction des trois époques de la durée, présent, passé et futur, était d'une bien autre importance. Dans le tissu naturel de la parole, s'il est nécessaire de faire intervenir l'un de ces temps, ce qui se rencontre assez rarement, le mot explicatif domine aisément toute la déduction des connaissances et ne peut laisser de place à aucune ambiguïté. Dans le tissu artificiel au contraire où les déductions ont lieu suivant les caprices de l'interlocuteur, le verbe ne doit pas plus s'exempter de désigner un temps qu'une personne; or, le moins qu'il puisse faire, c'est de s'adopter aux trois époques de la durée. C'est ce que l'on remarque dans toutes les langues grammaticales.

La nécessité de rapporter toujours le verbe à un moment de la durée a créé une difficulté qui a fait imaginer un temps particulier, ni présent, ni passé, ni futur, qu'on aurait pu mieux qualifier que par le mot *imparfait.* Par l'emploi de ce temps la phrase ajoute à la connaissance qu'elle renferme cette donnée nouvelle et trop souvent superflue : « n'importe à quel moment du passé que la chose soit rapportée ». Un lièvre en son gîte songeait... il y avait autrefois... il était bon, humain..., il vivait de régime et mangeait à ses heures, etc... Avant de s'en tenir au temps imparfait qui laisse subsister un certain vague et s'emploie même chez tous les peuples dans les circonstances où le passé est bien déterminé, les langues paraissent avoir tourné la difficulté au moyen d'un mot qui a fini par se confondre avec le verbe en s'unissant à lui comme final ou comme initial suivant la place qu'il occupait dans la phrase. L'hébreu a cherché à l'aide de *formes,* et le russe à l'aide de *branches,* à combler cette insuffisance. L'arabe préposait un mot ; le persan en a joint un autre comme initial, et le turc comme final. L'allemand et toutes les langues qui ont hérité de quelques formes des latins, ont figuré l'imparfait par une finale. Mais le sanscrit, copié fidèlement par le grec, ne s'est pas contenté de la finale, il y a joint une initiale dite, *augment.*

Le *présent* avait déjà suscité une difficulté analogue. Au milieu des circonstances sans nombre où la question du temps est complétement inutile, le tissu naturel ne la fait pas intervenir, et il est ainsi dans la vérité de l'empreinte évoquée ; mais le tissu artificiel, grâce à son verbe et aux éléments capricieusement répandus dans la phrase, est contraint d'y avoir égard, c'est-à-dire à introduire un fait ou faux ou superflu. Certaines langues, parmi lesquelles le français, ne considèrent plus le présent comme un temps proprement dit, elles s'en servent pour tous les cas où le temps serait stérile, et, quand il faut en réalité faire figurer le temps présent, elles l'annoncent par des mots significatifs : aujourd'hui, à l'instant, en ce moment, etc... Elles disent donc : oui c'est un dieu caché que le dieu qu'il faut croire ; or, dans ce vers le présent *est* est le signe d'affirmation (page 147) mis à ce temps, quoiqu'il implique tous les temps ; le présent, *il faut*, implique une obligation imposée précédemment, au moment actuel, et dans l'avenir. On sait que l'anglais distingue le présent réel à l'aide du verbe être suivi du participe présent. Ce procédé ingénieux lui permet de distinguer aisément le moment présent dans tous les temps passés et futurs.

C'est sans doute parce que les fondateurs du tissu artificiel ont envisagé cette difficulté qu'ils ont confondu le présent et le futur (arabe, hébreu), ce qu'autorisent même d'autres langues par leurs règles syntaxiques (sanscrit). Le passé n'étant plus guère intéressé dans les situations qui se prolongent, le présent et le futur se ramènent aisément à une sorte d'identité. Les langues slaves suppléent à cette insuffisance du tissu artificiel par des complications d'un autre genre : tel est le verbe itératif. Le sanscrit et le latin emploient, comme les langues citées plus haut, leur artifice pour rentrer dans la désignation du temps réellement présent, et laissent à la forme du verbe, si improprement appelée présent, sa généralité indépendante de la durée.

Le *passé* et le *futur* peuvent être décomposés de bien des manières : aussi ont-ils exercé la sagacité des grammairiens. Le passé a été analysé généralement de trois manières et le futur de deux seulement. Les trois passés sont désignés en français par les mots :

passé défini, passé indéfini, plusqueparfait, et les deux futurs, par futur
simple et futur antérieur. L'arabe et l'hébreu n'ont qu'un prétérit
et un futur, ils remédient quand il est nécessaire à cette pauvreté
par l'introduction de quelque mot explicatif. Les langues slaves
n'ont qu'un prétérit, mais à l'aide des *branches*, elles donnent au
fait passé des nuances que n'ont pas les autres langues. Quoiqu'il
ait deux passés, le sanscrit ne semble pas avoir distingué le temps
déjà passé en regard d'un temps lui-même écoulé, ou le plusqueparfait. Au contraire le latin ne discerne pas entre le passé défini et
le passé indéfini. Quant au futur, le sanscrit accepte la distinction du
défini et de l'indéfini ; mais il ne rend pas compte du futur antérieur ; le latin au contraire accepte le futur simple et le futur antérieur. Le grec s'est emparé des formes du sanscrit ; du passé que
celui-ci forme avec augment et redoublement il compose un plusqueparfait avec un second augment ; il forme de plus, mais au passif
seulement, un futur antérieur et se trouve ainsi pour le passé et le
futur d'accord à la fois avec la forme sanscrite et avec la signification latine.

Les *Modes* sont des modifications apportées au verbe pour lui
faire exprimer des circonstances particulières et indépendantes du
genre, du nombre, des personnes et des temps. Ces modifications
ont pu et dû, surtout à l'origine du tissu artificiel, se confondre avec
les voix : car celles-ci sont elles-mêmes des formes qui s'appliquent
au radical du verbe avec la même indépendance. Cependant quand
on peut avec des modifications spéciales former des paradigmes
qui embrassent la proposition sous des aspects généraux dont les
modes fassent eux-mêmes partie, on peut éclairer ces généralités en
les séparant des modes ou manières particulières de modifier, et en
les nommant *voix*.

Les modes pourraient être aussi nombreux qu'il y a de manières
différentes de signifier. Aussi, quoique les peuples se soient en général modelés les uns sur les autres pour adopter ces formes
particulières de la signification, il y a, surtout pour les langues
rapprochées de l'origine du tissu artificiel, des divergences assez

remarquables. A cette époque où le verbe prenait une importance exagérée on multipliait ses fonctions sans trop de discernement et l'on confondait souvent les voix, les modes et les temps. L'hébreu et l'arabe sont des exemples de cette confusion : se bornant à l'indicatif et à l'impératif, il semblerait qu'ils aient fait abstraction des modes les plus usités ; mais des formes particulières que l'on peut encore confondre avec des voix, seules ou avec des mots auxiliaires, non-seulement rappellent le subjonctif et l'optatif, mais même le causatif, l'intensitif, l'itératif, le déclaratif, etc... Les langues slaves, dont les affinités primitives avec les langues sémitiques se retrouvent dans la grammaire, sont encore remplies de ces confusions ; toutefois le mélange des éléments modernes a régénéré cette partie grammaticale, et l'allemand a fait greffer sur les souches antiques du bohémien et du polonais le conditionnel et le conjonctif. Le russe, plus éloigné de cette influence, a conservé ses anciennes bases tout en introduisant à profusion des éléments grecs et latins ; le polonais n'a pas non plus perdu de vue les modes itératifs et même inchoatifs, et le bohémien a conservé ses modes optatif, transgressif, potentiel et permissif. Le turc s'est emparé des modes optatif, conditionnel ; et le persan, disposé à simplifier les éléments arabes, a pourtant à l'impératif, reçu chez tous les peuples, joint l'impératif prohibitif. Le sanscrit, au milieu de toutes ces significations ou modes, s'est contenté de joindre à l'indicatif et à l'impératif, admis dans toutes les langues, un conditionnel peu usité et le plus souvent remplacé par le potentiel, et enfin le bénédictif qui n'apparaît que par exception. Le grec a partagé ces trois derniers modes entre le subjonctif et l'optatif ; le latin les a réunis tous dans le mode subjonctif.

L'historique des modes est destiné à jeter une vive lumière sur la parenté des langues à tissu artificiel ; mais, quel que soit l'intérêt qui s'y rattache, il s'éloignerait de l'aperçu sommaire dont il est ici besoin.

Les *Voix*, telles qu'elles ont été distinguées ci-dessus pour les séparer des modes, comprennent dans les langues arabes, hébraïques, turques et slaves un nombre plus considérable de formes que les

grammairiens modernes ne sont convenus d'en attribuer au verbe. Pour
ceux-ci les voix sont généralement limitées à trois, d'après les bases
posées par les grecs et les latins : la voix active, la voix passive et la
voix dite moyenne en grec et déponente en latin. Suivant ces trois
voix le sujet fait l'action, la reçoit, ou la fait en même temps qu'il
la reçoit : ce qui établit le verbe dit actif, le verbe dit passif et le
verbe dit réfléchi. Ces trois verbes formés du même radical ont
beaucoup d'analogie dans leurs formes, chez les grecs et les latins,
et ne diffèrent que par la finale qui est propre à chacun d'eux. Le
sanscrit n'a pas été suivi par ces deux langues dans les diverses
voix qu'il tire de la cause, du désir et de l'intensité ; là se trouve
une amélioration qui aurait pu être poursuivie dans la voix passive ;
en effet le sanscrit, outre la voix qui modifie au passif les inflexions
de l'actif ou primitif, adopte un procédé très-simple pour passer au
passif par l'introduction d'une lettre dans la racine. Le turc s'est
emparé de cette idée et il en a tiré très-ingénieusement (1) des voix
qui, s'il était nécessaire dans le langage de considérer ces modifications sans l'analyse ou dans leur synthèse, seraient assurément de
vrais modèles ; mais la simplicité des langues à tissu mixte, sous ce
rapport, prouve l'inutilité de ces formations. Comme le sanscrit,
l'hébreu a deux sortes de verbes passifs ; ses formes sont un mélange de voix qui aident en même temps à remplacer les modes qui
font défaut. L'arabe, comme l'hébreu et plus particulièrement encore le turc, trouve les voix dans cette nomenclature de dérivés,
qui ont tant compliqué le verbe dans les langues voisines de sa
création. Le persan a su s'arrêter sur la pente qui entraînait les
autres langues sémitiques, et il ne distingue guère que les trois voix
des langues classiques. Les langues slaves semblent aussi se con-
tenter de ces trois voix : car leurs verbes neutres, réfléchis, réciproques et communs répondent à la voix moyenne et leurs branches
servent plutôt à distinguer les modes et les temps. Enfin l'allemand

---

(1) Voir, pour se faire une idée des formations du verbe turc, le *Cours
complet de Langue universelle*, 1er volume, pages 320, 321 et 322.

s'est singulièrement rapproché, pour les verbes et pour les voix en particulier, des langues à tissu mixte; pour cette raison et d'autres que l'on rencontrera plus tard il semble être un intermédiaire entre le tissu mixte et le tissu artificiel.

L'Infinitif est généralement désigné comme un mode; mais sa manière de signifier étant indéfinie, représente simplement le sens du radical et par conséquent l'empreinte même dont on a fait le verbe. Dans les phrases du tissu naturel dont on cherche à saisir le sens, on est tenté le plus souvent d'introduire l'infinitif pour mieux saisir la liaison des empreintes : c'est que, surtout pour l'empreinte qui exige un complément, l'esprit accoutumé au tissu artificiel trouve dans l'infinitif comme un moyen terme entre les deux tissus et se satisfait de rentrer quelque peu dans ses habitudes. Ce procédé peut servir à celui qui veut, par exemple, expliquer à quelqu'un la phrase chinoise ; mais il nuit à la vérité de l'interprétation ; l'infinitif a été trop souvent employé comme mode du verbe pour que l'on consente à ne voir en lui que ce qu'il est réellement : l'empreinte dans sa forme indéfinie et ne devant être déterminée que par les mots qui la caractérisent ou la modifient. Quoi qu'il en soit, souffrir ou souffrance sont identiques comme expressions dans le cours du tissu naturel et, par conséquent, comme connaissances; jet ou jeter sont dans le même cas, bien que le verbe actif semble annoncer le complément : en effet le tissu naturel exige que les mots d'action aient leur complément, comme le verbe actif; or, celui qui est familier avec ce tissu sait d'avance, et sans avoir besoin d'en être averti par la finale *er*, que *jet* a besoin d'être complété par l'objet qui reçoit l'action.

L'adoption de l'infinitif dans toutes les langues est un hommage rendu ou à la préexistence du tissu naturel ou à la puissance des bases sur lesquelles il repose. L'hébreu, l'arabe, le turc et le persan font de l'infinitif un véritable nom; on sait que le grec le soumet aux mêmes épreuves que le substantif neutre; l'allemand est entré dans cette même voie; les langues slaves et le latin se bornent le plus souvent à en faire un sujet ou un complément direct. Le sanscrit ne l'accepte jamais comme sujet, très-rarement comme complément direct, et presque toujours comme complément indirect.

Supins, gérondifs. Le *supin* dont les latins offrent surtout le spécimen est, pour la forme comme pour la signification, emprunté à l'infinitif du sanscrit : il sert donc de complément indirect. Si on le trouve après des verbes d'action, « *eo lusum* », c'est que le complément direct se trouve sous-entendu.

Les *gérondifs* ont été assimilés avec raison aux cas des substantifs ; mais ces cas figurent surtout les compléments indirects exprimés avec les prépositions françaises *de, à* ou *pour :* c'est-à-dire la dépendance, la manière et le but. Ils suppléent ainsi souvent aux cas dits prépositionnels du russe, au locatif et à l'instrumental des autres langues slaves et du sanscrit. Ces cas et un participe indéclinable sur lequel roule si fréquemment toute la phrase satisfont complétement, pour le sanscrit, à tous les usages de l'infinitif et du gérondif. On sait que le grec avec ses participes et son adjectif verbal n'éprouve nul besoin des gérondifs. L'allemand, comme lui, en faisant de son infinitif un substantif, sait se passer de gérondif : il syncope la préposition avec l'article qui précède l'infinitif et fait ainsi entrer celui-ci dans la phrase en qualité de complément indirect. Les langues sémitiques se contentent des noms dérivés de l'infinitif ; cependant le persan adopte un gérondif présent, et le turc, avec ses finales, fait singulièrement varier les compléments indirects tirés de l'infinitif.

Participes. Comme l'infinitif forme un substantif dont les gérondifs sont les cas, de même il donne lieu à une espèce de mots nommée participes. Ceux-ci participent à la nature de l'adjectif, parce que comme lui ils se joignent au nom et en modifient la signification ; ils participent au verbe, parce que suivant leur forme ils indiquent l'un des trois temps ; le plus souvent ils en rappellent même l'emploi en montrant les mêmes exigences que lui dans la phrase : c'est ainsi que le participe présent en latin régit après lui les mêmes cas que le verbe d'où il vient.

La convenance du participe dans les langues à tissu artificiel était considérable. Aussi le sanscrit et le latin, les deux types de ce tissu, en ont tiré un grand profit. Lorsqu'une empreinte se trouve modifiée par une autre empreinte qui participe à la nature du verbe, cette dernière peut se présenter dans la phrase avec son cortége de compléments directs et indirects ; or, l'un de ces compléments peut recevoir de nouveau l'adjectif participe qui remplace les relatifs *qui* ou *que ;* on peut donc avec ces participes et ces relatifs prolonger indéfiniment le tissu artificiel et produire des phrases sans limites autres que celles du sujet que l'on traite. Cette richesse dans la continuité des phrases est un écueil pour quiconque n'a pas appris à en modérer le cours ; mais elle contribue puissamment, quand elle est mise à contribution avec réserve et discernement, à la satisfaction de l'oreille et elle ramène favorablement à l'unité des empreintes complexes.

Aussi toutes les langues à tissu artificiel et même, comme on le verra plus loin, toutes celles à tissu mixte ont adopté les participes pour les trois temps de la durée.

Le sanscrit dont les compositions font si bien ressortir le mérite des règles adoptées par les fondateurs de ce beau langage, s'est emparé avec ardeur de la source révélée par les participes pour féconder la phrase ; il a si bien usé des priviléges que cette espèce de mots lui procurait, qu'il s'affranchit le plus souvent des difficultés qui embarrassent le verbe et offre aux étudiants une facilité qu'on ne soupçonnerait pas pour l'intelligence des textes. Non content d'avoir pour le présent, le passé et le futur des participes qui se montrent sous des formes variées et qui se déclinent à tous les cas y compris le locatif et l'instrumental, il a encore des participes passés indéclinables qui s'unissent sans effort à tous les mots et facilitent merveilleusement le développement de la phrase.

Le latin ne lui cède en rien, quoique avec plus de simplicité, et supplée par ses ablatifs absolus aux avantages tirés des participes indéclinables. Le grec se rapproche encore plus du sanscrit dans l'usage des participes : il s'en sert à tous les temps principaux et secondaires et en fait l'ornement le plus pompeux et le plus significatif de ses belles périodes.

Parmi les langues sémitiques, le turc est celle qui s'en sert avec le plus de fruit, et, parmi les langues slaves, le russe a su en tirer le même profit que le latin : c'est-à-dire qu'il l'a fait servir aussi à la prolongation harmonieuse de son style.

Pronoms. Cette espèce de mots n'appartient en propre au tissu artificiel que lorsqu'il exprime par sa désinence le rôle du nom qu'il remplace dans la phrase ; toutes les fois qu'il ne figure ni les différents rôles, ni le pluriel, ni le genre, il relève en réalité du tissu naturel : en effet, l'empreinte de celui qui parle doit être distincte de celle de la personne à qui ou de qui l'on parle. Que si, comme dans le chinois, le nom même de la personne ou les qualités qu'on lui substitue par modestie ou pour rendre hommage, remplace le plus souvent le pronom, il n'efface pas la nécessité de distinguer les trois personnes. Au reste dans presque toutes les langues on retrouve quelques-unes de ces formes primitives qu'on n'a pu astreindre à exprimer toutes les circonstances des noms dont ils tiennent la place. Le sanscrit lui-même si exigeant sur la spécialité des espèces de mots a conservé dans son pronom personnel réfléchi *atmen* et son pronom possessif *swe* une application aux trois personnes, puisqu'ils signifient les trois personnes et la possession qui leur est attribuée. Le latin avec le mot *ipse* a suivi cette irrégularité ; mais il va bien plus loin avec le pronom *se* qui ne considère ni le genre ni le nombre. Le grec est plus réservé ou moins simple : tout en admettant quelque généralité dans ses pronoms αὐτός et οὗ il ne perd pas de vue le nombre.

Dans les langues sémitiques le pronom se ressent des époques plus ou moins éloignées des formations de ces langues. L'hébreu, plus voisin du tissu naturel, conserve indéclinables ses pronoms personnels : car les affixes sont de véritables prépositions qui ne font pas corps avec le pronom ; mais son pronom relatif est exempt de toute entrave, il exprime invariablement tous les genres, tous les nombres et tous les cas. L'arabe est ici conforme à l'hébreu pour ses pronoms personnels et pour ses affixes. Le turc distingue les nombres et les cas, et le persan qui marche aussi dans cette voie a pourtant un pronom réfléchi (khoud) qu'il emploie avec une grande indépendance de nombre, de genre et de cas. Le russe a un pronom réfléchi (cébia) qui se rapporte toujours au sujet de la phrase quel que soit le genre, le nombre ou la personne marquée par ce sujet. Les autres langues ont, en général, égard aux nombres et aux personnes.

Quant aux pronoms démonstratifs, interrogatifs, etc., ils relatent des significations que le tissu naturel reproduit par un radical et sans avoir besoin de rendre compte des différents rôles que le tissu artificiel leur fait jouer dans la phrase.

L'article est encore une espèce de mots qui doit sa naissance au tissu artificiel : son existence répond à l'intention de l'interlocuteur d'annoncer la présence du substantif et de lui rendre l'importance qu'il compromet souvent dans la phrase. A l'aide de l'article le substantif peut se trouver déterminé dans quelques-unes des circonstances qu'il figure. Cette détermination ne peut intéresser en aucune sorte le tissu naturel ; car les empreintes tirent leur importance de la déduction des connaissances : toutefois quand l'action détermine autre chose que le genre et le nombre du substantif, quand, comme dans le grec et l'allemand, il ne tient pas seulement l'esprit en suspend sur les mots intermédiaires qu'il faut rapporter à la modification du substantif attendu (1), alors il détermine quelque chose de la signification de l'empreinte et annonce que celle-ci n'a pas une acception générale, mais qu'elle est particulière. Dans ce cas le tissu naturel a des équivalents : le chinois fait intervenir son signe de dépendance ou celui de finale transitive (2) ; les langues dénuées d'articles ont en particulier des adverbes et des tours de phrases qui suppléent sans peine à cette nécessité : les langues sans

____

(1) ὁ τὰ τῆς πόλεως πράγματα πράττων. — Das Inwendige mit den schönen Marmorsäulen. *Heinse.*

(2) — Voir le *Dict. chinois* : 41 ou 53.

articles sont, avec le latin et le russe, le polonais, le bohémien : car si ce dernier et quelques autres dialectes slaves introduisent accidentellement un article, il est aisé de voir qu'ils l'empruntent à l'allemand dont le contact a fait intervenir un hôte qui n'a rien de commun avec le fond de l'idiome.

Le sanscrit n'a pas à proprement parler d'article : c'est le pronom de la troisième personne qui lui rend les services analogues. Le turc et le persan ont abandonné l'article de l'arabe et de l'hébreu ; or cet article qui n'a ni genre ni nombre dans ces deux langues est loin de procurer le profit que le grec et l'allemand ont su lui emprunter.

MOTS INDÉCLINABLES. Ces mots peuvent appartenir aux deux espèces de tissus de la parole ; car ils ne subissent pas les inflexions qui les assujettissent aux fonctions artificielles dont l'ensemble et le jeu constituent la phrase. Cependant il y a deux exceptions à signaler :

1° Les mots indéclinables, particules, adverbes, prépositions et même conjonctions, qui servent seulement à éclairer, à embellir ou à caractériser les formes du tissu artificiel, ne peuvent avoir rien de commun avec le tissu naturel.

2° Il faut distinguer entre les adverbes ceux qui, dans la langue grammaticale, sont ordinairement dérivés des adjectifs et représentent une manière d'être du verbe que la nature des empreintes figure sans ce recours à l'artifice.

Quant à la manière d'employer ces mots, elle est évidemment subordonnée à la nature des tissus qui les mettent en exercice ; mais quand un terme a une signification précise et indépendante du rôle qu'on lui fait jouer dans la phrase, il relève également des deux tissus. Par exemple, le mot *plus* modifie le sens d'un adjectif ou d'un verbe : *plus modeste ; plus admiré ;* mais il a en réalité la signification du mot *augmentation :* aussi le tissu naturel s'en servirait sous cette forme : augmentation — modestie ; augmentation — admiration. De même les mots : *mais, car, donc,* sont substitués à restriction, explication, conséquence.

Tels sont les personnages que le tissu artificiel met en scène et qui servent plus encore à colorer les empreintes qu'à en assurer la précision et la communication. On comprend que chacun de ces acteurs ayant un rôle approprié à sa nature doit, dans un grand nombre de circonstances, présenter des effets très-variés. Aussi pourrait-on produire des volumes sur chacun d'eux, considéré au milieu des différentes langues dont il est devenu une pièce essentielle.

Initié aux conceptions capricieuses de l'art, le langage peut recevoir les formes les plus diverses ; dans des idiomes nés ou à naître, des espèces de mots figureraient sans peine de nouvelles combinaisons ; celles qui ont été produites ici suffisent bien pour donner l'idée des variations nombreuses que l'usage peut apporter dans le tissu artificiel. On peut remarquer toutefois, au milieu de ces divergences, un air de parenté entre toutes ces langues : cela peut résulter ou de ce qu'elles descendent toutes d'une source primitive qui est la même ; ou, ce qui est aussi probable, de ce que les législateurs, en organisant les faits de la pratique, ont dû, pour être à la hauteur de leurs fonctions, connaître d'autres idiomes ; la comparaison qu'ils faisaient de ces langues à la leur les excitait à introduire, autant qu'ils ne blessaient pas trop les usages reçus, des éléments dont ils favorisaient l'admission. C'est ainsi que le russe, si bien identifié avec le langage slave, s'est pourtant recruté d'éléments grecs et surtout latins, dans la contexture de sa phrase: les premiers sont dus à des temps très-reculés, et les derniers ont été introduits par les savants qui, comme cela se pratiquait dans toute l'Europe, connaissaient à fond la langue latine.

De cet examen passé rapidement sur les langues sanscrite, latine, grecque, allemande, hébraïque, arabe, turque, persane, et sur les langues slaves, il ressort que tous ces langages étaient, à des degrés différents, soumis au tissu artificiel de la parole. Que ce tissu était d'autant plus artificiel que les éléments grammaticaux étaient subordonnés à plus de conventions.

Le *sanscrit*, s'il n'est pas la source de toutes ces conventions grammaticales, est au moins le réservoir commun où elles se sont donné rendez-vous. En effet, si on excepte le genre dans le verbe, on reconnaît chez lui toutes les circonstances grammaticales généralement et particulièrement adoptées, et, ce qui mérite une sérieuse attention, les formes même compliquées dont sont revêtues ailleurs les espèces de mots. Lorsqu'on rapproche ces faits de l'ordre méthodique imprimé à la formation des radicaux, ce qui en fait assurément un langage exceptionnel, on ne peut être surpris que beaucoup de savants aient voulu en faire une langue primordiale, et qu'il ait été choisi ici comme type du tissu artificiel.

Le *grec* est après le sanscrit l'image la plus frappante de ce tissu : il est merveilleusement approprié pour offrir, avec l'art le plus séduisant et le plus favorable au caprice, les empreintes composées cachées dans le tissu de la phrase ; ses articles, et notamment son article neutre, permettent à la période de se développer sans trop faire perdre de vue la synthèse de ses brillantes analyses ; enfin, comme le sanscrit dont il a certainement emprunté le rhythme, il a été manié par les poëtes et les prosateurs les plus capables de faire valoir ses avantages.

L'*allemand* se présente immédiatement après ces deux belles langues sans crainte d'être accusé de présomption ; si pour la douceur il n'égale ni l'une ni l'autre ; s'il n'a pas pris comme le sanscrit la précaution de ménager le heurt des consonnes dans la rencontre des mots ou dans leur agglutination ; s'il est privé de la richesse des intonations grecques et se balance trop souvent entre des finales monotones telles que *er*, *en*, *ett ;* cependant ce défaut de précaution lui prête souvent une énergie imposante. Dans tous les cas, il est aussi libre qu'eux de développer ses périodes, d'enchaîner les images et les conceptions les plus étendues dans l'intérieur de sa phrase; s'il n'assistait pas à l'époque où le tissu artificiel primitif a fait son temps et n'était ainsi jugé par les contemporains au scalpel sévère comme tant soit peu nébuleux, il pourrait presque justifier sa haute prétention à la supériorité au milieu des langues vivantes.

Les langues *slaves*, et en tête le russe, pourraient sur ce terrain du tissu artificiel le disputer à l'allemand. Elles ont, sauf une agglutination aussi large des mots, les mêmes avantages que lui ; mais elles ont recueilli du sanscrit le privilége de prévoir et de prévenir la rencontre des consonnes dont le contact est disgracieux pour l'oreille. Chez ces peuples dont l'allemand ne peut récuser la parenté, où les consonnes sont avant tout le symbole de la signification, cette précaution devient impérieuse, et l'allemand pour y avoir manqué s'est trop isolé en Europe. Le russe a donc cet avantage et celui d'avoir été élaboré par des savants qui en ont fait un langage aussi doux qu'énergique, et un tissu artificiel aussi précieux qu'élégant et varié dans ses formes.

Les langues *sémitiques* peuvent peut-être revendiquer aussi bien que le sanscrit les origines du tissu artificiel : *adhuc sub judice lis est.* En tous cas, elles ont beaucoup moins étendu leurs combinaisons dans cette voie. Il est vrai que l'hébreu et l'arabe se sont complu dans les complications du verbe, et qu'ils ont poursuivi une chimère en lui attribuant une part exagérée dans le discours ; mais leurs affixes ont ramené la simplicité ; leurs articles sont aujourd'hui conformes à ceux du tissu mixte ; leurs racines ne sont pas encore très-éloignées du tissu naturel. Le turc renchérit sur la formation du verbe ; mais il a été très-ingénieux dans ses complications et l'a peut-être ainsi simplifié. Le persan a fait de telles réformes dans le verbe et a ramené si souvent les éléments grammaticaux aux formes reçues chez les peuples occidentaux, qu'on serait tenté de lui donner rang parmi les langues à tissu mixte.

Enfin le *latin*, placé ici comme couronnement de l'édifice artificiel élevé par la parole, semble en effet avoir eu pour mission de clore le cercle si capricieusement tracé par ses devanciers. Suivant cet axiome banal, si souvent justifié par l'expérience, que les extrêmes se touchent : après avoir réuni comme dans un foyer commun tous les avantages qu'on peut tirer du tissu artificiel, il se trouve, ainsi qu'on le verra plus loin, tout voisin du tissu naturel. Privé de la grâce, de l'harmonie et de la richesse du sanscrit, en austère républicain et comme Platon l'indiquait, il a repoussé des hôtes dangereux et s'est consacré à la recherche de la vérité calme et nue. Il a donc conservé de ses maîtres en prose et en poésie les formes dont il ne croyait pas pouvoir nier l'utilité ; mais il l'a fait avec

une sobriété qui ressemble à la pauvreté. Avec une grammaire irréprochable, pour n'avoir pas emprunté à ses modèles la formation
brillante et somptueuse des radicaux, il s'est fermé la porte de
l'avenir. Un tissu artificiel aussi habilement conçu, exploité par des
intelligences d'élite, apportant à des peuples à peine sortis de la
barbarie des éléments du langage si sagement concertés, ne pouvait pas disparaître immédiatement de la scène du monde occiden-
tal ; mais après avoir fécondé le langage des peuples qui y ont puisé
à pleines mains ; après s'être altéré dans les confusions du moyen
âge et avoir retrouvé sa pureté dans les écrits immortels qu'il a
transmis à la postérité, malgré les études auxquelles il donne naissance, il a été jugé insuffisant pour seconder les progrès de l'esprit
humain. Ici du moins il reprendra l'importance qui lui est due
comme modèle du tissu artificiel, comme une des interprétations les
plus fidèles des lois de la parole.

§ IV.

Tissu mixte de la Parole (type : l'anglais).

Si les empreintes, en se détachant du centre des connaissances
pour donner naissance aux empreintes composées, sont soumises à
un ordre méthodique et spontané dont les parties successives forment par leur union le tissu naturel ; si ces mêmes empreintes, détachées suivant un ordre conventionnel, peuvent aussi par leur
rapprochement, donner lieu à des empreintes composées désignées
ici sous le nom de tissu artificiel, il devient évident qu'en empruntant à ces deux tissus telles dispositions que l'on jugera convenable et en opérant entre eux une sorte de transaction, on
obtiendra une nouvelle organisation du langage. C'est ce terme
moyen entre les deux systèmes qui peut prendre le nom de *tissu
mixte de la parole*.

Dans l'hypothèse où la nature seule serait capable de communiquer les empreintes composées, l'intervention de l'art serait plus

nuisible qu'utile, et il faudrait rejeter bien loin le tissu artificiel. Que l'on assiste à la douleur de quelque être humain se tordant de désespoir sur une tombe ou devant un cadavre, l'empreinte composée surgira brusquement et sera plus fortement accusée qu'elle ne pourrait l'être par des paroles ; mais après avoir signalé par la vue « la douleur désespérée d'une personne qui pleure la perte d'un être qui lui fut cher, » s'il faut ajouter à cette empreinte composée d'autres parties : telles que les effets intérieurs de cette douleur, l'état physique, moral et social habituel à cette personne, le genre de la perte causée par maladie ou accident, le lien qui attache à cet être père, mari, fils, frère, bienfaiteur, etc..., alors la parole intervient nécessairement. La communication de l'empreinte n'est un effet naturel qu'au moment singulier où elle s'effectue par les organes témoins du fait ; aussitôt qu'elle est commandée par la volonté d'autrui, elle a besoin d'un certain art et de conventions spéciales pour faire apparaître au centre des connaissances les matériaux qui la constitueront.

Le tissu naturel de la parole est donc aussi l'effet de quelque artifice ; non-seulement parce que le mot est purement conventionnel, mais encore parce que, même en suivant les déductions naturelles des empreintes, il faut avoir recours de temps à autre à des liaisons, des rapports et des points d'arrêt qui n'intéressent qu'indirectement l'empreinte composée et font appel à la bonne volonté et aux souvenirs de l'auditeur. C'est parce que l'homme a reconnu cette vérité qu'il a laissé la parole s'évertuer sur le terrain du tissu artificiel.

Ce qui caractérise surtout les deux tissus, c'est que l'un n'accepte aucune modification ou altération de l'empreinte signifiée par le mot, autrement que par l'effet du contact des parties qui constituent l'empreinte composée, tandis que l'autre la présente avec un entourage de parties accessoires calculées avec art pour produire des effets convenus et indépendants même de l'empreinte composée. Quant aux termes qui expriment les rapports de convention entre les empreintes, il peuvent être quelquefois communs aux deux tissus ; mais là où l'art multiplie les conventions, ces rapports et leur expression doivent affecter des formes nombreuses devenues superflues lorsque la déduction s'opère naturellement.

C'est sous ce point de vue surtout qu'une transaction a semblé possible entre ces deux tissus, ou plutôt a surgi de leur exercice. Les peuples ont pu être entraînés par leur ignorance même, en présence des complications du tissu artificiel, à recourir au mode le plus simple de recevoir et de communiquer les connaissances ; or, certaines données déjà admises et passées irrévocablement dans les habitudes, ont encore maintenu beaucoup d'idées grammaticales dans ce retour au tissu naturel. De là viennent les différences remarquées dans les langues à tissu mixte.

C'est un spectacle plein d'intérêt pour le philologue et de pensées profondes pour le philosophe et l'historien, de voir le langage humain se scinder profondément aux extrémités orientales du monde ancien : là, il conserve opiniâtrement la source naturelle d'où il découle, il se perfectionne et seul, sans le secours d'aucun des autres peuples civilisés de la terre, il préside aux développements industriels si prodigieux d'une race dont la stabilité dans le langage et dans les mœurs est une des merveilles du monde; ici, il revêt des formes si habilement ménagées qu'il devient un instrument plein de charmes envié par toutes les bouches capables d'accentuer une syllabe, et prête à la raison des armes commodes et d'autant plus puissantes qu'elles triomphent par la séduction. La Chine et l'Inde, par leurs tissus respectifs de la parole, semblent attester que le langage est né là où naissent les premiers rayons du soleil. Mais si le tissu naturel de la parole a élu domicile sur la terre de Chine et y est resté invariablement enchaîné, le tissu artificiel a conquis du côté de l'occident toutes les populations qui ont surgi et grandi à la lumière de la civilisation. Comme enfant de l'art et, à ce titre, jaloux d'indépendance et de variété, il a enfanté des dialectes dont les formes variées font la jouissance du lettré amoureux de la pensée sous toutes ses formes, et le désespoir de la civilisation humanitaire dirigée vers l'unité par ses aspirations et ses instincts de conquêtes.

Il n'est pas surprenant que le tissu artificiel, quoique d'abord l'expression de la minorité, soit devenu dominateur sur la terre. L'homme est toujours et partout entraîné par les charmes de la passion à la suite du plaisir. L'interprète calme et froid de la raison ne répond guère à ce besoin d'activité qui caractérise l'homme encore enfant. Quand la vie sociale n'est pas suffisamment éprouvée et n'a pas appris à faire justice des écarts de l'imagination, elle a des entraînements déréglés, des mouvements désordonnés qui se communiquent par la parole avec le feu de la passion ; la forme qui séduit et se prête aux illusions du sentiment, se met promptement au service de l'interlocuteur et attire bientôt l'attention et l'assentiment de l'auditeur. Cet effet, aisément constaté chez les peuples barbares, n'est pas moins sensible sur l'esprit des nations plus civilisées. Aussi, après avoir jeté des semences profondes sur des peuples déjà affiliés aux langues sémitiques, du persan le sanscrit a fait irruption dans les langues slaves ; de là il s'est infiltré dans les langues saxonnes et a surtout triomphé partout où l'instruction avait déjà des racines puissantes. Les Grecs y ont puisé les trésors si largement répandus dans leur langue; ils lui ont ravi les armes qui ont fait triompher leur éloquence ; puis le latin avec son épée, comme avec un scalpel, a sévèrement analysé les richesses qu'on lui offrait, acceptant ce qui favorisait ses institutions et sa mâle éloquence, répudiant ce qui n'était créé que pour les plaisirs de l'oreille.

Aussitôt que la flamme du flambeau latin eut épuré le tissu artificiel dont le sanscrit avait jeté çà et là tous les germes, alors le mouvement indien ne se propagea plus dans les régions occidentales qu'avec le correctif importé par les armées romaines. Ce correctif tendait si bien à ramener le langage de ces peuples vers un tissu mixte, que là même où le latin avait fleuri avec tant d'éclat dans toute l'Italie, sa déchéance amenait insensiblement les populations au même tissu qui se faisait jour dans les contrées occidentales.

Or, comme si le tissu artificiel dont le sanscrit est le type tendait à se retremper aux sources du tissu naturel, à mesure qu'il a progressé vers l'occident, il a perdu quelques fleurons de sa couronne, et, arrivé à l'extrémité occidentale ou dans la Grande-

Bretagne, il est assez défiguré pour qu'on lui substitue un type nouveau : *le tissu mixte de la parole.*

Toutefois, puisque l'art et la nature sont l'un et l'autre profondément exclusifs, le tissu mixte doit nécessairement relever de l'un des deux : c'est sur le tissu artificiel qu'il est greffé. En adoptant la proposition grammaticale comme fondement de la phrase, il est lié d'une manière indissoluble au tissu artificiel dont il forme un embranchement. Si on le considère à part, c'est qu'il semble protester en faveur du tissu naturel, tout en prenant l'art à son service, et s'offre ainsi comme l'interprète impartial et le plus rationnel du langage.

Puisque le langage est père de la raison et lui prête incessamment des forces, il y a peut-être une grande leçon cachée, sous les faits actuels de la politique occidentale : ce sont les peuples les moins éblouis par les fascinations du tissu artificiel qui marchent à la tête de la civilisation et, par un rapprochement au moins digne de remarque, c'est le peuple qui offre ce type du tissu mixte de la parole qui tient sous sa domination et exploite la nation, qui a donné au monde le type du tissu artificiel.

Fortuits ou providentiels ces rapprochements n'intéressent qu'indirectement les lois de la parole ; mais la connaissance du tissu mixte dont *l'anglais* présente le type, et auquel *l'italien*, le *français* et *l'espagnol* sont subordonnés , mérite la plus sérieuse attention.

Le *tissu naturel* a pour effet de commander aux empreintes l'ordre suivant lequel les déductions formeront naturellement l'empreinte composée.

Le *tissu artificiel* a pour effet de laisser la plus grande liberté à la formation de l'empreinte composée, en offrant sans cesse la possibilité de rétablir les empreintes partielles sous le jour et dans l'ordre où elles sont plus aisément saisies.

Le *tissu mixte* aura pour effet de subir quelques entraves analogues à celles qui sont imposées au tissu naturel, et de jouir de quelques-unes des franchises dont le tissu artificiel réunit tous les avantages.

L'examen des diverses conventions qui servent de fondement au tissu artificiel va permettre de juger les limites et les concessions qui assurent l'existence du tissu mixte de la parole.

GENRES. La distinction des genres étant dans la nature, avait donné aux langues à tissu artificiel le prétexte d'introduire sur la scène, où les mots jouent des rôles différents, des personnages des deux sexes, et de caractériser ainsi des choses sans vie sous la forme trompeuse du masculin et du féminin. La fatigue ou peut-être l'embarras d'opter sans cesse entre ces deux sexes à l'apparition d'un mot nouveau fit accepter par l'usage un troisième genre dit *neutre*, qui s'appliquait aussi arbitrairement que les deux autres. Cette bizarrerie de la parole, acceptée par toutes les langues dérivées du type artificiel s'est maintenue dans les langues occidentales avec quelque réserve pourtant. L'anglais a poussé la réforme aussi loin que possible ; il ne donne aucun genre à l'empreinte des choses ou, ce qui est équivalent pour ceux qui veulent voir partout un genre quelconque, il la désigne sous le genre neutre ; le masculin et le féminin appartiennent exclusivement anx êtres animés suivant le sexe qu'ils ont reçu de la nature. C'est seulement dans le style figuré, quand l'anglais accorde la vie à quelque objet, qu'il considère comme masculin, le soleil, et comme féminins, la lune, la terre, un vaisseau, etc.

Le français a conservé la distinction des deux genres, et il a su s'affranchir du genre neutre. L'espagnol et l'italien sont aussi dans cette voie ; mais ils ont maintenu un article neutre qui, combiné avec certains substantifs, leur donne en réalité la physionomie d'un genre distinct du masculin et du féminin.

NOMBRES. Les langues à tissu mixte ont définitivement banni le nombre duel et maintenu les nombres singulier et pluriel.

NOM OU SUBSTANTIF. Les langues à tissu mixte ont complétement abandonné l'artifice des cas ; elles seraient donc, pour le substantif, entièrement rangées sous la bannière du tissu naturel, si elles n'avaient pas admis le pluriel. Lorsque l'empreinte a été communiquée sous sa forme convenue, elle doit se maintenir en toute circonstance, sans aucune modification du mot, telle qu'elle est apparue pour la première fois.

L'admission du pluriel a dû nuire aux tendances de simplification introduites par ce nouveau tissu : en effet, la convention qui modifie le mot pour une détermination quelconque, quelque simple qu'on la suppose, est pourtant obligée de se plier à des circonstances non prévues d'abord. La création des mots pratiques ne répondant primitivement qu'aux besoins du tissu naturel ne s'est prêtée qu'avec une certaine gêne aux moindres empiètements du tissu artificiel ; aussi remarque-t-on des traces de l'embarras causé par l'introduction du pluriel.

L'espagnol est celui qui a le mieux tourné la difficulté, parce qu'il a la règle la plus simple et qui souffre moins d'exceptions : les mots étant terminés ou par une voyelle ou par une consonne, on ajoute s à la voyelle ou es à la consonne ; ses exceptions n'ont d'importance que pour la finale x et z qu'ils changent en j et c devant le pluriel *es*.

L'anglais avait, il est vrai, adopté les mêmes règles ; mais gêné par ses éléments saxons ou étrangers, tantôt il change son f en v devant la finale *es*, tantôt il la conserve ; puis il diminue la forme semi-consonne y et la change en i devant *es* ; enfin il accepte des irrégularités d'autant plus choquantes que les noms saxons remontent aux sources usuelles du langage et se présentent ainsi plus souvent (1).

Si le français eût voulu moins concéder à l'usage, il eût pu remporter le prix de la simplicité : car il pouvait supprimer ses exceptions en al, ou, ail, et le pluriel double et irrégulier des mots ciel, œil, aïeul, et suivre constamment sa règle générale, c'est-à-dire l'addition de l's finale.

L'italien, qui veut toujours entendre la voyelle à la fin de ses

____

(1) Brother, Brethren ; child, children ; ox, oxen ; penny, pence ; tooth, teeth ; etc.

mots, n'a pu admettre la finale s et s'est trouvé aux prises avec des difficultés qu'il n'a résolues qu'avec des règles compliquées et chargées d'exceptions. Si des noms en a sont masculins, ils ont le pluriel en *i ;* ils l'ont en *e* s'ils sont féminins ; les autres, excepté les noms en u, qui sont très-rares, font le pluriel en i ; mais les exceptions qui attaquent jusqu'à la consonne placée avant la finale rendent plus difficile une opération qui implique d'ailleurs la connaissance du genre.

Les *genres* du substantif, quoique diminués de la difficulté d'y comprendre le genre neutre, sont, pour le français, l'italien et l'espagnol, un souvenir indélébile de leur parenté avec le tissu artificiel. L'anglais, si libre dans ses allures, a fait un effort suprême en se débarrassant de cette entrave : pour lui le mot n'a aucun genre ; mais l'empreinte qu'il figure, quand elle est celle d'un être vivant, reste avec le genre que lui attribue la nature. N'eût-il eu que ce retour vers le tissu naturel, l'anglais eût mérité d'être pris pour type du tissu mixte ; mais d'autres particularités, qui vont être découvertes successivement, lui assurent le premier rang dans ce terme moyen entre les deux tissus.

Il a été dit plus haut que les langues à tissu mixte avaient abandonné l'artifice des *cas*, c'est-à-dire de la chute ou finale indiquant le rôle que le mot joue dans la phrase ; mais comme elles ne sont pas le tissu naturel lui-même, elles sont forcées d'admettre la *proposition :* c'est-à-dire le sujet et ce qui s'y rapporte, le verbe et les compléments directs ou indirects. C'est donc encore sur cette scène artificielle que les mots doivent fonctionner ; ils ont ainsi un rôle semblable à remplir, et la différence est désormais dans le mode d'accomplissement.

Le substantif étant, sauf la modification du pluriel, l'empreinte caractérisée par le mot telle que la conçoit le tissu naturel, le rôle qu'il jouera dans la phrase sera figuré par un de ces mots auxiliaires qui expriment les rapports des faits et qu'on a nommés prépositions. Les grammairiens qui présentent des paradigmes de déclinaisons dans les langues à tissu mixte ne comprennent pas la différence essentielle des tissus. Rentrés dans la grammaire naturelle l'anglais,

le français, l'italien et l'espagnol n'ont que des substantifs invariables dont le rôle dans la phrase est figuré par des mots exprimant
des relations.

Ce qui a pu induire en erreur quelques grammairiens, c'est qu'en
français, en italien et en espagnol l'article invariable qui précède le
substantif est souvent contracté avec la préposition qui rappelle le
souvenir du génitif et du datif; ex. : du, des, au, aux ; del, dal,
degli, dagli, al, ai. Aussitôt qu'il est besoin de faire l'analyse grammaticale, la préposition et le substantif se montrent à découvert et
rétablissent la forme naturelle que l'article seul est venu altérer.
L'anglais semble, il est vrai, avoir conscience du cas dit génitif
quand la dépendance figurée par *of* exprime une véritable possession ; mais ce retour au tissu artificiel n'est qu'apparent, il est au
contraire un hommage rendu à la déduction des empreintes telle
que le tissu naturel l'exigerait. En disant : ***My father's house;***
l'anglais rétablit la déduction chinoise : moi — père — (dépendance);
— maison (1) ; c'est-à-dire que la limitation de *moi* par *père*, comme
celle de *mon père* par *maison*, est la déduction naturelle des empreintes.

Ainsi pour le substantif le tissu mixte n'emprunte au tissu artificiel qu'une modification : celle de pluralité.

Cependant il se rapproche de celui-ci et s'éloigne du tissu naturel, par l'adjonction de l'article : car, au lieu de procéder par voie
de déduction naturelle, le tissu mixte adopte un ordre inverse. Ce
n'est plus l'idée générale qui précède l'idée particulière qui en dépend ; c'est celle-ci qui précède celle-là avec l'intercallation du
signe de la dépendance : maître, — volonté; exprime la volonté d'un
maître, et, volonté — maître, le maître de la volonté (d'autrui).

ADJECTIF. Le français, l'italien et l'espagnol n'ont guère abandonné pour cette espèce de mots les bases du tissu artificiel : excepté pour les *cas* qu'ils ne peuvent attribuer à l'adjectif quand le
substantif en est privé, ils sont, pour le *genre* et le *nombre*, soumis

____

(1) Voir le *Dictionnaire chinois* aux nᵒˢ 3177, 5598, 41, 2136.

aux mêmes règles que celui-ci. La formation de l'adjectif est d'ailleurs une complication qui appartient aux quatre langues.

L'anglais, malgré cette complication à laquelle il s'est résigné, a fait encore ici le plus grand pas vers le tissu naturel : son adjectif, privé de genre et de nombre, est non-seulement le mot invariable que ce tissu réclame, mais il se place avant le substantif qu'il caractérise, comme la propriété considérée en elle-même et ainsi dans le sens le plus général se place, en chinois, avant l'empreinte qui a sa part de cette propriété. Il est vrai que, grâce à sa forme qui le sépare du substantif, il peut prendre place quelquefois après ce dernier ; mais ce sont des particularités qui s'expliquent aisément et n'infirment pas le principe.

Les quatre langues ne sont pas d'accord entre elles et avec le tissu artificiel pour la formation des comparatifs et des superlatifs : le français, plus simple que les trois autres dans cette formation, place toujours devant l'adjectif un mot particulier symbole de comparaison ou de supériorité ; l'espagnol n'imite cet exemple que pour le comparatif et quelques cas du superlatif ; l'italien suit l'espagnol, mais compose presque toujours le superlatif en modifiant sa finale. Enfin l'anglais, qui s'est approprié les deux particules des comparaisons et des supériorités, ne s'est pas affranchi des modifications finales de l'adjectif que le saxon lui a transmises ; mais il lui reste encore une assez belle part, grâce à son refus d'admettre les genres et les nombres.

VERBE. La connaissance du verbe n'intéressait nullement le tissu naturel. Dans cette phraséologie naturelle les nombres, les personnes, les temps et les modes interviennent quand ils sont nécessaires, ce qui ne se présente qu'accidentellement, et se manifestent à part comme des empreintes détachées ; la connaissance des empreintes qui veulent un complément suffit pour déterminer ce qu'on appelle ailleurs le régime direct. Mais une fois qu'on abandonne le tissu naturel, il faut accepter la phrase à propositions dont le verbe est un élément essentiel. Le tissu mixte est donc, malgré lui peut-être, obligé d'accepter tout ou partie des modifications imposées à cette espèce de mots ; c'est à lui de continuer sa mission en simplifiant les matériaux et les modifications dont il ne peut dépouiller le verbe.

Les *personnes* sont tellement distinctes dans la nature qu'il n'est pas possible d'introduire ici la moindre simplification. Le tissu naturel lui-même est bien contraint de faire cette distinction. Ce sera donc dans la manière de les faire figurer dans le mot que se rencontrera le progrès présumé.

Or, les habitudes contractées par l'usage du tissu artificiel se sont maintenues avec une persistance remarquable dans l'espagnol et l'italien , ont été légèrement attaquées par le français et sont victorieusement repoussées par l'anglais. En effet :

L'espagnol, par des conventions d'ailleurs pleines d'une harmonieuse simplicité, sépare si nettement la finale du verbe pour chacune des trois personnes, qu'il lui est possible de les reconnaître distinctement dans la phrase sans le secours d'aucun pronom personnel.

L'italien, avec des finales un peu moins simples et moins bien différenciées, peut encore se passer et se passe en effet du pronom isolé ; mais, par un retour à des formes mixtes, il s'en sert quelquefois sans un besoin prononcé et comme pour exprimer sa sympathie pour le tissu qu'il affectionne.

Le français place toujours le pronom isolé devant le verbe et en cela il est d'accord avec le tissu mixte ; mais non content de cette manifestation de la personne, il admet une redondance dans la finale du verbe. Cette finale avait été évidemment calculée pour suffire dans la phrase à la distinction des personnes ; mais comme il se rencontre dans la prononciation plutôt encore que dans l'écriture quelque similitude dans les désinences grammaticales , il aura sans doute fallu faire intervenir le pronom sans qu'on ait eu le courage de sacrifier la désinence.

L'anglais serait ici entièrement d'accord avec le tissu naturel s'il n'avait conservé la deuxième personne du singulier ; mais cette exception mérite à peine d'être remarquée : car il emploie presque toujours la deuxième personne du pluriel et réserve celle du singulier pour des manifestations spéciales. Ce triomphe sur les désinences du verbe est un trait caractéristique de la langue type du tissu mixte.

Les *nombres* comme on devait s'y attendre ont été dans ces quatre langues invariablement ramenés à deux; mais, ainsi qu'il vient d'être indiqué, l'anglais n'en prend aucun souci; puisque ses pronoms, comme dans le tissu naturel, sont seuls interprètes du singulier ou du pluriel.

A plus forte raison les langues à tissu mixte n'acceptent pas dans le verbe le *genre* déjà relégué, dans le tissu artificiel, au fond de quelques langues sémitiques et chez les peuples slaves.

Les *temps* qui, dans tous les tissus de la parole, ont exercé la sagacité des fondateurs des langues, devaient appeler l'attention sérieuse de ceux qui ont concouru à la confection du tissu mixte.

Chez les quatre peuples qui ont adopté ce tissu, le latin semble avoir conservé ses droits de conquête, tant pour le fond que pour la forme. Il offrait un présent, deux futurs et trois passés : un présent annonçant le temps actuel ou habituel ; un futur indéterminé dans l'avenir et un autre futur exprimant le temps passé pour ce temps à venir ; un passé indéterminé ou présent dans un temps écoulé ; un passé terminé complétement et un passé achevé dans un temps écoulé lui-même. Quant à la forme, le latin avait, comme le grec, outre la régularité de ses désinences, adopté au passif et au déponent des formes composées avec le secours du verbe être.

Le fond et la forme ont été transportés dans les langues à tissu mixte.

Les temps du latin sont exactement reproduits dans ces langues ; mais ils ont été aisément augmentés une fois que la simplification de la forme au moyen du verbe auxiliaire fut devenue un principe. Alors, en effet, il existait deux manières de satisfaire aux nuances de la durée : la désinence et l'auxiliaire.

Dans le français, l'italien et l'espagnol les désinences sont restées caractéristiques du présent, de l'imparfait, du passé défini et du futur ; l'expression « passé défini » indique déjà une des nuances du *parfait* latin ; la seconde nuance, ou le passé indéfini, a été formée dans ces langues par l'auxiliaire et le participe passé du

verbe être ou avoir : j'ai été, j'ai eu ; io sono stalo, io ho avuto ; yo
he habido. Le français et l'espagnol y ont joint un passé dit antérieur pour exprimer une légère nuance du plusqueparfait. Le
français avait même imaginé le passé antérieur d'un temps passé
(j'ai eu aimé) ; mais cette forme semble tomber en désuétude.

L'anglais a presque complétement abandonné la bannière du tissu
artificiel dans la confection du verbe ; il s'est rangé, avec quelques
souvenirs pourtant, du côté du tissu naturel. Ses souvenirs sont : une
désinence à la deuxième personne du présent et du passé, et une s
à la troisième personne du présent. Sauf ces réminiscences, on
cherche en vain chez lui la trace du verbe. Substantif ou infinitif le
mot qui figure l'empreinte sert pour le temps présent ou futur, et
son dérivé, adjectif ou participe passé, pour tous les temps passés.
Si la troisième personne du présent ne prenait un signe caractéristique, comme les secondes personnes du singulier sont à peine
usitées, on pourrait nier l'existence du verbe anglais. Comment donc
supplée-t-il à toutes les exigences des temps et de la proposition
dans la phrase? le plus simplement du monde : à l'aide de mots
auxiliaires qui conservent eux aussi la trace des souvenirs qui
viennent d'être énumérés. Ces mots sont avec ceux de l'existence
et de la possession (être et avoir), ceux qui expriment promesse ou
ordre ou simple futur (shall, will), la possibilité ou la liberté (may),
le pouvoir (can), et enfin celui qui semble avoir pour mission de
détrôner définitivement le verbe et de le reléguer dans les formes
auxiliaires (do).

Le mot de l'empreinte ou l'infinitif forme donc le présent, son
dérivé adjectif ou participe passé forme le passé imparfait, les auxiliaires avoir, vouloir et devoir être forment tous les autres temps.
L'introduction de la volonté dans le futur partage ce temps en deux
nuances dont la distinction est délicate et n'intéressait pas suffisamment cette partie de la durée. Mais un emploi bien important que
l'anglais a su tirer d'un deuxième dérivé de l'empreinte lui ménage,
malgré ses simplifications, des avantages irrécusables sur les verbes
du tissu artificiel : il accepte le participe présent et, le plaçant derrière tous les temps formés par ses auxiliaires, il se procure des

temps présents dans le passé, le futur et même dans le présent. Or, le temps présent dans le présent actuel, est d'une précision nécessaire dans le langage ; il a exercé péniblement les efforts des grammairiens de tous les pays, et il est en anglais la conséquence toute naturelle d'une règle générale qui enrichit singulièrement le domaine de la durée dans la phrase.

Modes. Si les langues à tissu mixte avaient pu être formées par la volonté des grammairiens et non, comme elles ont dû l'être, par la pression de l'usage, elles auraient assurément fait une scission complète avec les modes du tissu artificiel. Celui-ci, malgré les prérogatives presque illimitées qu'il accordait au verbe, s'était vu si souvent forcé d'articuler dans des termes séparés les modifications qu'il aurait ambitionnées pour cette espèce de mots, qu'il jetait une vive lumière sur la stérilité du mode considéré comme inhérent à la racine du verbe. Déjà les langues slaves s'étaient satisfaites de quelques-uns de ces mots invariables et les avaient substitués aux formes variables de certains modes dans les autres langues.

Or, l'usage a prévalu et a maintenu les modes par les désinences dans le français, l'italien et l'espagnol.

Outre l'indicatif, ces trois peuples reconnaissent l'impératif, le subjonctif et le conditionnel. L'espagnol, par ses finales distinctes, peut au subjonctif se passer de la conjonction *que* et rentre à pleines voiles dans les eaux du latin ; mais le français et l'italien qui sont contraints à ce mode de recevoir toujours cette conjonction et le pronom personnel qu'elle traîne à sa suite, ne pouvaient-ils faire abnégation de leurs désinences spéciales ? Cette observation s'applique avec d'autant plus de force au français que l'imparfait du subjonctif tient sa forme d'un temps de l'indicatif assez peu usité (passé défini) et prête ainsi aux méprises grossières des gens mal préparés à la grammaire. Il est vrai que le parfait et le plus-queparfait du subjonctif sont construits par des auxiliaires ; l'espagnol suit la même composition, mais il ne quitte pas ce mode sans lui attribuer une seconde forme d'imparfait et même un futur.

L'anglais a traité le mode avec la supériorité qui convenait au tissu mixte.

L'indicatif ou plutôt l'indication de l'empreinte, voilà pour lui la seule *manière* de concevoir le verbe : le *que* ou la supposition qui lui feront figurer le subjonctif se placeront devant le pronom, et le mode sera formé ; de cette sorte, il produit des potentiels avec *may* et *can* et obtient les modes usités par les autres grammaires sans sortir de la ligne uniforme qu'il s'èst tracée. L'impératif et le conditionnel ne lui apportent donc aucun embarras, et, tandis que les trois autres langues les distinguent par des formes spéciales, il conserve sa forme indicative et emploie ses auxiliaires *let, would* et *should.*

Quant aux *voix*, les quatre langues sont entièrement d'accord : les langues germaniques et même, à certains égards, les langues slaves avaient déjà commencé la réforme, elle se trouve complétée par le tissu mixte.

Le verbe passif n'étant autre chose que l'une des trois personnes employée comme sujet d'une proposition dans laquelle ce sujet reçoit l'action, il est tout naturel que le verbe d'affirmation, comprenant la personne ou la laissant en dehors, soit appelé pour remplir sa fonction ordinaire et prenne pour attribut le mot qui indique l'action éprouvée ; le participe peut exprimer cette action comme passée ou éprouvée ; donc le verbe *être*, suivi du *participe passé*, est la forme du verbe dit passif.

Le verbe dit réfléchi se construit aussi aisément : puisque la personne qui fait l'action la reçoit, elle est comme tout autre mot l'objet de l'action et le pronom remplit naturellement la place de l'objet.

Les voix ne sont donc, dans les quatre langues dont se compose le tissu mixte, que des cas particuliers du verbe et elles ont pour la simplicité le reflet des formes mêmes du verbe. Elles seront donc encore beaucoup plus simples pour l'anglais que pour les trois autres langues.

Infinitifs, supins, gérondifs. Le tissu mixte avait peu de changements à opérer sur ces formes du verbe qui sont les cas du mot figurant l'empreinte ; aussi se trouve-t-il d'accord avec les langues à tissu artificiel qui acceptent l'article : en effet, dans l'allemand et le grec, les articles par leur forme indiquent le rôle destiné à l'infinitif dans la phrase. Le latin devait remplacer l'article par les désinences qui rappellent à la fois l'infinitif et la fonction qu'il est chargé de remplir.

Plus explicite que les trois autres langues et, d'ailleurs, n'ayant pas séparé l'empreinte du substantif de celle du verbe, l'anglais éprouve le besoin d'annoncer l'infinitif même comme sujet par une particule; dans les autres circonstances, il le laisse reconnaître par l'absence de l'article et quelquefois lui substitue le participe présent.

L'espagnol éprouve moins que l'italien le besoin de faire précéder son infinitif du signe de l'article; de ces trois langues, c'est le français qui profite le mieux de la forme donnée à l'infinitif; il se contente des prépositions qui déterminent la fonction dans la phrase et se rapproche ainsi de la simplicité anglaise.

Les *participes* intéressent trop le tissu de la phrase grammaticale pour que le tissu mixte ait pu penser à s'en séparer. Aussi les quatre langues dont il se compose ont-elles admis une forme spéciale pour le présent et pour le passé.

On a vu comment l'anglais conjugue des verbes entiers avec le participe présent sans changement, fait concourir le participe passé à tous les temps passés et reprend l'infinitif pour lui faire signifier le temps du futur. Cette formation d'une simplicité remarquable se rencontre dans les temps dits composés des trois autres langues, au moins pour le participe passé.

L'invariabilité des participes est encore une supériorité de l'anglais sur le français, l'italien et l'espagnol.

Il est vrai que ces trois dernières langues ont rendu leur participe présent invariable. L'espagnol avait à cet égard suivi la forme française; mais il s'est définitivement tourné vers l'italien dont il accepte le gérondif en *do* comme participe; toutefois il lui reste de cette incertitude quelques participes *ante*, *iente*, qui prennent un régime et admettent l's du pluriel. Le français a été plus tranché et son participe présent, qu'il ne faut pas confondre avec les adjectifs qui en dérivent, ne prend ni genre, ni nombre.

Mais, dans ces trois langues, le participe passé trop fidèle aux genres et aux nombres a été une source d'embarras et de perplexités. L'espagnol croit avoir tourné la difficulté, parce qu'il n'emploie jamais pour auxiliaire dans les temps composés que le verbe *haber;* or, comme son verbe passif est conjugué avec le verbe *ser,* être, il s'est cru en droit de déclarer que le participe ne prend jamais l'accord quand il a le verbe avoir pour auxiliaire et qu'il le prend toujours quand il est réuni au verbe être. Mais voilà que tengo qui sert aussi d'auxiliaire fait schisme, et sera pour cette raison cause de l'accord avec l'attribut (1).

L'italien s'est modelé, bien à son détriment, sur le participe passé français. La pâture que ce participe a donnée aux grammairiens français prouve surabondamment la supériorité du participe invariable. Le devoir des grammaires du tissu mixte est d'offrir les simplifications du tissu artificiel et de ne pas surcharger de règles et de principes les conventions du langage; quand elles sont moins simples que leur modèle, elles sont évidemment dans le faux. En vain objecterait-on que le sens est intéressé à cet accord : si une réforme utile avait aplani par une règle générale ces complications superflues, l'écrivain aurait trouvé comme l'anglais le moyen de se faire comprendre sans avoir recours à ces subtilités.

Pronoms. Les trois personnes : celle qui parle, celle à qui l'on parle, celle de qui l'on parle, ont une part si large dans le discours, naturel ou artificiel, que le tissu mixte n'a pas dû s'en priver ; tout ce qu'il pouvait faire était de se rapprocher du tissu naturel en bannissant les cas ou désinences. La nécessité de représenter le genre de la personne a pu sembler impérieuse ; il est certain que cette distinction apporte la clarté dans beaucoup de circonstances : car, l'effet des tissus artificiel et mixte est de favoriser une certaine indolence de l'esprit en présentant surabondamment des explications

(1) Pour le besoin de la cause, les grammairiens espagnols ne considèrent plus *tengo* comme auxiliaire : il signifie « avoir chez soi », et comme tout autre verbe actif peut mériter un complément direct.

grammaticales. Quand le tissu naturel se contente et peut légitimement se satisfaire de ces mots adressés à une personne qui fait une
visite : invitation — s'asseoir (1), le tissu mixte dira : Asseyez-vous,
je vous prie. Dans le dernier exemple, la personne à qui l'on parle
est interpellée trois fois et celle qui parle deux fois : en effet la finale
ez et la répétition du pronom *vous* figúrent les trois indications de la
personne à qui l'on parle, et la finale du verbe prier aussi bien que
le pronom *je* forment double emploi. L'anglais privé des finales du
verbe se rapproche plus de la forme naturelle lorsqu'il dit : *Sit
down, if you please* et il l'atteint complétement quand il dit : *Please,
sit down ;* cette fois, en effet, le radical seul a surabondance et la
partie grammaticale est conforme à la forme chinoise.

Quoi qu'il en soit, les habitudes que le tissu artificiel a fait contracter, ont entraîné le tissu mixte, même exploité avec tant d'intelligence par l'anglais, dans des surabondances grammaticales, parmi
lesquelles les pronoms personnels et ceux de la chose dont on parle
occupent une grande place. Ce qui se rendrait par un simple mot
quand l'interlocuteur s'adresse à la personne même. Ex. : *Don* (2) ;
s'exprime en français par : *Je vous le donne ;* et en anglais par :
I give it you. S'il s'agissait de parler d'une personne absente, l'anglais changerait la deuxième personne en troisième personne. Le
français changerait et le pronom et la disposition des mots : *Je le
lui donne ;* le tissu naturel introduirait l'absent ou par son nom ou
par l'équivalent du pronom : *Don — lui* (3). Tous ces pronoms
sont la conséquence de l'artifice introduit dans le langage par la
proposition : car il est bien clair que la personne qui donne est
bien celle qui parle à l'auditeur ; que celui-ci connaît bien l'objet
donné, puisqu'on n'en fait mention que par un pronom ; enfin qu'il
sait bien que le don s'adresse à lui, ou, dans le second cas, à un
tiers qu'il connaît s'il n'a besoin que d'un pronom pour en avoir le
souvenir.

(1) Dict. de Guignes, aux nᵒˢ 10127, 1572.
(2) Voir le *Dict. chinois* au nᵒ 8702.
(3) Voir le *Dict. chinois* aux nᵒˢ 8702, 41.

Quant aux désinences remplacées par les prépositions, elles sont à peu près disposées de la même manière dans les quatre langues. L'italien offre cette circonstance particulière que, comme dans quelques langues sémitiques, il unit au verbe des affixes qui tiennent lieu de pronom. L'anglais présente aussi une particularité dans les pronoms dits personnels, qui effarouche les trois autres langues moins avancées que lui dans la voie du tissu mixte ; il peut mettre un pronom possessif féminin à côté d'un mot essentiellement mâle et réciproquement. Le français, l'italien et l'espagnol diront en parlant d'une femme : *Son père ;* or il leur semble que l'anglais dise sa père quand il dit *her father*, et ils en concluent que leur adjectif possessif s'accorde en anglais avec la chose possédée et non avec le substantif qu'ils déterminent. Ils se trompent d'espèce de mots et confondent leur adjectif possessif avec le pronom possessif anglais : ils ne diraient pas eux-mêmes de lui le père, mais bien d'elle le père, s'il parlaient d'une femme, et leur adjectif possessif emprunté au tissu artificiel démontre une fois de plus les sacrifices qu'il a fallu faire pour établir l'accord entre les adjectifs et les substantifs dans le tissu artificiel.

Articles. Voici une espèce de mots qui paraît plus spécialement nécessaire au tissu mixte : car les quatre langues sur lesquelles se fonde la connaissance pratique de ce tissu l'ont adoptée. L'anglais y apporte la simplicité la plus rigoureuse, puisqu'il ne lui accorde ni genre ni nombre et en fait un petit mot indéclinable chargé d'annoncer la présence du substantif.

C'est encore dans l'emploi de l'article que l'anglais se rapproche du tissu naturel plus que les autres langues ; celles-ci en font usage à très-peu de chose près dans les mêmes circonstances et elles semblent se satisfaire quand n'ayant rien à définir dans le sens de la phrase elles déterminent seulement le genre du substantif. Au contraire, l'anglais est presque minutieux dans la recherche qu'il fait de la détermination du substantif ; il ne considère pas le rang ou la profession comme définissant l'individu et rentre alors pleinement dans le tissu naturel ; il dira King-Charles, le roi Charles, et ne reconnaîtra de détermination qu'au moment où on attribue quelque qualité : the pious pope Clement. Mais quand il parle *du vice, de la vertu de l'homme*, etc., dans un sens non limité, il supprime l'article et dit : Vices sont odieux, vertu est aimable, homme est un animal raisonnable, etc... Il comprend difficilement qu'on puisse demander du *thé*, de la *viande*, etc... Ces substantifs étant indéterminés et par eux-mêmes et par la quantité demandée, comme les autres langues en font foi quand elles s'expriment ainsi : *Donnez moi un peu de pain.*

Quoique le français, l'italien et l'espagnol semblent n'avoir que l'article masculin et l'article féminin, cependant ils empruntent à l'article une sorte de pronom qui paraît conserver les traditions du neutre. L'espagnol surtout ne se contente pas de la nature du pronom attribuée à l'article, il a un véritable article neutre quand il fait un substantif d'un adjectif à l'aide de la particule *lo :* lo verde. L'italien se sert aussi du même article devant les noms qui commencent par *s*, suivie d'une autre consonne ; or, comme cette même particule sert de pronom neutre ou signifie cela , ex. : io lo so, il est permis de croire que cet article s'est conservé d'une forme neutre aujourd'hui tombée en désuétude. Enfin, le français n'a que les articles des deux genres, mais l'article masculin transporté comme pronom dans les circonstances où il signifie cela, figure assurément le genre neutre. D'ailleurs, quand on accepte les genres masculin et féminin pour les personnes, comme fait l'anglais, on est contraint comme lui d'accepter une forme pronominale qui ne se rapporte ni au masculin ni au féminin, c'est-à-dire qui soit neutre.

MOTS INDÉCLINABLES. Ces mots, qui ont été reconnus nécessaires dans les langues à tissu naturel aussi bien que dans les langues à tissu artificiel, ne pouvaient manquer de se rencontrer dans les langues à tissu mixte, mais ils ne sont pas venus au rendez-vous aussi nombreux que le sanscrit, le grec et l'allemand s'étaient complu à les produire. Cependant, comme ces trois langues, les quatre idiomes fondés sur le tissu mixte laissent quelquefois s'introduire dans la phrase des particules dépourvues d'un sens précis et dont la valeur paraît plutôt calculée sur la satisfaction de l'oreille que sur le moindre besoin de la déduction des empreintes ; souvent même ces particules, qu'on a nommées explétives, paraissent enfantées par des causes antérieures entièrement effacées désormais et dont la tradition s'est maintenue par la routine.

Parmi les mots indéclinables qui sont plus ou moins dérivés des substantifs, verbes, adjectifs ou pronoms, il faut distinguer ces dérivés de l'adjectif, qui forment sous le nom d'adverbes la grande classe des manières d'être, du verbe et de l'adjectif. C'est comme dérivé d'une autre espèce de mot que l'adverbe appartient au tissu artificiel : car sans cette dérivation, il serait complétement semblable aux termes du tissu naturel.

Aux quatre langues recrutées en faveur du tissu mixte, on aurait pu adjoindre quelques-uns de ces idiomes qui naissent de la détérioration du tissu artificiel : ainsi, les patois arabes de l'Algérie et des contrées limitrophes ont retrempé dans le tissu naturel les parties compliquées de la langue dont les peuples ignorants n'avaient d'autre témoignage que le Coran. Ce livre saint a contribué à retarder les écarts de leur langage ; mais il devient désormais d'autant plus vénérable pour eux qu'il est moins intelligible et cache les vérités religieuses sous le voile mystérieux de termes incompris. De même quelques patois slaves, le grec moderne et l'indoustani, se rapprochent à des distances inégales des formes du tissu mixte.

Il semble que le tissu artificiel tende désormais à céder la place aux langues plus voisines du tissu naturel. Partout où le premier laisse défaillir le sceptre littéraire qui maintient les classes éclairées dans l'unité du langage ; partout où par suite de ce laisser-aller les populations font surgir spontanément les modifications de leur parole primitive, partout les pertes du tissu artificiel sont au profit du tissu naturel, et partout alors se forme une espèce particulière du tissu mixte.

L'histoire de ces différents tissus de la parole, plus profondément étudiée qu'elle ne l'est ici, serait d'un intérêt majeur et fournirait d'importants matériaux à la linguistique. Dans un ouvrage destiné à établir les lois de la parole, il a suffi d'exposer les faits généraux sur lesquels ces lois sont assises; il a fallu même éviter avec soin comme des hors-d'œuvre toute investigation dépassant les limites toujours visibles de l'objet à définir.

Le lecteur, en balançant lui-même les excursions faites sur les terrains des tissus naturels et artificiels par l'anglais, le français, l'italien et l'espagnol, a pu se former une idée des progrès opérés par ces peuples pour s'avancer vers le tissu naturel. Il sait d'ailleurs que les littératures de ces quatre peuples n'ont rien à envier à celles des langues à tissu artificiel : dans ces deux tissus, des modèles de tous les genres peuvent être offerts des deux parts, et la victoire contestée serait plutôt accordée par les caprices du goût que par l'inflexibilité de la raison. Il n'ignore pas non plus que ces quatre littératures sont elles-mêmes entre elles difficiles à classer par ordre de supériorité, chacune réclamant des avantages refusés aux trois autres. Mais ce qu'il importe seulement ici de constater, c'est que ces quatre langues, après être dérivées du tissu artificiel, se sont rapprochées de plus en plus des formes du tissu naturel.

L'espagnol semble plus voisin que les trois autres langues de la dernière expression du type artificiel. Le latin avait ramené ce tissu à une simplicité pleine de force, ce qui n'excluait pas le charme; l'espagnol a renchéri sur la simplicité du latin, et il ménage la transition au tissu mixte. L'adoption de l'article et l'abandon des cas est surtout ce qui le sépare de son modèle : car le verbe, en conservant les désinences caractéristiques des personnes au singulier et au pluriel, permet des inversions qui rappellent souvent le latin. D'ailleurs, plus jaloux que ce dernier de flatter l'oreille, il conserve dans les désinences les finales en s qui sonnent avec éclat, abandonne l'm de la première personne dont l'influence sur l'organe labial effarouche sa susceptibilité, et se contente des troisièmes personnes en *on* et *en* (prononcez onn et enn), au lieu de *unt* et *ent*. Il se procure ainsi un langage plein de dignité, auquel les s finales si nombreuses donnent quelque chose de sonore en même temps qu'elles annulent souvent l'accent dont l'italien est forcé de subir la monotonie. Enfin, comme trait dont le tissu conforme aux lois de la parole relèvera toute l'importance, il a un caractère

pour chacun de ses sons et pour chacune de ses articulations, et
l'orthographe est pour lui si rationnelle qu'une faute dans l'écriture ne peut être qu'une faute dans la prononciation.

L'italien qui pour l'orthographe jouit, avec infériorité pourtant, du
même privilége que l'espagnol, aurait pu, comme lui, confier aux
finales de son verbe le soin de faire figurer les personnes ; il s'est
condamné le plus souvent à les représenter sans le secours de la
désinence : en cela il s'avance du côté du tissu mixte ; mais il laisse
subsister des finales stériles ou surabondantes. Il renchérit encore
sur l'espagnol pour les terminaisons dans les temps du verbe : non-
seulement il abandonne l'm de la première personne du latin, mais
l's de la deuxième personne, et les finales en n lui semblant un peu
nazales, il les oblige à sonner par la voyelle qu'il place derrière :
ono, ano. Une langue dont tous les mots sont terminés par des
voyelles et qui n'a pas prévu les rencontres fortuites dans la prononciation non interrompue de la phrase, a dû remédier aux am-
phibologies accidentelles par l'accent tonique : c'est ce que l'italien
a fait, non sans quelque charme. Ses inversions, moins justifiées que
celles de l'espagnol et pourtant presque aussi nombreuses, préparent déjà aux formes plus rigoureuses que le tissu mixte adoptera
dans les deux autres langues.

Le français, moins jaloux de la musique de sa langue que de
la signification des mots, fait déjà un pas considérable dans le domaine du tissu mixte : son verbe garde encore quelques-unes des
désinences qui caractérisent le tissu artificiel, mais ces finales sont
perdues pour la prononciation, qui ne distingue guère que la première et la deuxième personne du pluriel. L'orthographe, il est
vrai, conserve des nuances qui disparaissent le plus souvent dans
le discours, mais la phrase artificielle ou proposition se présente
avec une netteté déjà rapprochée de la simplicité du tissu naturel.
L'esprit d'analyse décompose et sépare les éléments qui se confon-
daient encore dans les affixes de l'italien (1). Les pluriels des subs-

(1) Lasciatemi, laissez-moi ; andatevcuc, allez-vous-en ; portateci, apportez-
nous, etc.

tantifs qui dans les trois autres langues sont figurés par la prononciation, se reconnaissent dans l'écriture, mais ne sont plus distincts pour l'oreille que dans des cas exceptionnels ; ceux des adjectifs et des participes, pour la même raison, préparent à l'invariabilité des finales anglaises. Enfin le français, manié par les écrivains les plus remarquables dans toutes les branches de la littérature, a victorieusement démontré que, pour l'atticisme, l'élégance et la dignité, le tissu mixte aurait pu enfanter les écrits en vers et en prose qu'ont produits avec tant de magnificence les langues à tissu artificiel.

L'anglais, plus rapproché du tissu naturel qu'aucune autre langue, offre un intérêt considérable pour l'étude des lois de la parole : sans lui, comme sans le chinois, les considérations théoriques les plus légitimes rencontreraient des contradicteurs d'autant plus redoutables que le mot *chimère* se jette le plus souvent en face de toute nouveauté. Or, l'anglais porte avec lui le cachet du tissu mixte aussi bien empreint que le chinois offre celui du tissu naturel. L'existence de ces trois tissus est donc, grâce à ces deux langues, à l'abri de toute discussion. En perdant quelques-uns des priviléges que peuvent revendiquer les langues à tissu artificiel, l'anglais en acquiert d'autres qui sont à un plus haut degré le partage du tissu naturel. Ce qui lui laisse une infériorité sur ce dernier, c'est qu'il est encore basé sur la proposition grammaticale, fondement cru nécessaire à toutes les langues mortes ou vivantes autres que le chinois. Forcé comme les trois autres langues du tissu mixte de subir les lois étroites de la grammaire, il veut trop souvent forcer sa nature et essayer les inversions ou les périodes allongées qui rappellent de bien loin les triomphes du tissu artificiel. Mais, quand il est manié par un esprit marqué du cachet spécial dont ce bel idiome offre le puissant caractère, alors il a toute la clarté du français et, de plus, un charme qui relève plutôt de l'intelligence même que de l'expression.

C'est surtout dans la poésie que se révèle, à l'insu du poëte, ce retour marqué vers le tissu naturel. Là, en effet, en cherchant les images et les formes les plus frappantes, le versificateur met à contribution toutes les ressources de sa langue ; or ces ressources, en l'absence des désinences grammaticales, sont tout simplement les déductions des empreintes telles que la nature les réclame. Aussi, tandis que les vrais admirateurs de cette langue reconnaissent dans sa poésie une verve primitive dont l'énergie et la chaleur n'ont rien d'égal dans aucune autre langue, les lettrés, qui ne s'élèvent pas au-dessus des formes habituelles du tissu artificiel ou du tissu mixte, s'embarrassant au milieu de mots qui ne semblent pas justifier de leur place dans la profondeur de la phrase, trop façonnés aux explications surabondantes des liens grammaticaux, proclament avec dépit les difficultés insurmontables de la versification anglaise, au lieu d'exalter les beautés sublimes qu'elle emprunte au tissu naturel.

§ V.

Avantages et inconvénients des trois tissus de la Parole.

Pour communiquer à leurs semblables les empreintes telles qu'elles sont fixées au centre des connaissances, les hommes sont armés de trois méthodes qui viennent d'être rapidement exposées :

Ou ils obéissent spontanément à la déduction des empreintes en suivant la forme analytique que la nature elle-même leur commande (tissu naturel) ; ou ils rattachent les empreintes entre elles par des liens artificiels, déduisant et analysant à l'aide de cadres disposés d'avance (tissu artificiel) ; ou, tout en acceptant les principales conventions que l'art a imposées, ils se rapprochent autant que possible des formes de la déduction et de l'analyse naturelles (tissu mixte).

De ces trois méthodes, quelle est celle qui est la plus conforme aux lois de la parole? Problème plein d'intérêt pour la philologie, et qui n'est indifférent pour aucune des connaissances humaines !

Avant de répondre à cette question, il faut se pénétrer profondément des renseignements puisés aux origines et aux éléments de la parole, et se rendre un compte exact des avantages et des inconvénients attachés à l'exercice des trois tissus.

1º Le tissu de la parole a pour mission de constituer des empreintes artificielles (page 111) : car, même quand il communique à autrui l'empreinte présente au centre des connaissances de celui qui parle, il oblige l'auditeur à détacher successivement des empreintes plus générales dont elles font partie les empreintes particulières signifiées par les mots. De la série de ces empreintes, dont le plus grand nombre a été trop rapidement saisi pour avoir séjourné au centre des connaissances, se compose la nouvelle empreinte qu'un discours, un livre, un chapitre, une phrase, ont pu laisser plus ou moins vaguement accessible au retour de l'attention.

Dans la vie ordinaire des êtres animés, les empreintes présentes et momentanées semblent suffire aux besoins quotidiens ; la réitération fréquente des mêmes empreintes, conséquence des mêmes actes, grave en traits frappants au centre des connaissances un certain nombre d'empreintes composées sans l'assistance du tissu de la parole. Mais dans la vie sociale dont le langage est le lien tout puissant, les empreintes composées se multiplient avec une telle profusion qu'elles manifestent à peine leur présence au centre des connaissances et disparaissent le plus souvent sans avoir laissé la moindre trace. De là vient qu'après certaines conversations, un sermon, un long discours, ou la lecture d'un livre d'intérêt médiocre, on serait quelquefois embarrassé pour reproduire non quelques passages, mais même les traits principaux et sommaires de ces effets du tissu de la parole.

Sans doute, en nous permettant de disposer de notre attention, la nature nous a rendu un service immense : car, à peine entrés dans la vie, si nous avions été contraints d'être scrupuleusement attentifs à toutes les empreintes composées qui surgissent des faits extérieurs et notamment de la parole, nous aurions obstrué les conduits de nos impressions, et nous serions de bonne heure le jouet des empreintes acquises, et impuissants peut-être pour en acquérir de nouvelles et de plus salutaires ; mais, avec les immenses ressources que la société met à notre disposition, il ne peut être indifférent de saisir et de conserver un nombre considérable d'empreintes composées.

La science acquise n'est autre chose que les séries d'empreintes composées qui sont déposées au centre des connaissances et que la méthode permet de faire apparaître de nouveau pour les utiliser ou pour procéder à des acquisitions nouvelles. L'homme n'obtient sa supériorité sur tous les êtres vivants que lorsqu'il a meublé le centre de ses connaissances de ces formes composées qui, coordonnées avec art, s'enchaînent et surgissent aussitôt qu'un intérêt quelconque le commande. Les empreintes isolées, exprimées ou non par des signes ou des mots, sont le partage de tout être animé ; leur reproduction s'effectue aisément et avec d'autant plus d'abondance que les empreintes composées sont moins fréquentes et occupent moins l'attention : c'est pourquoi les idiots babillards, les fous, les hommes sans cesse livrés aux œuvres d'imagination pure, jouissent d'un flux de paroles, d'une abondance de mots que l'homme froid et penseur aurait grand tort d'envier. C'est le tissu de la parole et surtout l'emploi qu'on en fait pour agrandir le domaine de la raison qui constitue la véritable grandeur humaine.

Une loi fondamentale de la parole est donc que son tissu dépose au centre des connaissances des empreintes composées faciles à retenir.

En outre, le plus grand nombre des empreintes composées sont transmises à l'homme par le langage ; et d'ailleurs elles naissent au centre des connaissances par l'usage méthodique et intelligent qui coordonne les empreintes isolées pour créer des formes composées.

Il suit de ces deux nouveaux faits :

Que la transmission de l'empreinte composée doit s'effectuer aussi aisément que fidèlement ;

Que la création de l'empreinte composée au centre même des connaissances où elle prend naissance, doit être secondée par les dispositions du tissu de la parole.

En effet :

2° Si les empreintes isolées qui constituent l'empreinte composée se trouvent surchargées de connaissances accessoires qui, sous prétexte d'éclairer les liens qui les rattachent entre elles, altèrent la lucidité propre à chacune d'elles, alors la communication se trouve couverte d'un voile obscur. Déjà la transmission des empreintes même isolées est une œuvre pleine d'incertitude, puisque les parties composantes sont divergentes chez les différents individus; que sera-ce si, pour faire ressortir les liaisons des empreintes entre elles, on obscurcit le moins du monde la lueur déjà faible qui se forme au centre des connaissances de l'auditeur? La connaissance qui résultera de l'action du tissu de la parole deviendra quelque chose de si vague, de si indécis, qu'on ne pourra rien fonder sur elle. Que si cette action se prolonge un peu il arrivera, ce qu'on rencontre si souvent chez tous les peuples, que les sons auront une valeur plus réelle comme empreinte que les images communiquées, et que l'esprit se satisfera provisoirement de ces sons, surtout s'ils sont ménagés habilement par les orateurs ou les littérateurs.

Lorsque le langage, par l'impuissance ou l'obscurité de la communication, en est venu à ce degré d'oubli de ses lois naturelles, il conduit infailliblement à une sorte d'ignorance plus dangereuse que l'absence totale du savoir : car, l'habitude d'assister à la musique de la parole sans exiger la signification formelle des connaissances qu'elle renferme, entraîne, avec l'abnégation du progrès, la satisfaction des individus dans leur insuffisance. Chacun dans la discussion ou dans le discours prend ou repousse, avec une autorité opiniâtre, non pas ce qui ressort du tissu réel de la parole, mais ce qui peut être extrait de telle ou telle portion de cet ensemble, voir même de tel ou tel mot ; les discussions préludent à des troubles plus sérieux d'autant plus difficiles à calmer que les mêmes effets se retrouvent successivement dans les mêmes causes et paralysent les tentatives d'accommodement.

Au contraire, si la communication des empreintes s'effectue aisément, l'empreinte composée se fixe au centre des connaissances de l'auditeur, telle qu'elle s'offre à celui de l'interlocuteur ou au moins avec ses traits les plus caractéristiques ; la part d'erreur et de vérité qu'elle renferme se manifeste dans ce second dépôt telle qu'elle émane du premier ; le dépouillement du vrai et du faux permet alors d'en établir la balance.

Puisque cette balance entre le vrai et le faux est le seul fondement de la science humaine, et puisqu'elle ne peut s'établir qu'avec le secours du tissu de la parole communiqué aisément, il faut considérer cette communication facile comme une des lois fondamentales du tissu de la parole.

3° Il en est de même, et à plus forte raison, pour la fidélité de la transmission de l'empreinte composée.

Que l'empreinte soit transmise infidèlement, les effets pernicieux qui viennent d'être signalés reparaissent aussitôt; mais avec une intensité d'autant plus grande que le but du tissu de la parole et avec lui le but du langage sont complétement manqués,

Il a été traité de l'empreinte isolée (page 56 et suiv.) et de la fidélité nécessaire à sa transmission ; la communication de l'empreinte composée n'exige pas moins de précision pour rendre compte du travail effectué au centre des connaissances de celui qui parle et pour provoquer un travail analogue chez celui qui suit ses déductions.

Celui qui est témoin ou créateur de l'empreinte composée formée au centre de ses connaissances peut, à son gré, évoquer telle ou telle de ses parties, il reste toujours témoin ou maître des autres parties dont les rapports de liaison sont sensibles pour lui : un mot qui rappelle une de ces parties rappelle aussi les liens qui l'unissent aux autres ; il voit donc à chaque instant l'ensemble et à la fois les détails sur lesquels il attache son attention.

Il n'en est pas de même de celui qui reçoit l'empreinte composée par communication ; la première partie, une fois transmise, éveille chez lui les faits étrangers à ce qui doit être signifié : car le mot et l'empreinte ont, pour chaque individu, une relation avec les faits ou frappants ou habituels qui ont remué précédemment ses impressions. Il est donc d'un intérêt majeur que cette première partie soit suivie le plus tôt possible de telle autre partie qui la modifie au gré de l'interlocuteur. Or, des modifications apportées elles-mêmes par des mots ou empreintes interprétées avec quelque différence chez les uns et chez les autres, ne sont vraiment efficaces que si elles concourent sans déviation à la formation de l'empreinte composée.

S'il dérive donc nécessairement de la nature de la parole que l'empreinte composée soit continuée assez longtemps au centre des connaissances et qu'elle y pénètre aisément, il n'est pas moins constant qu'elle doit s'y présenter aussi fidèlement que possible.

4° Si l'empreinte composée était toujours le fruit de faits extérieurs transmis à autrui d'après l'image qui se forme chez un individu au centre de ses connaissances, les trois lois qui viennent d'être énoncées seraient peut-être suffisantes et le tissu de la parole n'aurait qu'à s'y conformer. Mais elle est le plus souvent formée artificiellement à ce centre par le concours de parties extraites çà et là des connaissances antérieures ; ces parties sont elles-mêmes plus ou moins composées et par leur concours créent l'ensemble, dû primitivement à l'art, mais bientôt envahissant, qu'il s'agit de communiquer.

Il est évident que, dans l'état de nature ou dans les travaux manuels les plus communs, l'empreinte composée des faits tels qu'ils se comportent dans la nature, est le cas le plus ordinaire de la communication. Dans l'existence sociale, dans les arts et dans les sciences, au contraire, c'est-à-dire là où l'homme élève son niveau, les empreintes artificiellement composées sont à chaque instant exprimées et transmises. On ne saurait donc trop prendre en considération la loi qui découlerait de cette formation.

Or, de tous les édifices construits par l'homme, le plus prodigieux sans contredit est celui de l'empreinte composée qui s'élève artificiellement au centre de ses connaissances. Avant d'être chargée de la communiquer, la parole avait eu déjà le plus noble rôle dans sa confection : elle seule a pu permettre que des images complexes fussent analysées dans leurs parties, que des fragments de tissu naturel figurassent dans ces compositions des parties d'empreintes qui, sans elle, se seraient soustraites à toute association ; sans les matériaux qu'elle distribue à point pour leur prêter l'existence dans le monde des empreintes composées, la puissance humaine serait rudimentaire et peut-être le colosse social serait réduit en poussière.

Aussi, tout en attribuant à la parole comme une de ses fonctions les plus importantes la nécessité de communiquer l'empreinte, il faut reconnaître comme un besoin non moins impérieux l'obligation de venir en aide à l'individu au moment où il travaille à former l'empreinte composée.

Dans l'enfantement pénible de l'empreinte composée, l'homme scrute avec persévérance les connaissances les plus secrètes qu'il a déposées antérieurement ; elles lui échappent souvent, surtout quand elles ne sont pas résumées par un mot, et sont renfermées dans le tissu de plusieurs termes ; pour les retrouver il s'épuise quelquefois en efforts stériles, et son travail, faute de cet aliment, reste ou suspendu ou abandonné. Il est donc nécessaire que la disposition du tissu de la parole soit telle que les mots s'enchaînent les uns aux autres avec une grande facilité, qu'ils ne soient pas surchargés d'éléments étrangers qui détournent l'esprit de son travail ; enfin, que l'apparition d'un terme seconde la volonté qui cherche à découvrir les autres.

Pour faire ressortir cette nécessité, un exemple de quelque fait extérieur deviendra significatif. Afin de le choisir parmi les faits connus du plus grand nombre des lecteurs, que l'on suppose un lieu public, tel que la place dite de la Concorde. L'avantage précieux d'avoir le résumé de tout ce que renferme ce lieu par le moyen d'un mot, place commodément l'esprit sur le terrain qu'il veut analyser, et il procédera aisément à cette analyse ; mais l'esprit ne rencontre pas, bien loin de là, des termes aussi précis et des résumés de toutes les empreintes composées. Qu'on admette donc que pour transporter en esprit le lecteur sur le lieu qu'il a déjà analysé et qu'il doit retrouver dans ses souvenirs, on lui présente du côté du quai, la fontaine en forme de cascade, immédiatement il aperçoit et l'obélisque et l'autre fontaine qui correspond à la première. Que le plaçant devant l'obélisque on lui montre l'avenue des Champs-Elysées, immédiatement encore et sans avoir besoin de se tourner en arrière, à droite et à gauche, il a vu les Tuileries derrière lui, la Madeleine à sa droite et le Corps législatif à sa gauche. C'est-à-dire que ces parties connues s'enchaînent si aisément dans son esprit que l'une quelconque d'entre elles venant à surgir au centre de ses connaissances, les autres apparaissent simultanément, parce que leur disposition seconde et peut même prévenir la volonté, et parce que des corps étrangers capables d'interrompre la vue n'ont pas d'abord fait obstacle à la première analyse.

Ce sont des conditions semblables que doit remplir l'empreinte composée qui reproduit les faits intérieurs, c'est-à-dire que le tissu de la .parole doit *seconder le travail des empreintes composées*. Or, cette loi n'est pas moins impérieuse que les trois autres.

A ces quatre lois qui seules sont fondamentales et *dérivent* vraiment des *rapports nécessaires de la nature des choses*, on pourrait ajouter des exigences de plus d'un genre : celui-ci, pour qui l'harmonie dans le langage paraît une condition essentielle, voudrait que l'oreille aussi trouvât son compte dans le rapprochement des mots ; celui-là, pénétré des résultats heureux et entraînants qui s'attachent au travail des empreintes quand un sentiment vif et puissant domine la volonté, imposerait au tissu de la parole l'obligation de faciliter le soulèvement des passions ; un autre, sans apercevoir que son exigence est implicitement renfermée dans la loi (3°) sur la fidélité des empreintes, voudrait voir, comme première condition, la clarté dans le contact des mots ; d'autres, etc.

Il importe de ne pas confondre les exigences rationnelles avec les lois du tissu de la parole ; les langues sont viables quand elles observent les quatre fondements élémentaires ; elles sont plus ou moins goûtées par les littérateurs quand elles flattent leurs penchants ou les contrarient. Une fois qu'elles satisfont aux nécessités du langage on peut, mais avec grande sobriété, leur imposer quelques obligations nouvelles. D'ailleurs, une pente trop marquée vers quelqu'une de ces exigences accessoires fait déjà dévier de l'une des quatre lois dont l'entière exécution est la sauvegarde la plus sûre du langage. Avec le goût pour l'harmonie naît l'empreinte due à l'oreille, c'est-à-dire l'impression du son ; alors le fait extérieur ou intérieur devient secondaire : car l'impression du son détourne, comme fait toute sensation, à son profit, les efforts du centre des connaissances ; c'est en oubliant le son des mots pour être tout entier à leur signification que l'individu saisit l'empreinte composée. La fidélité de l'empreinte et par suite son retour sont donc compromis par les jouissances de l'harmonie et ainsi la troisième loi exposée ci-dessus se trouve attaquée.

De même : que le langage soit ordonné en vue d'exciter les sentiments vifs et les passions, alors les quatre lois du tissu de la parole sont en péril : entraînées dans le tourbillon des mouvements passionnés, les empreintes isolées ou composées laissent à peine leur trace au centre des connaissances et par conséquent ne peuvent plus être rapprochées au besoin ; les empreintes vivement senties ont seules le privilége d'arrêter l'attention, et tout ce qui est calme et raisonné pénètre à peine jusqu'à elles ; entrevue à travers le prisme de la passion, l'empreinte altère sa pureté sous les couches colorées qui la déguisent ; enfin si le travail dés empreintes se trouve activé dans toutes les connaissances en contact avec des sentiments et des passions, il se trouve annulé ou faussé dans les circonstances plus nombreuses et souvent plus graves où la raison, l'expérience et leurs froides observations sont appelées à se manifester.

Les quatre lois attribuables au tissu de la parole méritent donc ce titre, parce qu'elles dérivent nécessairement et directement de la nature des empreintes et de la nature des centres des connaissances ; toute autre condition, quelqu'importance qu'on y attache d'abord, ou sera comprise dans ces lois, ou ne jouira que d'un empire secondaire dans le domaine du langage.

Après avoir reconnu que l'empreinte composée, issue du tissu de la parole, devait : 1° se conserver aisément au centre des connaissances ; 2° jouir de la facilité d'être transmise ; 3° se communiquer fidèlement ; 4° se prêter au travail de création des connaissances composées ; il sera peut-être utile, ne fût-ce que pour comparer entre eux les différents tissus de la parole, d'examiner quelles sont parmi ces lois celles dont l'inobservance partielle constituerait l'infraction la plus grave.

Evidemment la création de l'empreinte composée (4°) et ses dispositions au centre des connaissances (1°) sont les plus impérieuses de ces nécessités ; sans elles il n'y a pas de transmission et par conséquent de langage possible. Pécher par l'une de ces deux lois fondamentales, c'est enfreindre ce qu'il y a de plus légitime dans les obligations de la parole. On ne saurait dire laquelle des deux impose plus particulièrement une entière observation : car si l'une est antérieure à l'autre, cette dernière contient en germes tous les progrès efficaces de la première. Quant aux deux autres (2° et 3°) qui concernent plus spécialement la transmission de l'empreinte composée, elles sont contrôlées l'une par l'autre : puisqu'il serait impossible de transmettre fidèlement l'empreinte composée si elle ne pouvait être transmise et qu'il serait superflu de la transmettre si la communication devait être infidèle.

Telles sont les données sur lesquelles va s'établir le jugement et le parallèle des trois tissus de la parole.

Il doit être entendu que l'empreinte isolée et le mot sont entièrement hors de cause. Sous ce rapport toutes les langues sont aujourd'hui en dehors des lois qui doivent les régir : le défaut de coordination dans les empreintes naturelles et artificielles est un vice qui affectera toujours une langue née de l'exercice pratique du langage. Cette infraction aux lois de la parole à la source même où elle puise toute sa force, la condamnera aussi longtemps à l'impuissance que le langage théorique (page 73) ne sera pas venu au secours de la pratique. Toutefois, même avec la formation irrégulière des mots pratiques, à l'aide du tissu de la parole on obtient des résultats si éclatants qu'on peut entrevoir tout ce qu'il y aurait de profit à se conformer à cette première obligation, la plus rigoureuse comme la plus fondamentale (1).

Ces résultats sont dus à l'existence du tissu de la parole.

Plus ou moins conformes aux lois qui viennent d'être posées, les langues de tous les peuples ne s'écartent pas de ces principes jusqu'à en perdre un quelconque de vue ; mais si elles y obéissaient sans réserve, elles atteindraient des limites bien supérieures dans les hautes régions de la raison, même avec les matériaux incorrects dont elles font emploi.

Il convient désormais de changer l'ordre qui a facilité l'exposition

(1) Voir pour s'en convaincre les deux volumes d'*Applications aux Sciences* et *aux Lettres.*

des quatre lois et de les présenter, d'après leur valeur, en partant
de la création de l'empreinte et en finissant par sa transmission,
de cette manière :

1° Seconder le travail des empreintes composées ;
2° Faciliter leur conservation au centre des connaissances ;
3° Permettre d'effectuer aisément leur transmission ;
4° Opérer leur communication avec fidélité.

1° Tissu naturel jugé d'après les lois de la parole.

La qualification même donnée à ce tissu fait préjuger favorablement
de son assimilation aux lois de la parole ; en suivant la nature
et obéissant à ses entraînements on ne doit guère perdre de vue
les bases qu'elle établit ; cependant comme le langage, produit naturel, est forcé de recourir à la convention, il ne serait pas possible que l'art fût complétement exclu du programme des lois qui
président à son existence et qu'ainsi l'imperfection humaine y fût
entièrement étrangère.

D'abord il est aisé de voir comment il se conforme aux quatre
obligations légales imposées au langage.

Une première empreinte étant donnée et énoncée, celle qui vient
après se joint à elle, la restreint ou la complète ; ces deux premières une fois réunies par la synthèse n'en font plus qu'une et
la troisième fait sur ce composé l'effet que la deuxième a opéré
sur la première ; or ce système se poursuit tant qu'il ne laisse
aucune incertitude sur l'ensemble de l'empreinte composée. Lorsque
l'ambiguïté pourrait surgir, alors seulement l'art intervient pour la
dissiper ; quelques mots qui impliquent la dépendance, la liaison,
le rapport et l'intention suffisent pour enlever tous les doutes.

Dans un pareil système où la clarté se répand si aisément et où
le seul souci doit être d'en maintenir la pureté, l'interlocuteur subit l'heureuse contrainte d'envisager lui-même ses empreintes avec
netteté et de les présenter avec lucidité.

La quatrième loi exposée ci-dessus se trouve ainsi observée aussi
strictement que possible : l'empreinte composée se transmet fidèlement par ce tissu au centre des connaissances de l'auditeur. La

communication s'effectue avec une aisance d'autant plus grande qu'elle suit de point en point le travail auquel l'interlocuteur a lui-même été assujetti, et ainsi la troisième loi est respectée dans sa prescription la plus formelle.

Le travail des empreintes se trouve secondé par ce fait important : qu'aucune empreinte étrangère ne vient se mêler à celles qui doivent prévaloir ; le souvenir qui les rappelle demande peu de frais à l'attention, tant la simplicité méthodique tracée par la nature et l'intervention réservée de l'art permettent de le faire apparaître sans embarras comme sans entrave au centre des connaissances.

Les mêmes avantages produisent des effets aussi salutaires par la conservation des empreintes : est-il rien de plus facile à conserver que ce qui est simple et ce qui ne subit de mélange que pour être distribué méthodiquement ?

Après avoir reconnu que le tissu naturel obéit ponctuellement aux quatre lois imposées au tissu de la parole, il faut peser attentivement les avantages qu'il retire de cette obéissance et les inconvénients qu'il laisse encore subsister.

AVANTAGES DU TISSU NATUREL. — Quoi de plus favorable à la création de l'empreinte composée, que les conditions imposées au tissu naturel : l'empreinte isolée se présente d'abord dans toute sa généralité ; bientôt une autre restreint à une particularité ce qu'il y a de trop général, et désormais cette nouvelle composition se conduisant comme si elle était un tout, se trouve soumise aux mêmes phases que l'empreinte isolée. En prolongeant le travail de cette manière, l'empreinte composée se forme avec les éléments isolés sans l'auxiliaire de mots étrangers à cette agrégation, ou s'il en intervient quelqu'un, il apporte la lumière sans rien déranger de cette économie. *Dieu — amour — homme :* l'idée générale exprimée par Dieu est restreinte à son amour ; or, ce composé Dieu—amour, comme tous ceux qui expriment l'amour, nécessite un complément ou un objet que l'attention veut voir apparaître ; donc le mot homme complète la phrase et satisfait l'esprit, et l'empreinte a été composée avec la plus grande facilité ; si, au contraire, l'empreinte générale avait été l'homme, elle aurait été composée avec la même facilité : homme — amour — Dieu.

Cette marche est celle qu'indique l'impression produite au centre des connaissances ; elle se reproduit chez l'être vivant à chacun des moments de son existence. La sensation arrive comme un tout indistinct, tant il a de généralité, et l'attention la restreint à l'objet particulier qu'elle envisage, en poursuivant son analyse jusqu'à ce que l'ensemble détermine un système satisfaisant.

Qu'en assistant à un entretien animé entre un roi et son ministre, discourant sur la manière de rendre le peuple heureux, on soit frappé de la discussion et qu'on forme ultérieurement le vœu que leurs discours soient transmis à la postérité par quelque composition poétique ou musicale. En suivant l'ordre des impressions, on est frappé par l'image du roi et par celle de son ministre ; leur rapprochement se dessine bientôt et leurs discours complètent la scène : c'est sur ce tableau qu'on désire une composition musicale. Le tissu naturel forme immédiatement l'empreinte à mesure que l'impression s'est produite de cette manière : Roi — ministre — mutualité — discours — de (1) — musique. Le troisième mot a fait voir que les deux premiers ne signifiaient pas *ministre du roi :* car il indique l'acte mutuel qui se passe entre eux deux, acte expliqué par le mot discours ; enfin, ce sera là-dessus qu'on proposera de composer une musique.

Une pareille simplicité vient merveilleusement au secours du raisonnement : les parties de l'empreinte composée, à peine envisagées, ont de suite leur place nettement dessinée dans l'ensemble ; elles n'en peuvent sortir sans déranger l'économie de la phrase ; quand elles sont disposées, leurs liens qui sont tous dans l'esprit qui forme leur réunion, donnent à celui-ci pleine et entière possession de l'ensemble. Aucune de ces parties ne saurait échapper à l'attention qui en ordonne la distribution, tant elles sont essentielles toutes à la nouvelle connaissance, fruit de leur association ; aucune d'elles ne peut acquérir aux dépens des autres et de l'empreinte totale une

(1) De cela ; de ce qui précède.

extension ou une signification que l'on n'entendait pas lui attribuer au moment de la création. Cette forme composée se présente comme un tout, doué d'une simplicité qui permet désormais de l'embrasser sans peine ; elle figure au centre des connaissances aussi commodément que le ferait l'empreinte isolée : car elle n'est ni entourée d'accessoires stériles ni chargée d'ornements dangereux qui voilent le moindre de ses traits. Elle est satisfaisante pour l'esprit : car elle remplit exactement ces deux conditions de toute connaissance humaine : analyse exacte sans être embarrassante, et synthèse aussi précise que facile à saisir.

Le raisonnement formé par la rencontre et la fusion des empreintes composées, trouve en elles des éléments si clairs, si précis et si bien préparés, qu'il découle tout naturellement de leur rapprochement et de leur comparaison (1).

Maintenant, toutes les qualités dont jouit le tissu naturel pour former l'empreinte composée, simple, précise et promptement saisissable, sont encore celles qui facilitent leur conservation au centre des connaissances. Que l'on cherche, par exemple, à reproduire une phrase musicale connue : la succession nécessaire des sons qui la composent la déterminera aisément aussitôt que les premiers sons offriront leur souvenir à l'oreille ; que si le début ne revient pas au moment désiré, et que d'autres parties répondent les premières à l'appel, alors les liens nécessaires de cette phrase conduiront infailliblement à la fin comme au commencement, et le souvenir sera complet.

Il en est de même pour la formation de l'empreinte composée : aussitôt que le début ou l'empreinte générale est devenue sensible, conduite par l'enchaînement, l'attention retrouve ou immédiatement, ou sans de grands efforts les autres parties, comme celles-ci feraient retrouver ce qui précède si elles s'offraient les premières. D'ailleurs, la simplicité en excluant la complication, exclut également les lon-

---

(1) Les réflexions qui précèdent et celles qui vont suivre, ne sont pas seulement des aperçus théoriques ; elles sont suggérées à l'auteur par la lecture des ouvrages chinois, et notamment par l'étude approfondie de la belle philosophie de Meng-Tseu.

gueurs, les détours dans lesquels l'attention pourrait s'égarer ; la précision que l'on aspire à reproduire devient un guide sûr et prévenant ; l'absence des ornements superflus, la forme palpable et synthétique de l'ensemble ont marqué désormais d'une manière si frappante la connaissance au centre où elle a pris place, qu'elle ne peut manquer d'apparaître aussitôt qu'on réclamera son concours.

Mais c'est dans la communication des empreintes que ce tissu présente une supériorité considérable. Si les peuples qui sont familiers avec les autres tissus pouvaient se défendre des préjugés qui sont la conséquence nécessaire de leurs habitudes, ils comprendraient les avantages dont ils sont privés.

Une comparaison va peut-être en donner un aperçu, au moins en ce qui touche la communication faite à l'enfance, transmission d'où découle pour l'homme fait toutes les autres connaissances :

On sait quelles sont les difficultés qu'éprouvent les enfants pour écrire, suivant les règles de l'orthographe, l'anglais, le français et même l'allemand ; tout le monde comprend l'avantage qu'il y aurait à ce que ces langues fussent écrites comme elles sont prononcées : l'instruction du peuple ferait le plus grand pas qu'aient jamais pu espérer ses ardents défenseurs. Non-seulement le temps qui serait rendu à la famille pauvre, moins longtemps privée du travail des enfants, ferait retour à la société ; mais, ce qui est plus important, l'esprit de la jeunesse, moins comprimé sous le poids de conventions stériles, pourrait se développer fructueusement sur les branches morales et intellectuelles dont elle soupçonne à peine aujourd'hui l'existence ; bien plus, cet esprit, moins distrait de la contemplation des œuvres naturelles par les liens étroits de conventions non justifiées, reprendrait un essor plus favorable aux grandes aptitudes et aux vrais progrès de l'humanité. Sans prétendre ici que les exigences toujours mises en avant des étymologies et des habitudes contractées dussent être surmontées, on peut au moins affirmer que c'est avec regret que les hommes les plus hostiles à de pareilles innovations se renferment dans un système d'impossibilité.

Eh bien ! les avantages que fait recueillir le tissu naturel sont d'une bien autre importance ; ils ne sont pas bornés à la copie de la parole, ils intéressent le travail même de l'intelligence. Il est vrai qu'en se débarrassant de l'attirail grammatical, elle simplifie jusqu'à la peinture écrite du langage ; mais la simplification de la transmission des empreintes composées est son plus beau titre de gloire.

Qu'on se reporte au moment où l'enfant prélude en balbutiant à l'exercice du centre de ses connaissances ; que d'efforts n'est-il pas contraint de faire pour démêler cette confusion si longtemps désespérante de temps, de modes, d'adjectifs, d'adverbes, de genres, de nombres, de personnes, etc. ! lui qui suivait instinctivement le tissu naturel quand il manifestait ses besoins : maman — nanan ; moi pas dodo ; toi — donner — gâteau , etc... ; le voici obligé d'abandonner sa voie pour se conformer à la petite scène jouée par le tissu artificiel ou par le tissu mixte. S'il n'était pas éminemment doué d'imitation, comment composerait-il des phrases avec un sujet, un verbe d'affirmation et un complément ou un verbe adjectif avec des compléments directs et indirects. Or, la victoire qu'il finit par remporter n'est pas sans détriment pour sa raison : car il a reconnu qu'il était ridicule quand il suivait la marche naturelle des empreintes et qu'il est grand garçon quand il pratique la convention. De là une tendance à porter son attention sur la forme encore plus que sur le fond. Il est vrai que bientôt il confondra si bien l'une avec l'autre, au moins dans le langage, qu'il lui sera impossible de faire la part de l'une et de l'autre. C'est à cela peut-être qu'il faut attribuer la double signification du mot λογος (parole et raison) et tous ces rêves où , sous le nom de *verbe*, la parole se perd dans les subtilités métaphysiques.

Le tissu naturel, en refusant le concours d'une affirmation artificielle, ne dénature rien dans les empreintes communiquées : il caractérise seulement, sous le nom de mots vides, les auxiliaires qu'il emploie pour distinguer entre elles les parties de l'empreinte composée. Les mots pleins sont donc la véritable empreinte qui doit être transmise et les mots vides sont des termes de convention qui ne se fondent pas avec les matériaux vraiment dignes d'attention et d'analyse. Dès lors, pas de confusion possible entre la forme et le fond ; pas de préjugé qui empêche d'attribuer à la parole sa vraie limite ; pas de chimères inventées pour masquer le rôle tout naturel de la parole.

Les lois exposées dans ce volume seraient plus aisément comprises par des hommes voués au langage issu du tissu naturel, parce qu'ils sont en présence des empreintes simples ou composées offertes au centre de leurs connaissances. Les prestiges du langage issu du tissu artificiel ne voileraient pas pour eux le véritable travail de l'attention. Ils auraient plus de peine à comprendre la nécessité de cette affirmation incessante qui forme l'édifice des autres tissus. Pour eux, l'affirmation peut intervenir accidentellement comme toute autre expression du sentiment ; mais elle ne leur paraît pas plus utile dans l'empreinte composée que dans celle qui est isolée : car un mot quelconque affirme, par cela même qu'il est articulé, l'empreinte présenté au centre des connaissances de l'inventeur ; or, ce mot renferme si bien une affirmation que celle-ci est forcée d'intervenir dans la définition qu'on doit en faire.

Puisque le tissu naturel emprunte si peu de choses aux conventions, fait communiquer entre eux les centres des connaissances de la manière la plus directe, et, en s'éloignant de la source des conventions, s'éloigne d'autant de la source des préjugés, il doit jouir encore de quelques prérogatives pour la transmission fidèle des empreintes.

La fidélité dans la transmission de l'empreinte dépend à la fois et de celui qui transmet et de celui qui reçoit. Les avantages ci-dessus énumérés sont tous au profit de la fidélité avec laquelle elle peut être transmise : car s'il est aisé de former l'empreinte composée et de la dessiner nettement au siége des connaissances, si la transmission en est facile, rien n'empêche celui qui l'émet de la transmettre telle qu'il la perçoit.

Celui à qui elle est transmise ne la reçoit pas seulement avec la disposition qui lui est familière pour ces sortes de communications ; ce qui serait commun avec les deux autres tissus ; mais il l'admet telle que la nature la créerait au centre de ses connaissances ; il se l'approprie donc comme si elle avait été créée par lui-même et qu'il eût voulu la transmettre à autrui. C'est assurément là un des plus grands degrés de fidélité qu'on puisse supposer pour la transmission. Comme le centre des connaissances ne transmet que les parties sommaires de ce qu'il éprouve, il reste encore assez de lacunes pour qu'il n'y ait pas assimilation complète aux centres où les objets sont produits et communiqués ; mais il ne semble pas possible d'obtenir par la parole une plus grande fidélité.

Après avoir fait ressortir les principaux avantages du tissu naturel de la parole, il reste à se rendre compte des imperfections qu'on pourrait aussi lui reprocher.

INCONVÉNIENTS DU TISSU NATUREL. S'il existe quelques inconvénients dans l'exercice du tissu naturel, ils ne peuvent se montrer que sur les points où l'homme cherche à faire grandir son domaine naturel et veut se procurer par l'art des forces nouvelles : en effet, la marche de la nature conduit seule et sûrement au but quelconque dont elle assigne les limites ; c'est lorsqu'il faut dépasser ces limites que l'artifice apporte utilement son concours.

Or, dans la formation de l'empreinte composée, il existe certaines limites pour l'intelligence ; elles seront faciles à assigner, si l'on se rappelle que la connaissance, en tant que composée, n'est vraiment parvenue à un degré suffisant que lorsque la décomposition ou l'analyse a été effectuée et que la récomposition ou la synthèse a reproduit l'unité qui satisfait pleinement l'esprit humain.

Les forces fournies à l'homme pour l'analyse des empreintes sont probablement suffisantes et doivent faire atteindre le but que la nature s'est proposé à son égard ; mais comme elle lui donne aussi les moyens de dépasser le but, comme elle lui donne avec ces ressources des aspirations insatiables de progrès, il peut à son tour demander au langage de seconder cette avidité et ces tendances.

Le tissu naturel ne semble pas toujours satisfaire à ce besoin nouveau.

Quand l'empreinte composée se présente sans difficulté et avec la précision désirable, le tissu naturel suit simplement la pente indiquée par la création de ces images et revêt comme elles tous les caractères de la précision; mais quand, comme cela se voit si souvent, le travail intérieur exige des efforts soit pour évoquer des empreintes isolées, soit pour ressaisir des mots qui les résument et dont les sons et les images sont voilés ou presque effacés; alors le tissu naturel n'offre plus, par sa rigueur, que peu de prises à l'attention : les parties analytiques, forcées de se resserrer dans le cadre invariable qui les comprime, ne sortent pas, comme elles le pourraient, du cercle qui les retient pour apporter de la lumière et permettre de s'approprier le tout avec son analyse.

D'autre part, après la production toute intérieure et quelque peu pénible d'une empreinte composée, l'obligation de la présenter sous la forme acceptable déconcertera souvent l'attention qui réunissait toutes les parties avec des fils encore si fragiles; ce second travail, s'il ne s'opère pas du premier jet, pourra nuire au premier et faire abandonner la trace de quelque connaissance.

Ces inconvénients ne paraîtront pas sans gravité quand on calculera sur la mobilité extrême des empreintes au centre des connaissances; mobilité telle que les empreintes composées se forment chez l'homme inoccupé, comme chez l'homme endormi, sans le concours de la volonté. Lorsque Pascal montre cette haute intelligence de l'homme qui opère de si grandes merveilles tenue en échec par le bourdonnement d'une mouche, il rend témoignage de la fragilité des liens qui rattachent les empreintes. On sait assez, quand on se livre aux compositions scientifiques et littéraires, combien l'attention rencontre à chaque instant de pierres d'achoppement qui la détournent de sa route et quelle force de volonté il faut pour la maintenir dans sa ligne première. Le tissu de la parole qui ne vient pas assez en aide à la volonté manque évidemment à la première loi du langage (page 205).

Le désavantage signalé dans l'application de la première loi n'est plus aussi marqué dans la seconde. Une fois que l'empreinte composée s'offre au centre des connaissances sous la forme indiquée par la nature des empreintes, elle devient comme les autres un objet facile et saisissable, et non-seulement elle se conserve aussi aisément qu'aucune autre, mais elle perd ce cachet de difficulté qui l'avait marquée à sa naissance et, profonde ou non, elle est désormais claire et précise.

Toutefois on peut sur un autre point constater sur la seconde loi (page 205) un inconvénient qui, pour être d'une moindre importance, n'a pas moins de réalité.

L'analyse claire, méthodique et précise fournie par le tissu naturel, pour prendre rang parmi les matériaux qui édifieront des empreintes plus composées, a besoin, eu égard à la difficulté que l'attention éprouve à en bien saisir tous les fils, de se présenter sous la forme d'un résumé ou synthèse qui dispense provisoirement d'en conserver distinctement toutes les parties. La nécessité de suivre pas à pas la décomposition rigoureuse fournie par le tissu naturel peut nuire au rappel des souvenirs, parce que les parties accessoires occupent un rang presque aussi important dans l'ensemble que le font les parties principales. Quand donc le résumé ou la synthèse n'est pas figuré par un seul mot, ce qui sera le plus fréquent dans le cours des compositions scientifiques et littéraires, alors le rappel de ce résumé impose des efforts si considérables que l'intelligence sera souvent forcée d'y renoncer. Il est vrai que si l'empreinte est mûrement composée elle pourra être offerte sous le jour qui éclairera le mieux les points les plus saillants ; mais un autre inconvénient pourrait alors être reconnu : ce serait que les parties accessoires fussent dans le rappel du souvenir laissées dans l'ombre et trop souvent complétement perdues de vue.

De plus, comme ces deux lois sont étroitement liées l'une à l'autre, la privation du souvenir devient un obstacle pour la création de l'empreinte composée. Ce qui est au profit de la justesse est alors au détriment de la fécondité. Le tissu naturel n'étant pas aussi malléable que le tissu artificiel, par exemple, ne permettrait pas aussi librement que le dernier de former une empreinte compliquée en surajoutant successivement et à mesure qu'elles se présentent les empreintes composées, tout en conservant à l'ensemble son unité synthétique.

En vain on objecterait que le chinois remédie à cet inconvénient par le répertoire si prodigieux des mots de sa langue écrite, la recherche même du remède est la constatation du mal. D'ailleurs ce n'est pas par milliers que se comptent les empreintes composées, elles sont incalculables. Le même inconvénient surgit donc chaque fois que le mot fait défaut et que la synthèse doit s'offrir avec l'enchaînement ostensible des parties. Ce qu'on avancerait avec plus de raison, c'est que la justesse est bien préférable à la fécondité ; mais si le langage peut revendiquer l'un et l'autre de ces avantages, le tissu qui ne donne pas une pleine satisfaction à l'un des deux est forcé de reconnaître cette infériorité.

Quant à l'application des lois relatives à la transmission des empreintes composées (3° et 4° page 205), si les inconvénients signalés ci-dessus peuvent quelquefois exercer leur influence, ce sera sans un dommage bien appréciable. La communication des empreintes, qui est le vrai fondement de la parole, ne peut rencontrer un interprète plus sûr et plus fidèle que le tissu naturel.

2° Tissu artificiel jugé d'après les lois de la parole.

Il faut bien que ce tissu réponde aux lois des empreintes composées pour qu'il ait été employé depuis si longtemps chez des peuples de mœurs si différentes et ait présidé à tant de progrès dans une partie si considérable de l'humanité.

Il est aisé de s'en convaincre théoriquement : 1° il favorise la création de l'empreinte composée, puisqu'il en organise les parties dans un cadre convenu d'avance et qui permet à chacune d'elles de contribuer efficacement à la composition de l'ensemble ; 2° il facilite la conservation de ces connaissances composées en permettant d'en rappeler le cadre d'autant plus aisément que l'attention peut s'attacher d'abord à l'une quelconque des parties et que le cadre entier vient à sa suite comme contraint par les liens artificiels qui forment son unité ; 3° la transmission s'effectue aisément, car l'auditeur est initié dès ses plus tendres années à la forme artificielle de ces empreintes combinées, et, soit par une pratique fréquente, soit par la théorie même de l'art, il se rend un compte exact et des parties et de leur ensemble ; 4° la transmission s'opère fidèlement, car l'empreinte composée se présente telle qu'elle figure au centre des connaissances, c'est-à-dire avec tous les liens de convention qui en sont devenus l'accompagnement nécessaire.

AVANTAGES DU TISSU ARTIFICIEL. — Habitué dès l'enfance à l'art qui façonne ce tissu, l'homme se préoccupe à peine du travail par lequel il lui donne naissance. Chaque empreinte composée, à mesure qu'elle se forme, prend place dans le cadre tout prêt qui la doit recevoir, comme chacune de ses parties revêt de suite le costume qui convient au rôle qu'elle joue sur ce théâtre.

Les rôles étant convenus et distribués d'avance, il ne survient aucun empêchement, quand une partie surgit au centre des connaissances, pour lui assigner au moment même son rang et sa valeur dans l'ensemble. Lorsque le tissu naturel serait obligé de s'abstenir parce que l'apparition d'une empreinte devancerait l'ordre obligatoire d'une déduction légitime, le tissu artificiel l'accepte immédiatement et la dispose de suite pour qu'elle contribue au classement des empreintes qui vont lui succéder. La première apparue est la première classée ; elle devient sujet ou complément, substantif ou adjectif, verbe ou participe, etc. , suivant que celle qui la suit de près lui facilite cet emploi. Celle-ci, à son tour, reste aussi suivant l'arbitrage de l'attention disponible pour le rôle à jouer, et toutes les parties, se comportant de la même manière, forment l'empreinte composée sans que le travail de coordination soit aussi radical que la nature semblait l'exiger.

Les empreintes peuvent donc surgir comme au hasard. Sans avoir besoin de rejeter celles-ci pour les reporter après celles-là et de changer la succession de ces parties telle qu'elle se produit au centre des connaissances, il suffit d'un travail appelé grammatical pour assurer l'ensemble régulier de la connaissance composée. Le mérite de ce travail ou au moins sa difficulté résulte de la possibilité de créer immédiatement avec l'empreinte offerte le mot grammatical qui se prête à l'économie d'une disposition commode et convenable.

On voit de suite que l'habitude mécanique de combiner les liens grammaticaux donne au langage une aisance dont rien n'approche :

l'improvisation avec un pareil tissu est une affaire de routine ; les empreintes n'étant plus soumises au contrôle de celles qui précèdent ou qui suivent, autrement que par la grammaire, quand celle-ci est satisfaite, c'est-à-dire quand la part de l'art est remplie, il faudrait que les efforts de l'attention fussent bien infructueux pour que la connaissance composée restât vide et stérile. Chez les peuples armés de ce tissu, l'éloquence est appelée à de grands succès : car le tissu étant facile et les empreintes pouvant être revêtues d'ornements qui en déguisent ou la faiblesse ou la sécheresse, suivant que l'orateur connaîtra ces ressorts et en usera au besoin, il pénétrera dans les intelligences qui lui sauront gré des séductions exercées sur elles. Les mouvements passionnés seront d'autant plus faciles à imprimer qu'il y aura plus d'attraits pour les formes, et qu'alors ce que les rhéteurs appellent l'action pourra dominer et voiler les dangers de ces commotions.

C'est surtout aux peuples armés du tissu artificiel qu'appartiendra le charme littéraire. Un auteur, en quelque genre qu'il se livre à la composition, sera surtout jaloux de charmer par la diction ; il résulte de là une sorte de jouissance qui bannit l'austérité parmi les lettrés et a dû contribuer à policer les sociétés modernes.

L'avantage signalé pour la création de l'empreinte composée se poursuit encore quand il s'agit de sa conservation et de son rappel au centre des connaissances.

Lorsque le souvenir rappelle l'empreinte composée, de quelque manière qu'il la présente, il permet aussitôt de s'en emparer ; la partie offerte la première n'est pas abandonnée quand elle apparaît, sous le prétexte de laisser place à quelque autre plus importante ; au contraire, elle commence le retour de la connaissance et provoque les autres parties à se ranger dans le cadre artificiel où leurs rangs sont assignés. De plus, les liens de convention, si connus, si faciles à rattraper quand ils s'échappent, sont autant de fils détachés qui offrent une prise commode pour entraîner à soi ce qui semblerait ou résister ou se soustraire à l'attention.

Dans le cours de la composition un peu compliquée, telle que celle des considérations abstraites, il est précieux de pouvoir fixer, à mesure qu'ils se présentent, les membres analytiques qui s'offrent trop souvent décousus et presque incohérents ; leur réunion, effectuée dans un ensemble artificiel, offre au moins un tout déjà appréciable et sur lequel ou peut opérer en ordonnant les parties d'une manière plus naturelle ou plus voisine de la réalité.

D'autre part, le besoin de disposer dans une synthèse commode des parties assez nombreuses et quelque peu divergentes, se trouve aisément satisfait : grâce aux formes grammaticales qui fournissent des liens factices, mais auxquels la convention assure une vertu suffisante, on relie entre elles ces parties, et leur faisceau laisse au centre des connaissances l'unité d'empreinte qui facilite les nouvelles associations et des empreintes plus composées encore.

L'auditeur qui connaît d'avance les quelques formes sous lesquelles l'interlocuteur présentera l'empreinte composée, est merveilleusement disposé à en accepter l'organisation ; il en reçoit successivement les parties, tout prêt à les accueillir dans l'ensemble qu'elles offriront. Les sentiments qu'elles entraînent avec elles se transmettront d'autant mieux que ces formes se prêtent à tous les élans de la passion. Or ces sentiments et ces passions en se communiquant de l'orateur à l'auditeur exercent un rapprochement ou une influence réciproque à leurs centres de connaissances, qui seconde énergiquement la transmission. Toutes les fois que la parole aura pour but d'intéresser vivement, le tissu artificiel aura des ressources incalculables pour exciter cet intérêt et transmettre l'émotion en même temps que l'empreinte.

L'assimilation effectuée entre les centres des connaissances est assurément le plus haut degré de fidélité que puisse atteindre la communication de l'empreinte composée. Si le tissu artificiel peut atteindre un semblable but, il doit dépendre uniquement de celui qui le communique de faire passer autant et comme il le veut l'empreinte qu'il a lui-même présente au centre de ses connaissances.

INCONVÉNIENTS DU TISSU ARTIFICIEL. Le principe d'où découlent les avantages de ce tissu donne naissance à ses inconvénients. Ce principe est l'artifice même qui crée le domaine factice de la phrase.

Puisqu'il existe conventionnellement, outre l'empreinte composée, un cadre tout prêt à la recevoir et dans lequel il faut absolument distribuer ses parties, alors celles-ci doivent être allongées ou raccourcies, et revêtues des voiles d'emprunt qui les réunissent si bien que, tous les vides étant comblés, elles se présentent sous une apparente unité.

Que devient alors la sincérité de l'empreinte isolée dans cette économie de la phrase ? Fugitive par elle-même et à peine signalée par le mot qui la résume, comment supportera-t-elle les liens qui l'attacheront, les soudures qui la fixeront, les efforts qui l'amoindriront, les voiles qui lui prêteront des formes de caprice ? Entamée, dissimulée et souvent faussée par tous ces apprêts, elle ne procure comme élément analytique qu'un appoint trop vague pour assurer à la synthèse ou à l'empreinte composée une existence suffisamment appréciable. On comprend même que si elle se prolonge dans les limites assez reculées que ce tissu lui accorde, elle devienne insaisissable et soit remplacée par une impression qui se soustrait à l'analyse.

Qui pourrait alors déterminer l'étendue du concours qu'elle prête à l'erreur, à la séduction, à la mauvaise foi ! Chaque mot affublé de son enveloppe grammaticale attire surtout l'attention par l'extérieur de cette enveloppe ; à mesure que se déroule la phrase, le centre des connaissances enregistre tous ces accessoires grammaticaux, en recherche les connexions, et heureux, s'il y parvient, d'avoir compris l'unité ou la synthèse grammaticale, il fait bon marché de la synthèse seule de valeur : celle de l'empreinte composée. Comment aurait-il pu l'établir, quand ces éléments analytiques n'ont pas fait assez d'impression sur lui pour qu'il lui soit possible de les rapprocher pour en composer un ensemble rationnel ?

Une conséquence bien déplorable a dû se produire à l'origine même de ce tissu systématique. Les mots, provoquant l'attention plus encore par leurs formes que par l'empreinte qui en faisait le fond, subirent ces altérations sans nombre que l'on remarque aujourd'hui dans les langues vivantes comme dans les langues mortes. Sortis de la même souche, ils se ressentirent de toutes les influences que les climats leur imposèrent ; comme les vêtements variés que les nations adoptent pour des raisons tirées du ciel sous lequel elles vivent, l'extérieur grammatical se plia aux exigences les plus diverses : il fut moelleux, harmonieux, sonore, énergique ; et pour contracter ces formes de fantaisie, il perdit son cachet originel.

Le tissu artificiel a puissamment contribué aux funestes suites de la Tour de Babel. S'il n'avait pas succédé au tissu naturel, il n'aurait pas inondé le monde, déjà en possession d'un langage à peu près commun, de ces formes innombrables qui effacent jusqu'aux radicaux et rendent inconciliables les enfants d'une même mère. Sans lui, l'Europe peut-être compterait encore plusieurs dialectes ; mais, comme en Chine, la connaissance de quelques milliers de radicaux suffirait pour mettre en relations tous les peuples, se comprenant mutuellement malgré les accents différents de leur prononciation.

Aujourd'hui, la connaissance d'une seule langue exige celle d'autant de milliers de radicaux et, de plus, celle de quelques milliers de conventions grammaticales, surchargées de règles, d'exceptions, d'usages et d'idiotismes.

Tel a dû être le fatal résultat de l'introduction du tissu artificiel dans le langage.

D'autres inconvénients devaient en résulter : car la pratique continue d'un exercice purement artificiel, en éloignant des voies naturelles, donnait entrée à bien des illusions et à bien des déceptions.

L'empreinte étant moins distincte et le mot, sa forme extérieure, prenant une importance exagérée, il devient difficile de fixer les limites de l'une et de l'autre. De bons esprits ont pu et peuvent s'égarer dans cette confusion : quelques-uns, sous les noms de *raison* et même de *pensée*, ont mêlé à leur insu l'empreinte composée et l'empreinte isolée. Le retour aux principes de la parole est difficile pour ceux qui ont usé de la *proposition grammaticale* comme d'une puissance *sine quâ non*. N'a-t-on pas vu un des sinologues les plus distingués (1), en proclamant que la grammaire est à peu près inutile pour l'étude du chinois et en résumant en quelques lignes des idées assez voisines du tissu naturel, emprunter encore les mots de verbes, adjectifs, adverbes, etc... ; il est vrai qu'il s'adressait à des étudiants qui avaient toujours puisé aux sources grammaticales ; mais ce sont justement ces antécédents qu'il faut leur apprendre à oublier.

De cette grave erreur philologique découlent bien des appréciations erronées.

Ce que l'on demande au mot, c'est : sa présentation à l'oreille, sa physionomie neuve ou pittoresque, sa nuance d'autant plus délicate qu'elle est moins perceptible, sa grâce en se glissant auprès de ceux du même voisinage, ses affinités, ses antipathies, et toutes ces vertus d'emprunt qui n'intéressent souvent l'ensemble de l'empreinte composée que pour la dissimuler ou la dénaturer. Ce que l'on demande à la phrase, ce sont : des membres flexibles se prêtant aux évolutions variées, de l'élégance dans le balancement des parties, un concours ingénieux de formes piquantes, de la mesure, de la cadence et ce je ne sais quoi qu'on est convenu d'appeler goût.

Il est vrai que ces brillants accessoires apportés *réellement* au service de l'empreinte composée, peuvent aider à la communiquer ; mais s'il est vrai aussi qu'aucun homme ne puisse servir deux maîtres, peut-on espérer que celui qui communique l'empreinte cherche surtout et avant tout, comme c'est son devoir, à la saisir d'abord au centre de ses connaissances dans toute sa réalité, et à la présenter ensuite avec la plus grande lucidité ? Peut-on espérer que l'auditeur ne se préoccupe pas de la forme qu'on lui présente, au lieu d'en saisir le fond ? Non : de ces deux maîtres ils choisiront tous deux le plus aimable, le plus facile, le plus attrayant. L'orateur ou l'écrivain emploieront les forces de leur attention, de cette attention humaine qu'un souffle effraie et qui ne peut en même temps se porter sur deux objets différents, à ramasser au centre de leurs connaissances tous les oripeaux du langage que leurs souvenirs leur rapporteront,

(1) Abel Rémusat.

et à en imaginer de nouveaux ; or ils croiront même avoir tout fait pour la connaissance proprement dite, quand ils auront tout simplement enrichi le domaine grammatical de quelques formes encore inconnues.

Que si, en dehors du langage ou dans ses applications, on se reporte à toutes les passions qui agitent l'humanité et aux abus que l'on peut faire de la parole, ce grand lien social, on comprendra sans la justifier cette sentence impie *que la parole a été donnée à l'homme pour déguiser sa pensée.* C'est qu'en effet avec tous les détournements dont la vérité est passible dans un langage artificiel, on peut l'envelopper de tant d'accessoires devenus éclatants, qu'elle remplisse la fonction honteuse de la phrase, tandis que les ornements sont prodigués sur son entourage. Mais, outre que la parole joue alors un rôle indigne d'elle, son action poursuivie dans cette voie détériore, amoindrit et flétrit les esprits qui entendent ainsi sa pratique : la littérature devient le tombeau du vrai et le langage se façonne aux abus de la parole grammaticale.

Il n'est pas seulement facile de déguiser la vérité à l'attention de l'auditeur avec le tissu artificiel, on peut encore la lui soustraire entièrement et lui offrir le vide sous les dehors attrayants de la réalité. Comme ces vêtements suspendus aux branches des arbres pour tromper les oiseaux déprédateurs, le langage prête ses formes à des apparences d'empreintes que l'on chercherait en vain à saisir ; car elles recouvrent du foin ou quelque mannequin indigeste. Aussi le grand comique a dit : « Et ce n'est que du bruit que tout ce qu'on écoute », et un ingénieux moraliste reproche à certaines gens de parler un instant avant que de penser. Les Grecs, témoins des immenses séductions exercées par le langage, ont pu dire par la bouche d'Esope que la langue était la meilleure et la pire chose du monde ; s'ils eussent eu le tissu naturel à leur service, ils n'eussent pas porté un jugement aussi sévère sur les abus de la parole.

Du reste, en laissant de côté les graves excès qu'engendre le tissu artificiel, on pourrait s'arrêter à ces reproches : que la communication de l'empreinte ne parvient pas librement et franchement au centre des connaissances de l'auditeur ; que ce tissu qui pêche sur une des exigences de la première loi, c'est-à-dire sur le travail correct et précis des empreintes composées, n'est pas moins en défaut sur la quatrième loi qui demande leur transmission aussi fidèle que possible.

3° Tissu mixte jugé d'après les lois de la parole.

Le tissu naturel et le tissu artificiel, par cela seul qu'ils existaient, ne pouvaient être en contradiction flagrante avec les lois de la parole ; le tissu mixte par cela qu'il existe aussi et parce qu'il est tiré des deux autres tissus ne peut de même heurter de front ces lois impérieuses.

Il va donc suffire d'étudier ici les avantages dont il se prive ou ceux qu'il acquiert, comme les inconvénients dont il se débarrasse et ceux qu'il contracte, par les emprunts qu'il fait à ces deux tissus.

AVANTAGES DU TISSU MIXTE. Comme la base du tissu mixte est la même que celle du tissu artificiel, il reste encore trop près de ce dernier pour ne pas lui emprunter le plus grand nombre de ses avantages ; mais il n'en peut tirer un aussi grand parti.

Ainsi, il n'accepte pas immédiatement telle partie d'empreinte qui se présente au centre des connaissances avant d'avoir disposé de celles qui doivent la précéder ; pourtant il a encore une assez libre carrière pour n'être pas gêné dans la formation des empreintes composées.

Il est vrai que le sujet de la proposition doit se présenter d'abord, puis l'affirmation grammaticale, liée ou non avec le verbe, puis, après celui-ci, le complément direct et enfin les compléments indi-rects. Mais les souvenirs du tissu artificiel laissent encore le champ ouvert à certaines inversions qui facilitent l'enregistrement des parties de l'empreinte composée au moment où elles s'élèvent au centre des connaissances. Non-seulement les adjectifs transformés en substantifs et réciproquement viennent au secours de l'attention, mais les compléments indirects n'ont pas le plus souvent de place bien déterminée, grâce à la préposition qui les fait reconnaître ; les participes présents intercalent des fragments entiers de phrase là où ils pouvaient n'être pas attendus ; les pronoms et les conjonctions suspendent l'apparition de l'un quelconque des membres de la proposition, etc...

Les résultats de ces concessions rappellent donc suffisamment les prérogatives reconnues au tissu artificiel.

Les parties d'empreinte venues comme au hasard s'enchaînent aisément dans le cadre élastique de la proposition et ne sont pas égarées dans les souvenirs faute d'être reçues et adoptées à leur naissance. Le langage en acquiert une aisance, une abondance qui rivalisent, quoique de loin, avec le tissu qui lui a servi de modèle.

Grâce à l'art d'user de ces ressources, l'improvisation est presque aussi facile qu'avec le langage purement artificiel ; l'éloquence offre encore des modèles qui, sans approcher de ceux que nous ont laissés Démosthènes et Cicéron portent quelquefois avec eux plus de conviction, parce que la séduction oratoire y est moins apparente. Les mouvements passionnés n'ont encore que trop d'essor dans le canevas souple où ils se développent ; enfin, le charme littéraire en perdant certains plaisirs en a souvent conquis d'autres qui naissent du voisinage plus rapproché du vrai.

Ici, comme dans le tissu artificiel, les liens grammaticaux contribuent au rappel des souvenirs ; ceux-ci peuvent éclairer les conceptions abstraites et seconder leur développement, parce qu'elles forment corps aussitôt qu'ils sont produits ; or, cette réalisation rapide permet le retour de l'attention sur son œuvre, la vérification et la correction des matières ardues pour l'intelligence et une synthèse puissante après une analyse vraiment mûre.

Ici aussi, facilité de présenter dans l'intérieur d'une phrase complète des membres analytiques classés, chacun suivant leur importance, et coopérant à la formation d'un tout qui, sans laisser inaperçues les parties accessoires, le résument pourtant dans un ensemble distinct et lumineux ; facilité de transmettre les sentiments qui sont quelquefois le dernier mot de l'empreinte ; fidélité de la communication des empreintes qui, souvent senties plutôt qu'imprimées par le tissu purement artificiel, sont par le tissu mixte presque aussi bien senties et plus sûrement transmises.

Comme on le voit, presque tous les avantages attachés au tissu artificiel se rencontrent ici, quoique à un degré inférieur ; il ne faudra pas s'étonner que ceux dont le tissu naturel est la source en découlent bien plus indirectement encore : issu du premier, le tissu mixte tend à se rapprocher du second ; mais marqué du sceau de son origine, il ne peut se dépouiller du caractère artificiel que lui impose la proposition grammaticale.

La déduction naturelle des empreintes lui est interdite. La simplicité qu'il peut s'attribuer en ramenant la proposition à ses termes essentiels exprimés dans l'ordre rationnel, est un moyen terme toujours plus voisin de l'art que de la présentation naturelle des empreintes. Mais les conséquences n'en sont pas moins avantageuses ; les inversions n'étant plus possibles que dans des circonstances assez restreintes, quelques-uns des bénéfices du tissu naturel font retour au tissu mixte. Les empreintes composées se déduisent aussi avec régularité et uniformité ; leurs parties assujetties à cette règle sont déjà moins favorisées du côté de l'indépendance et obéissent plus rigoureusement aux liens qui en assurent l'ensemble ; de ce que telle partie ne peut plus s'attribuer un effet exagéré, il résulte une perception plus distincte du tout et une appréciation mieux sentie de cette synthèse.

Le raisonnement tire quelque fruit de cette précision : car l'empreinte composée qui en fait partie étant nettement limitée au centre des connaissances, se lie plus aisément et plus correctement à celle qui la précède ou à celle qui la suit, et ainsi les principes conduisent plus sûrement aux conséquences, ou celles-ci font remonter plus légitimement aux principes.

Plus le vêtement grammatical qui recouvre l'empreinte est rare et facile à reconnaître, plus celle-ci reçoit de clarté et conserve de pureté : c'est ce que témoigne l'anglais quand il ne recherche pas les allures artificielles qui ne sont pas de son domaine. Il ne faut pas à cet égard confondre la clarté née de la partie grammaticale avec celle qui ressort des empreintes ; cette dernière est la plus intéressante, quoique beaucoup de bons esprits se laissent quelquefois séduire par la première. La clarté grammaticale du français peut rendre saillants les membres de la proposition la plus compliquée, et à ce titre elle peut revendiquer sa suprématie ; mais elle n'implique qu'indirectement la clarté de l'empreinte composée. C'est à l'anglais plus encore qu'au français qu'il faut demander l'expression fortement trempée des empreintes, les modifications artificielles de la grammaire sur le mot rejaillissant sur l'empreinte, et l'anglais les repoussant autant qu'il le peut, il y a chez lui quelque chose de la sincérité du tissu naturel ; la vérité doit être d'autant plus accessible que sa peinture sera moins déguisée.

L'enfance exercée à un tissu artificiel moins indécis et plus rigoureux, contracte de bonne heure l'habitude de coordonner les empreintes avec méthode ; privée d'une liberté dangereuse, elle ne s'abandonne pas au hasard de ses sentiments irréfléchis. Si ce n'est pas la nature qui lui dicte l'ordre des empreintes, au moins c'est un art qui réprime les trop grands emportements et oblige l'attention à faire un retour sur elle-même.

La transmission de l'empreinte, effectuée dans les intervalles d'un cadre moins varié, et suivant des traces plus régulières, est plus aisée à opérer. L'auditeur est un peu moins préoccupé de la forme et attache plus de prix au fond ; il démêle sans trop de peine les fils qui se croisent dans le tissu mixte. S'il perd encore dans ce travail une part de l'attention qu'il doit à l'empreinte, il n'a pourtant pas toutes les préoccupations causées par le tissu artificiel : la simplicité du cadre, les bornes imposées à l'orateur lui permettent de suivre sans trop de distraction la voie qu'on lui indique.

Enfin les limites plus étroites dans lesquelles l'intelligence est forcée de se mouvoir, en la privant des grands entraînements de la parole, rendent son intensité peut-être plus puissante et donnent justice à la raison sur l'imagination.

INCONVÉNIENTS DU TISSU MIXTE. Le tissu mixte est encore trop voisin du tissu artificiel pour n'en avoir pas contracté les inconvénients ; l'acceptation qu'il fait du grand principe, la proposition grammaticale, l'éloigne des formes naturelles et en lui procurant les ressources de l'art lui en laisse aussi la responsabilité.

Quoique moins torturée par la grammaire, l'empreinte isolée ne peut rester entièrement pure des formes de convention. L'anglais qui a été le plus loin dans un système d'abstention et qui s'est débarrassé de tant d'entraves a été forcé de se plier à tout ce qu'il n'a pu répudier. De là, des empreintes isolées ont été entamées pour recevoir la soudure grammaticale, et ont perdu leur netteté. D'ailleurs l'obligation permanente de suivre les détours et le développement du cadre grammatical ne laisse pas l'attention libre de saisir ces empreintes dans leur acception bien sentie ; on est toujours forcé, que son rôle soit ou non annoncé par la terminaison, de se rendre compte et du personnage et de son mode de fonctionnement dans la phrase, ce qui préoccupe et ne laisse pas à l'intelligence la simplicité de son travail. Le double regard qu'elle jette sur les éléments de l'empreinte composée la détourne encore d'un examen mûr et profond.

De plus, pour éluder les richesses des conventions dont le tissu artificiel s'enorgueillit, il est contraint d'attirer à lui des éléments étrangers à l'empreinte composée et qui maintiennent la phrase dans le cercle de la proposition grammaticale. Il s'est tellement familiarisé avec cette espèce d'analyse, qui n'a encore qu'une valeur de convention en dehors de l'intérêt vrai de l'empreinte composée, qu'il a poussé ce système jusqu'à conserver du saxon un mode de composition analytique pour les radicaux. Ainsi non-seulement il a des mots que l'on pourrait appeler vides, comme les Chinois les dénomment, qui tiennent lieu des modes et des temps ; mais ils conserve assez inutilement, comme l'allemand, la trace d'empreintes analysées qui demandaient à être présentées synthétiquement : ce sont des prépositions qui en s'éloignant du verbe lui rendent ce service de bien peu de valeur. On n'en parle ici que parce que le travail qu'il faut faire pour dégager les mots plus utiles à la proposition qu'à l'empreinte se trouve encore embarrassé par ces décompositions radicales.

Les autres langues à tissu mixte, pour n'avoir pas l'abus d'analyse

radicale qui vient d'être signalé, n'en ont pas moins les inconvénients de ces analyses grammaticales qui occupent l'attention en la
fixant sur le tissu de la parole, au lieu de l'attacher sur l'empreinte
composée. Si l'anglais a pu dire en dix mots ce que le tissu naturel
exprimerait en trois mots : « To be or not to be, that is the question », ce qui signifie être — n'être pas — question ; le français a
dit dans le vers de Molière cité plus haut : « Et ce n'est que du
bruit que tout ce qu'on écoute » ce qui pourrait s'exprimer par ces
trois mots : Seulement — écouter — bruit.

Il est vrai que ces langues ont fait de leur imperfection ou de la
richesse de leurs conventions un de leurs titres de gloire, et que les
littérateurs apprécient avec une délicatesse de goût toute spéciale
les beautés dues à ce parfum grammatical ; mais il faut attribuer à
chaque chose ce qui lui appartient et ne pas croire saisir quelque
empreinte, quand on saisit des formes habilement dessinées.

Le tissu mixte peut aussi favoriser l'erreur et la mauvaise foi :
car il conserve assez d'inversions et peut circonscrire l'empreinte
dans un dédale assez compliqué pour que l'attention se satisfasse de
dénouer le nœud grammatical en laissant pénétrer à l'insu de l'auditeur
les fausses interprétations ou les dangereuses séductions. Eût-il assisté
seul au grand événement de la Tour de Babel, il eût pu servir d'instrument à la colère céleste : le régime des conventions grammaticales introduit dans le langage tant d'éléments de discorde ; il favorise si particulièrement les humeurs, les caprices des individus et
des masses ; il donne si beau jeu aux empiètements de l'usage, aux
innovations les moins rationnelles que, même avec les limites qu'il
cherche à se donner, le tissu mixte aurait pu troubler profondément
l'harmonie d'un idiome commun et séparer les peuples les plus fra-
ternels par les barrières infranchissables de la diversité des idiomes.
Aussi, même chez les peuples occidentaux si rapprochés topographi-
quement et presque cousins-germains pour le nombre infini de radicaux qui leur sont communs, il serait impossible de ramener à
l'unité de langage des peuples qui, s'ils avaient suivi la bannière
du tissu naturel, se comprendraient aujourd'hui sans la moindre
étude.

L'erreur philologique qui attribue une valeur aussi sérieuse à la proposition grammaticale qu'à l'un des membres essentiels de l'empreinte composée, a dû germer aussi bien avec le tissu mixte qu'avec le tissu artificiel ; il est aussi difficile, et quelquefois davantage, de distinguer l'empreinte de son entourage grammatical. Il en résulte qu'il y a encore là occasion d'opter entre la justesse de la représentation et les grâces de la forme ; qu'on se décide pour le plaisir de préférence au devoir et que le tissu, déjà plus favorable à la précision et par suite à la recherche du vrai, devient comme l'autre le rendez-vous des empreintes de sentiment et de passion, la source d'abus que la vérité ne peut plus éclairer et d'entraînements irréfléchis qui retardent de plus en plus l'accord général sur les grandes bases de l'humanité.

Il n'est pas seulement approprié aux déguisements de la vérité, il a, comme le tissu artificiel, le triste privilége de satisfaire l'esprit par la combinaison des formes grammaticales sans figurer la représentation d'une empreinte réelle. Entre cette limite si voisine de la folie et celle qu'assignerait le tissu naturel, il y a une si large place qu'il faudrait une étude bien approfondie de la parole pour n'être pas dupe des illusions.

Au reste, la communication ne peut être aussi fidèle qu'elle l'est avec le tissu naturel : ses allures sont moins franches ou plus déguisées, en s'accommodant au cadre artificiel qui domine les autres conventions. Et pourtant elle n'est pas exempte de certains désavantages qui s'attachent à l'ordre naturel des parties dans l'empreinte composée.

En effet : l'art, comme il a été remarqué plus haut, n'est pas d'une médiocre importance dans l'extension donnée aux moyens naturels dont l'homme dispose pour créer les empreintes composées. Quoique cet art ne soit pas étranger au tissu mixte, cependant il a chez lui un peu moins d'efficacité. Telles parties qui se présentent avant leur tour dans l'unité du cadre à remplir sont ajournées pour laisser le rang libre à celles qui doivent les devancer. Or cet ajournement a ses inconvénients dont on ne se dissimule pas l'importance : car si grande est l'inconsistance des empreintes et leur mobilité au centre

des connaissances, que les moindres entraves deviennent quelquefois des obstacles sérieux.

§ VI.

Lequel des trois tissus est plus conforme aux lois de la parole?

Étant donnés les avantages et les inconvénients qui découlent des
trois tissus de la parole, déterminer le mode de tissu qui convient
le mieux aux lois de la parole.

Telle est la question qu'il s'agira d'examiner tout à l'heure sous
ses différentes faces.

Mais d'abord, l'un quelconque de ces tissus ne peut-il, en raison des
avantages dont il est doué, et malgré les inconvénients qui le déparent, satisfaire autant qu'on peut le demander, humainement parlant,
aux lois du langage ?

Puisque les lois du tissu de la parole sont, d'après la définition
adoptée (page 7), *les rapports nécessaires qui dérivent de la
nature du tissu de la parole ;* puisque ce tissu a été étudié jusqu'ici
théoriquement et dans ses applications pratiques ; puisqu'enfin ses
rapports nécessaires ont été posés (page 73 et suiv.), il semblerait
que désormais il suffira de subordonner toutes les applications à ses
lois, de rejeter celles qui ne s'y conforment pas et d'accepter, au
contraire, celles qui s'y adaptent complétement. Mais aucune ne réunissant à la fois toutes les conditions exigées, il devient utile de
discuter le mérite des quatre lois définies ci-dessus pour repousser
ce qui pèche par les points les plus graves et accepter ce qui, avec
des défauts de médiocre importance, présente les avantages les plus
grands et les moins contestables.

En résumant les avantages les plus grands, offerts par les trois
tissus, on trouve :

Avec le tissu naturel, une clarté et une précision admirables dans
la confection des empreintes composées, une aisance et une fidélité
irréprochables dans leur transmission ;

Avec le tissu artificiel, une richesse d'empreintes composées dont rien n'approche, une souplesse indéfinie de la parole, la transmission énergique des sentiments ;

Avec le tissu mixte, tous les avantages que caractérisent le tissu artificiel, à une infériorité près que semblent balancer suffisamment les emprunts faits au tissu naturel.

De même, en résumant les inconvénients que présentent les trois tissus, on remarque :

Que le tissu naturel ne seconde pas assez les relations des empreintes isolées entre elles, ni la création et la fécondité des empreintes composées ;

Que le tissu artificiel nuit à la précision et à la fidélité des empreintes isolées ou composées, retarde, par ses artifices grammaticaux, le retour du langage à l'unité, et, par la prise qu'il donne aux passions, l'avénement de la vérité ;

Que le tissu mixte a tous les inconvénients du tissu artificiel avec une atténuation que balance un peu trop la complication à l'aide de laquelle il se rapproche du tissu naturel.

C'est de l'examen critique de ces six propositions que ressortira le plus ou moins d'importance des lois qui régissent le tissu de la parole et le mode de composition qui sera le plus conforme à ces lois.

Si l'un quelconque des trois tissus avait seul germé sur la surface de la terre, on serait tenté de le considérer comme seul viable, de faire ressortir ses avantages, et de pallier ses inconvénients comme des vices nécessairement attachés au langage. Mais il n'en est pas ainsi : tous trois ont eu et ont encore leur place au soleil ; tous trois sont sous la langue d'un nombre presque équivalent d'habitants du globe. Le système des majorités serait assurément de peu de valeur dans cette question : les diversités des races, des lieux, des circonstances, les hasards des révolutions du globe, des hommes et des choses, ont trop incidenté les événements pour qu'il soit possible d'asseoir un raisonnement solide sur la valeur numérique des populations soumises à ces divers tissus.

En serait-il de même en prenant pour base le degré de civilisation atteint par ces trois catégories de l'humanité ?

Les faits accomplis sont si incisifs qu'on ose à peine élever la voix contre eux ; on leur prête une puissance qu'ils n'ont pas toujours ; par ce qu'ils sont, on conclut qu'en tout état de cause, ils devaient être. Cette argumentation, avouée ou tacite, exerce même à l'insu du penseur une influence immense sur ses jugements. Il faut, ici comme ailleurs, être en défiance contre ces défaillances de la raison ; mais l'examen des faits porte avec lui des enseignements qu'il ne faut pas négliger.

Puisqu'il est vrai que sans la parole les sociétés humaines ne pourraient subsister, il n'est pas improbable que cette cause de sociabilité soit en même temps une cause de civilisation. Or, en reprenant le langage dans son tissu, c'est-à-dire à la source d'où il découle, on peut être assez élevé pour découvrir de cette éminence l'horizon tout entier où se débattent les intérêts humains. Voici donc les effets auxquels, bien d'autres causes aidant, les développements de ces trois tissus ont conduit l'humanité.

Une population que l'on croit à peu près double de celle de l'Europe, sur un territoire qui ne diffère pas en grandeur de cette même partie du monde, a pieusement recueilli et conservé l'héritage de ses premiers parents ; elle représente dans le monde le grand principe de l'ordre et de la stabilité. Plus morale que religieuse, elle croit que l'étranger importe chez elle les préjugés, les erreurs et les immoralités, et elle le repousse de toutes ses forces ; en attendant, depuis des siècles si reculés qu'aucune nation ne peut la suivre dans cette supputation du temps, elle nourrit ses prodigieuses générations par des richesses agricoles et une industrie inimitables ; l'amour et le respect dans la famille sont restés bases de toutes les institutions de ce peuple que des ignorants ont qualifié de barbares. En faisant justice des déclamations intéressées qui ont accrédité dans l'occident des appréciations erronées sur le compte de cette population, on reconnaîtra en elle le type de l'adresse physique et morale, de la justice, du travail et du bon sens ; il ne lui manque pour être sans rivale dans l'occident que des développements plus étendus dans les sciences exactes ; mais les applications de ces sciences aux machines ruineraient de fond en comble les artistes industrieux et attaqueraient d'innombrables familles dans la source même de leur subsistance. Quant aux institutions civiles de l'Europe, elles ne pourront être un objet d'envie que lorsqu'elles auront montré leur fruit en coupant dans la racine les révolutions qui sont ennemies du travail et de la famille ; jusque-là, le principe de stabilité dans l'ordre et par suite dans les jouissances humaines, demeurera confiné chez le peuple qui reste fixé au *tissu naturel de la parole*.

Si l'on examine, d'autre part, comment se sont comportées les sociétés livrées au tissu artificiel de la parole : nous les voyons dans les temps les plus reculés s'abandonnant à toutes les intempérances de leurs passions ; gouvernées par des sectes qui prétendaient avoir reçu leur mandat de Dieu lui-même, et toutes ces sectes contradictoires, dont une seule du moins devait confesser la vérité, obtenant une confiance illimitée de ceux qu'ils illuminent, enfantant des mots et propageant par la persuasion, dont leur langage est surtout responsable, les doctrines les plus opposées. L'Inde voit deux religions se disputer successivement ses enfants ; l'enthousiasme est encore enflammé par les productions poétiques qui répandent sur les peuples environnants leurs mélodies enivrantes et jusqu'aux caprices de leur rhythme. Derrière elle, au milieu des autres nations, se dessine la Grèce avec sa brûlante éloquence, et enfin le vainqueur du monde, le peuple latin, qui a manié ce tissu dangereux avec sagesse et réserve. Que si l'on jette les yeux sur les successeurs de ces peuples à notre époque, on trouve encore que c'est à côté du *tissu artificiel* que se rencontrent et les plus grossiers préjugés et les plus grandes erreurs.

Enfin le *tissu mixte*, d'une origine toute récente, a pour interprète des peuples qui marchent à la tête de la civilisation moderne. La France et l'Angleterre remplissent le monde de leur influence et de leurs idées : l'une, véritable trait d'union entre le tissu artificiel et le tissu mixte, comme elle l'est entre la mer et le continent, a conservé l'ardeur des nations qui ont fléchi devant l'éloquence et les formes artificielles du langage ; elle cherche la vérité, mais avec cette passion fiévreuse qui empêche de la saisir ; l'autre, véritable fondatrice du tissu mixte, froide comme la mer qui la baigne de tous côtés, règne en vainqueur sur toutes les mers du globe, a fondé la colonie dont les progrès ont déjà dépassé ceux de l'ancien continent, et, comme pour offrir au philosophe le contraste le plus saisissant, occupe en triomphateur la terre classique du tissu artificiel. Toutes deux marchent à la conquête du vrai par la route de la tolérance : aux fanatismes religieux surexcités par les entraînements abusifs du langage, ont succédé ceux des croyances politiques qui, trouvant ici-bas les leçons de l'expérience, conduisent tôt ou tard dans la voie de la raison.

Tels seraient sommairement les résultats de l'enquête philologique à laquelle on croirait devoir demander une décision.

Par une coïncidence dont on ne peut nier la valeur, les trois tissus ont produit les événements qu'annonçaient les principes mêmes que la théorie découvre en eux.

Là où les empreintes composées sont créées avec clarté et précision et transmises avec aisance et fidélité, là les causes de conflit seront diminuées et l'entente mutuelle facilitée ; la raison calme et l'ordre méthodique deviendront un besoin permanent, et la stabilité une des suites naturelles de ces principes. Que si la formation de ces empreintes ne jouit pas d'une trop grande fécondité, elle n'entraînera pas dans les aperçus hasardés et fera repousser avec ceux qui les apportent les innovations que la raison ne justifiera pas ouvertement avant même leur application.

Là où les empreintes composées seront tellement fécondées et la parole si maniable qu'elles transmettront instantanément tous ces sentiments si divers qui affectent la nature de l'homme, les effets les plus variés suivront les explosions de la passion. Le désir insatiable de savoir donnera beau jeu aux illusions nées de la parole. Les secrets impénétrables seront exploités par les séducteurs intéressés, et les erreurs et les préjugés en germant dans les masses y produiront d'incessantes révolutions.

Là enfin où les empreintes composées seront un peu moins fécondées et la parole un peu moins maniable, les erreurs et les préjugés seront moins alimentés par la passion. Que s'il y a rencontre entre les individus dont la parole est ainsi moins grosse de dangers et ceux qui en acceptent tous les périls, l'avantage ne peut manquer de rester à ceux qui sont armés de la raison et se défient des jugements erronés.

S'il fallait opter entre les trois tissus, tels qu'ils se sont produits et en s'appuyant sur les faits qui viennent d'être déduits, on serait tenté d'accorder quelque préférence au tissu mixte. D'ailleurs le principe *in medio virtus* exerce toujours, à notre insu même, quelque pression sur le jugement ; il est si commode d'éviter tout embarras en répudiant l'antagonisme des deux extrêmes. Mais comme dit ingénieusement un philosophe chinois : « Pour avoir un milieu il faut une balance, autrement on incline vers l'un des côtés qu'on veut éviter. »

Le tissu mixte n'est nullement un milieu entre les deux autres tissus ; il est tellement incliné vers le tissu artificiel qu'il n'en est qu'un accident particulier ; il n'a mérité une distinction spéciale que parce qu'il emprunte certaines formes caractéristiques du tissu naturel ; mais, quant au fond, il n'a rien de commun avec ce dernier. Or le fond étant la vérité et la forme son apparence, il faut ranger le tissu mixte avec le tissu artificiel, puisque tous deux reposent sur le même fond : sur la proposition grammaticale.

La question sera donc placée sur son véritable terrain en ces termes :

LEQUEL DU TISSU NATUREL OU DU TISSU ARTIFICIEL RÉPOND MIEUX AUX BESOINS DE LA PAROLE ?

Soit donc établie la balance entre le tissu naturel et le tissu artificiel, en prenant pour critérium les lois du tissu de la parole.

Ces lois énoncées ci-dessus (page 196 et suiv.), ont été utilement ramenées à leur appréciation la plus générale dans les six propositions qui résument (page 231) les avantages et les inconvénients attachés à l'exercice des trois tissus.

C'est aussi sur la comparaison de ces mérites et de ces démérites qu'il faudra se rendre véritablement compte de leur valeur relative.

Or, deux grands principes sur lesquels il importe de fixer l'attention et d'établir un jugement dominent ces lois dans l'ordre de la déduction :

Création de l'empreinte composée ;

Transmission de l'empreinte composée.

La transmission de l'empreinte est postérieure à sa création ; elle n'a de valeur qu'autant qu'elle en reçoit de cet acte antérieur.

Ce privilége d'antériorité n'est pas le seul que l'on puisse reven-diquer en faveur de la formation de l'empreinte composée. C'est en elle que réside toute la puissance de l'intelligence humaine.

Il ne faut pas perdre de vue, en effet, que l'empreinte isolée n'acquiert son titre que quand un mot définitivement adopté lui donne ainsi une existence distincte. Bien ou mal comprise dans son analyse, elle est désormais une synthèse, et le livre de toutes les synthèses dont l'esprit humain compose son butin n'est autre que le vocabulaire d'une langue. Tous les membres d'une même société étant munis des mêmes synthèses ou du même vocabulaire n'ont que peu d'efforts à faire pour donner l'éveil sur celles de ces em-preintes qu'ils veulent faire surgir au centre des connaissances de l'auditeur. Celui-ci, habitué dès l'enfance à les faire apparaître quand il le veut et à les ordonner dans une succession régulière dont l'ordre constitue l'empreinte composée, reçoit le mouvement qu'on lui communique sans de grands efforts d'attention. Aussi, quel que soit le tissu suivant lequel on la communique, quand l'em-preinte est vraiment et clairement comprise par celui qui l'émet, elle arrive sûrement à sa destination. Il peut y avoir tel ou tel procédé qui l'expose avec plus d'aisance et de lucidité ; mais les procédés sont tous subordonnés à la netteté avec laquelle l'empreinte est conçue. C'est ce qu'avait compris et exprimé avec une précision remarquable le poëte qui dit :

> Ce que l'on conçoit bien s'énonce clairement,
> Et les mots pour le dire arrivent aisément.

Comment les mots n'arriveraient-ils pas aisément à celui qui con-çoit bien, quand la conception, pour être bien faite, doit présenter à l'esprit lui-même pendant son travail les *synthèses* et par conséquent les *mots* qui constituent l'empreinte. Si formelle est cette loi de production que ceux mêmes qui aiment à se faire illusion et prétendent avoir certaines vues instinctives dont ils ne peuvent rendre compte, reconnaissent le besoin de se confier au papier pour donner un corps à ces aperçus, et qu'ils ne découvrent ce qu'il y a de réel dans leurs impressions que lorsqu'ils les ont soumises à l'épreuve de la parole.

Il est donc facile d'établir que la communication des empreintes, qui est en effet le principal but de la parole et qui semble seul devoir attirer à lui tout l'intérêt du langage, n'est en réalité que secondaire ; qu'elle peut être obtenue par un grand nombre de conventions ; que la complication des procédés employés pour la produire serait encore suffisamment éludée par l'habitude des conventions, la puissance considérable des souvenirs, par la souplesse infinie de l'esprit et par des habitudes contractées dès l'enfance.

Il n'est pas si aisé d'avoir raison de l'empreinte composée au siége même où elle se forme et d'obtenir sa création dans les conditions normales qui seules peuvent la vivifier.

Là tout est incertain, tout vacille : les empreintes que l'attention cherche à saisir se trouvent liées à d'autres ou faire partie d'unités plus générales qui se présentent en même temps et dont il faut se débarrasser pour considérer à part l'objet que l'on poursuit. Pendant ce travail, les impressions qu'alimentent les sens viennent à chaque instant entretenir un mouvement contraire au centre des connaissances ; ce que l'on venait de saisir échappe et disparaît ; ce qu'on voudrait atteindre se présente sous une forme insaisissable ou ne se laisse apercevoir que sous un jour faux et trompeur.

Ce qui vient d'être avancé sur la communication de l'empreinte, à savoir que, malgré la complication du procédé qui la transmet, l'esprit la saisit assez facilement, ne peut plus s'appliquer à sa formation. Quand, repliée sur elle-même l'attention cherche au milieu des synthèses ou mots, déposés par milliers au centre des connaissances, ceux qui doivent concourir à la création de l'empreinte composée, elle est incessamment troublée par les images amoncelées autour d'elle et par les souvenirs qui s'y rattachent ; elle peut, avec un long exercice et une concentration profonde, paralyser momentanément les organes des sens et refuser ainsi l'accès aux impressions non interrompues que le monde extérieur tend à lui imposer ; mais le mouvement intérieur qu'elle provoque elle-même pour s'emparer des objets qu'elle convoite, comment l'apaisera-t-elle ou éludera-t-elle ses oscillations, si le tissu de la parole ne vient pas à son aide ?

Il est donc suffisamment démontré que parmi les rapports nécessaires qui dérivent de la nature du tissu de la parole, le plus impérieux est celui qui répond à la formation de l'empreinte composée.

Ainsi, tout en attribuant aux autres conditions la valeur dont on doit tenir compte, il faut surtout avoir égard à la considération qui domine toutes les autres.

Cela posé : soit établie la comparaison entre le *tissu naturel* et le *tissu artificiel*.

L'un est incomparable pour la clarté et la précision des empreintes composées comme pour l'aisance et la fidélité avec lesquelles il les transmet.

L'autre est incomparable pour la souplesse et la richesse des empreintes composées comme pour la transmission énergique des sentiments.

Celui-là ne seconde pas assez les relations des empreintes entre elles, ni la création et la fécondité des empreintes composées.

Celui-ci nuit à la précision et à la fidélité des empreintes composées ou isolées, est un obstacle à l'unité du langage et ajourne l'avénement de la vérité.

Comment établir une balance entre des qualités aussi essentiellement différentes ?

S'il fallait opter entre ces deux tissus présentés sous une forme aussi exclusive, chacun se déterminerait suivant les habitudes littéraires qu'il aurait contractées. Les personnes calmes, qui préfèrent la froide raison aux transports de l'imagination, proclameraient la supériorité du tissu naturel; au contraire, les hommes à imagination vive, épris de la richesse et de la variété des formes, qui sont adonnés au plaisir de la parole qu'ils savent manier avec grâce et souplesse, se rangeraient sous la bannière du tissu artificiel.

Des deux côtés il y aurait déficit; mais les premiers seraient dans la voie qui conduit à la conquête du vrai, tandis que les seconds s'enivreraient avec leurs douces illusions.

Pour sortir de cette impasse, il importe de poser cette question subsidiaire : chacun de ces tissus est-il condamné à fonctionner dans les limites que la pratique lui a marquées, ou peut-il, en marchant dans une voie de progrès, acquérir les avantages qui lui manquent et se dépouiller des vices qui le déparent ?

La nature a des procédés d'une simplicité admirable ; ils concourent au but qu'elle se propose sans qu'il soit besoin d'aucun auxiliaire. En la suivant rigoureusement, le tissu naturel n'a pas le champ libre pour les grands écarts ; mais il est forcé de subir l'inflexibilité des bornes qui le condamnent bientôt à l'impuissance. Il arrive peut-être au plus haut degré de clarté et de précision que puisse atteindre le tissu de la parole; mais il ne semble pas pouvoir remédier aux inconvénients qui naissent de son exercice. En effet, les relations des empreintes sont toujours et invariablement fixées de la même manière : car la déduction naturelle des idées est invariable comme la nature elle-même; à cet égard, il faudrait l'emploi de quelque procédé habituel combiné pour amener une innovation tant soit peu fructueuse, et le tissu profondément altéré deviendrait désormais artificiel. Il en est de même pour la création et la fécondité des empreintes composées : s'il se rencontre quelque obstacle (page 214) dans les exigences de ce tissu, à la formation des empreintes composées ; si leur fécondité, qui permet souvent d'agrandir les bornes de l'intelligence et fait découvrir des horizons nouveaux, est entravée par les rigueurs de la déduction; ces exigences du tissu naturel, ces rigueurs de déduction restant toujours aussi impérieuses, s'opposeront aux progrès que la nature ne justifie pas à l'avance.

L'art, au contraire, semble admettre des progrès indéfinis : comme il a pour auxiliaire la convention, il arrive au même but par les voies les plus diverses. En le prenant pour guide, le tissu de la parole s'expose sans doute à bien des illusions et à bien des erreurs ; mais il peut aussi se garantir des illusions et éviter les erreurs. Il nuit, il est vrai, à la précision et à la fidélité de l'empreinte composée, parce qu'il fait revêtir à l'empreinte isolée un costume qui en amoindrit le caractère, parce qu'il appelle à tort l'attention sur la forme de la connaissance composée plutôt que sur la synthèse qui doit rester dans l'esprit pure et sans mélange ; mais, ainsi que la pratique l'a démontré, dans toutes les langues qui ont suivi le tissu artificiel, la différence des degrés dans les divers systèmes de conventions indique assez que certaine précision et certaine fidélité ne lui sont pas interdites. Le latin même, dont la concision est le dernier degré obtenu par le tissu artificiel, peut presque toujours suivre l'ordre et la disposition de l'empreinte composée offerte par le tissu naturel (1) ; de sorte que celui-ci ne serait qu'un cas particulier du premier, s'il était contraint de se charger des désinences grammaticales du latin ; par exemple : *bonum vinum lætificat cor hominis*, sera sous la forme du tissu naturel quand on intervertira l'ordre des deux derniers mots, ce qu'il est parfaitement loisible de faire ; or, il reproduit fidèlement : bonté — vin — réjouir — homme — cœur. L'infériorité du latin ne réside donc plus que dans la surabondance, indispensable dans cette langue, des finales um, at, is.

La convention peut encore venir au secours du tissu artificiel dans le tort qu'il fait à la parole en favorisant la diversité des langues : car, s'il est difficile, il n'est pas impossible que certains peuples tombent d'accord sur les mêmes conventions grammaticales. Il est très-vrai que si les radicaux étaient seuls mis en jeu, comme cela se rencontre dans le tissu naturel, tous les idiomes saxons ou tous les idiomes slaves seraient fondus dans une même langue ; mais si une fusion analogue est difficile, il suffirait de la convention pour la réaliser.

(1) Les commentaires latins suivent *littéralement* les ouvrages les plus compliqués de toutes les littératures. M. Stanislas Julien a reproduit en latin un long ouvrage chinois en observant fidèlement l'ordre de tous les mots de son modèle ; il se contente de placer en lettres italiques les mots qu'il introduit pour faciliter l'intelligence du texte.

Quant au reproche assez légitime, à savoir que le tissu artificiel a contribué à faire ajourner la solution des problèmes importants que se pose l'humanité, s'il faut convenir que par sa forme il jette sur les empreintes des lueurs indécises et obscurcit par les passions ou les illusions la vérité, qu'il rend trop souvent l'objet très-secondaire de l'intelligence, il faut avouer néanmoins qu'il pourrait fonctionner tout autrement; que, sous la plume qui sacrifie les insidieux plaisirs de la littérature aux précieux intérêts de la raison, il peut tout aussi bien plaider la cause du vrai; qu'après avoir faussé le penchant instinctif des êtres animés pour ce qui est, en faveur de ce qui paraît, il pourra sortir de ce cercle vicieux et trouver une force équivalente dans une voie toute rationnelle; que, pour cela, il lui suffira d'être exactement défini et de se montrer aux yeux de tous ce qu'il est réellement : un mécanisme ingénieux qu'il ne faut confondre ni avec le ressort qui le fait mouvoir, ni avec les produits qu'il livre à la circulation.

Voici donc le premier résultat de ces réflexions : le *tissu naturel* ne peut acquérir ce qui lui fait défaut, et le *tissu artificiel,* au contraire, peut progresser incessamment soit pour agrandir les priviléges dont il jouit, soit pour remédier aux inconvénients dont il est la cause ou le prétexte.

On ne peut, sans dommage, être exclu de la voie du progrès que quand on porte avec soi la perfection. Le tissu naturel est-il parfait?

Ses avantages sont si considérables, sa racine s'enfonce si avant dans les fondements que la nature elle-même a établis, qu'on serait tenté de passer condamnation; mais, l'homme tout entier n'étant pas parfait, il a fallu reconnaître dans ce tissu des inconvénients qui, pour être la suite de l'imperfection humaine, n'en ont pas moins de réalité. L'œil, comme œuvre du Créateur, est assurément quelque chose de parfait; pourtant, parce qu'il participe à l'imperfection humaine, il a besoin du secours des lunettes, télescopes, microscopes, etc. De même, le centre de nos connaissances auquel la nature a donné une perfection incommensurable, ne fournit les empreintes composées qu'avec la parole, instrument essentielle-

16

ment imparfait; dès lors le tissu naturel restera borné aux opérations les plus limitées , s'il ne vient pas au secours de l'attention. D'ailleurs cette obligation , comme il a été démontré , est la plus impérieuse de toutes (page 238). Manquer à la principale de ses obligations , c'est assurément être encore bien éloigné de la perfection.

Arrivée à cette conclusion, que d'une part le tissu naturel reste imparfait eu égard aux aspirations légitimes de l'humanité et ne peut recevoir les perfectionnements désirables, et que d'autre part le tissu artificiel plus imparfait peut-être est essentiellement perfectible, la question de supériorité sera facilement résolue.

En effet, le débat s'engage entre deux imperfections. L'une, celle du tissu naturel, touche aux intérêts les plus graves de la nature humaine : celle de la création et de la fécondation des empreintes; et il n'est pas donné d'y remédier ou de l'atténuer par quelque procédé artificiel. L'autre, le tissu artificiel porte atteinte aux intérêts de la parole et par suite à ceux des sociétés ; mais ce défaut peut être atténué par les progrès successifs et s'il n'a pas disparu complétement il ne faut s'en prendre, comme on va le voir tout à l'heure, qu'à la mauvaise direction imprimée à l'art de la parole.

Il devient donc évident qu'avec des conditions dont la réalisation doit être démontrée par des faits, LE TISSU ARTIFICIEL SERA PRÉFÉRABLE AU TISSU NATUREL; quoique, *dans l'état actuel*, le dernier soit plus conforme aux lois de la parole que le premier.

On doit se demander maintenant si, des deux types qui représentent le tissu artificiel, le tissu mixte n'est pas celui qu'on doit préférer.

La supériorité du *sanscrit* sur toutes langues mortes et vivantes ne paraît pas contestable en ce qui concerne la composition des radicaux. A partir du monosyllabe racine étendre les ramifications des mots de manière à composer toutes les empreintes isolées possibles, c'est évidemment suivre la marche la plus rationnelle et obéir dans une certaine limite au principe des connaissances humaines qui existent toujours et partout : l'analyse et la synthèse. Un pareil système serait entièrement conforme aux lois de la parole pour la formation de l'empreinte isolée, s'il réunissait certaines conditions qui lui font encore défaut. Mais l'empreinte composée ne jouit pas d'une égale supériorité : c'est ce qu'il faut bien faire comprendre aux admirateurs de cette belle langue.

Au premier aperçu il semblerait que le *nec plus ultrà* de la parole aurait été atteint par le sanscrit : car il se présente comme formant aussi l'analyse et la synthèse des empreintes composées. La liaison des mots qui créent ces empreintes étant calculée sur les principes qui forment l'empreinte isolée, il y a entre ces deux ordres de connaissances une corrélation telle, qu'on pourrait considérer la phraséologie sanscrite comme une réunion d'empreintes composées, ramenée à leur synthèse, au gré des écrivains, par la configuration de mots extrêmement longs qui en reproduisent l'analyse. C'est en effet un des charmes de cette littérature exceptionnelle : les mots sont enchaînés entre eux non-seulement par leurs liens grammaticaux, mais encore suivant les règles de cohésion posées d'avance avec un goût et un art dont aucune langue n'offre l'exemple ; il en résulte qu'un auteur en dessinant la synthèse qu'il médite ou à laquelle il attache du prix, peut suspendre ou entraîner, comme malgré elle, l'attention du lecteur. Il se produit alors à la lecture cette fascination que cause la parole dans la bouche de l'orateur, quand, avec des pauses calculées, il jette un jour ou un attrait puissant sur l'ensemble de son discours. Ce que les langues modernes cherchent en vain à introduire avec des alinéas, des blancs, des tirets, des points, etc... le sanscrit l'exprime avec une prodigieuse facilité par le simple jeu de ses conventions grammaticales.

Certes si la parole avait pour but avoué, le charme de la diction, le sanscrit laisserait bien loin derrière lui toutes les autres langues qui n'auraient rien de mieux à ambitionner que l'imitation de ses procédés ; mais elle se propose, comme ses lois l'indiquent assez, un avenir plus sérieux.

Or, le sanscrit seconde, il est vrai, plus qu'aucune des autres langues à tissu artificiel, le travail des empreintes, en ce qui touche aux formes qu'elles affectent au centre des connaissances du créateur ; mais il ne seconde pas la création elle-même. Loin de là, cette préoccupation permanente des formes grammaticales si variées, compliquée de celle de la cohésion des radicaux et des grammaticaux, le soin même avec lequel on distribue ces synthèses arbitraires dans le courant du discours, sont des entraves apportées à la connaissance nouvelle que l'on déduit de celles créées antérieurement.

La richesse de la forme supplée au fond, le laisse dans l'obscurité, l'appauvrit ou l'efface. De plus, la fusion complète opérée entre la matière radicale et l'élément grammatical dans ces mots ou synthèses prolongées déplace l'attention et l'égare. D'ailleurs le dictionnaire ou le recueil de ces synthèses capricieuses ne pouvant exister nulle part, puisque leur nombre est indéfini, l'interlocuteur et l'auditeur sont forcément amenés à faire l'étude des formes pour arriver à celle du fond qui devient dès lors un accessoire à peine digne d'observation.

Maintenant, dans l'hypothèse même où un travail sérieux serait transmis à quelque auditeur, celui-ci, en s'égarant au milieu de ces évolutions de mots rapprochés, mêlés, fondus, avec ou sans armure grammaticale , heureux quelquefois de débrouiller cet enchaînement et d'en découvrir l'analyse, soucieux quand il ne fait qu'en deviner le réseau, toujours appliqué à sortir avec honneur de ce dédale, ne reçoit pas fidèlement l'empreinte qu'on lui communique, mais se satisfait des mots qu'il a su élucider. Comment conserverait-il au centre de ses connaissances l'empreinte pure qui seule peut devenir fructueuse, quand il est forcé de faire pénétrer avec elle tout l'attirail qui l'enveloppe et dont il peut à peine la dégager.

Evidemment le type du tissu artificiel ou le sanscrit est plus qu'aucune des langues qui l'ont suivi ou imité chargé des taches originelles de ce tissu. Il est mieux qu'aucune autre disposé à torturer l'empreinte isolée par le contact grammatical, à substituer la forme littéraire à la justesse et à la vérité ; il a donné l'exemple fatal de cette multiplicité de conventions qui devait conduire à la multiplicité des idiomes ; enfin il peut favoriser plus que tout autre l'erreur, la mauvaise foi et même ces illusions de langage qui, de de loin, sont quelque chose, et de près ne sont rien.

Il suffit de lire ce qui a été dit ici sur le *tissu mixte* pour démontrer sa supériorité, dans le cercle des lois de la parole, sur le sanscrit. Pourquoi faut-il que les peuples de l'occident, dont les progrès dans la voie du langage ont été si marqués, aient conservé la tache qui rappelle si bien leur parenté avec les fondateurs du tissu artificiel? Cet amour presque exclusif qu'ils ont voué au culte des formes de la parole leur impose le devoir de s'incliner devant le sanscrit. Nulle part ils ne trouveront, en effet, le modèle plus parfait des rêves qu'ils poursuivent encore follement. Puisque les efforts littéraires, les prestiges de la diction ménagée, les pétillements d'imagination excités par le néologisme, enfin tout ce qui charme dans la parole sans être d'une utilité avérée, puisque tout cela exerce une séduction si puissante, que ne remonte-t-on à l'étude du sanscrit pour y puiser des matériaux comme à la source des plaisirs littéraires? Certes jamais la beauté du langage telle que la conçoivent quelques lettrés ne sera mieux réalisée par une autre langue.

Mais les retours de ces peuples vers les formes du tissu naturel annoncent assez que l'enfantement purement littéraire a fait son temps; qu'aux hommes sérieux de notre époque il faut un langage plus sincère que divertissant. Le tissu mixte est une révolution dans la parole, et il accompagne le progrès de la raison.

On l'a vu se former péniblement après que le tissu purement artificiel semblait avoir dit son dernier mot sous l'enveloppe latine; il a pris racine au milieu des débris du peuple conquérant, lorsque les masses homogènes recouvrant leur autonomie se heurtaient avant de se constituer séparément. A cette époque appelée *moyen âge*, tandis que les classes élevées tiraient tout leur honneur du maniement des armes, les classes moyennes forcément repliées sur les classes inférieures, apprenaient d'elles à se retremper aux sources naturelles du tissu de la parole; pour se rendre intelligibles et favoriser le commerce mutuel du langage, elles diminuaient et simplifiaient les conventions grammaticales; elles seraient peut-être retournées au tissu naturel, si l'élément artificiel de la *proposition grammaticale* n'eût été un obstacle insurmontable. Quoique arrêté par cette digue le tissu artificiel s'est tellement modifié qu'on peut, sous le nom de tissu mixte, le séparer presque complétement de sa souche originelle ; il n'y tient plus que par le seul point de départ et quelques réminiscences qui disparaissent même en partie dans le type anglais.

Puisque les empreintes isolées et composées sont, comme on est forcé d'en convenir, par leur formation et leur transmission, le véritable but de la parole ; toute langue adonnée, comme le sanscrit, au culte des formes du langage, par cela même qu'elle abandonne, pour un objet accessoire, la route tracée par la nature, reste inférieure à celle qui s'avance même irrégulièrement dans la véritable direction. L'une quelconque des langues à tissu mixte sera donc plus que le sanscrit conforme aux lois de la parole.

La comparaison entre le latin et la langue à tissu mixte ne s'établira pas aussi aisément.

Le latin est la dernière expression du tissu artificiel avant l'avénement du tissu mixte. En s'avançant vers l'occident, le trop plein des conventions grammaticales que le sanscrit avait laissées s'accumuler, a décru rapidement. Les langues slaves ont encore conservé de nos jours les mutations de consonnes ou de voyelles, dans le rapprochement des mots ou dans les finales grammaticales, qui faisaient la vie du sanscrit. Le grec avait déjà élagué cet appareil envahissant et retenu seulement quelques lettres aspirées avec leurs exigences ; les langues saxonnes, comme de nos jours l'allemand, se se sont débarrassées totalement de cet encombrement et, sans se soucier des rencontres les plus heurtées ni des accumulations d'articulations, elles ont conservé une partie de la formation radicale si méthodique des Indiens. Enfin, le latin a séparé profondément l'empreinte isolée de l'empreinte composée ; il accepte les mots d'où qu'ils lui viennent, sans se préoccuper de leur formation radicale ; il leur adapte ses désinences grammaticales et, sauf des circonstances purement exceptionnelles, il n'accouple plus les mots pour former le terme composé.

Il est assurément inférieur au sanscrit pour la formation de l'empreinte isolée ; mais, pour l'empreinte composée, il a su lui emprunter tout ce qu'il avait de substantiel, en rejetant tout ce qui était surabondant, et il reste ainsi véritablement supérieur.

Il n'a pas, il est vrai, comme l'anglais, supprimé toutes ces désinences grammaticales qui déguisent le radical et empêchent l'empreinte de se produire nette et saisissante ; mais il les ramène à une simplicité si grande que l'œil et l'oreille s'habituent facilement à les reconnaître.

D'ailleurs, le retour du tissu mixte à la simplicité du tissu naturel, tout en conservant la base du tissu artificiel, c'est-à-dire la proposition, n'est pas aussi franc qu'il peut le paraître. Anglais, Français, Espagnols, Italiens, sont contraints de sous-entendre mentalement ce que le latin exprime : c'est ce qui ressort de l'analyse qu'ils font sur leur langue respective. Quand ils se livrent à cet exercice qui n'est autre chose que la peinture de l'empreinte composée, telle qu'elle s'offre à leur esprit, ils reproduisent alors toutes les phases grammaticales que dessine le latin. Sans doute, l'omission de ces caractères devient tellement habituelle que l'intelligence s'en satisfait sans préjudice pour l'attention ; mais dans maintes circonstances délicates, l'expression latine interprète l'ambiguïté du tissu mixte.

Au reste, la forme du latin a, sur celle du tissu mixte, un avantage bien difficile à balancer, parce qu'il est conforme à la partie la plus substantielle des lois de la parole (page 217). Elle permet la formation de l'empreinte composée, quelle que soit la partie de cette empreinte qui s'offre la première et successivement. Cette prérogative qui a été d'un si grand poids dans la comparaison à établir entre les tissus naturel et artificiel, n'a pas moins de valeur quand on rapproche le tissu artificiel du tissu mixte. Ce dernier, quoiqu'il ait emprunté quelques variétés des formes latines, est loin de les réunir toutes, et favorise ainsi un peu moins la création des connaissances. Il ne serait pas exact de dire, comme pour le tissu naturel, qu'il gagne en précision ce qu'il perd en multiplicité pour la forme : autre chose est cette forme purement grammaticale pour les deux tissus, presque toujours surabondamment précisée, et la précision des empreintes qui ne dépend que du fond même ou de la connaissance. Le latin peut affecter telle forme qui convient à l'orateur et à l'écrivain, et s'il a pour objet la clarté de l'empreinte, il ne craindra la concurrence d'aucune autre langue.

Mais la plus belle prérogative que la langue à tissu mixte puisse revendiquer, va elle-même dans cette comparaison avec le latin, tourner défavorablement.

Ce qu'on peut reprocher au latin, malgré la simplicité assez régulière de sa forme, c'est de porter atteinte au mot radical par la fusion ou la juxta-position des désinences grammaticales. De ce mélange, l'empreinte ressort avec moins de pureté ou de transparence. En remédiant à ce défaut, les langues à tissu mixte n'ont-elles pas rencontré le même écueil? A quel prix ce tissu, considéré même dans l'anglais, le type le plus saillant, a-t-il conservé la pureté de ses radicaux? C'est en introduisant dans le discours un nombre considérable d'auxiliaires qui encombrent les empreintes isolées, se présentant comme des synthèses utiles et suspendant l'attention partagée entre la forme et le fond.

Un exemple va éclaircir cette observation.

Quand le latin s'exprime ainsi: *veni, vidi, vici*; les radicaux *ven*, *vid, vic*, qui sont les vraies représentations des empreintes isolées et dénoncent les actes de l'arrivée, de la vue et de la victoire, sont mélangés avec le grammatical *i*, qui, dans cet exemple, jouit d'une merveilleuse uniformité et rappelle l'indicatif du verbe, le temps passé et la première personne du singulier. Or, le français traduit: je suis venu, j'ai vu, j'ai vaincu; il procède à une analyse qui peut être considérée comme superflue; *venir, voir, vaincre,* serait assurément préférable; mais il faudrait, en français, un complément à cette phrase qui indiquât le moi applicable à chacun de ces trois actes. Or, le temps composé qui fait intervenir trois fois le pronom moi et les auxiliaires *suis* ou *ai*, donne à la forme du verbe une importance qui est au détriment du radical: en effet, quoiqu'ici cette importance paraisse minime, chacun des trois faits n'est pas moins compliqué et de la personne qui parle se posant comme sujet, au singulier, et du verbe auxiliaire être, employé au présent, à l'indicatif, à la première personne et au singulier. Sans doute, un littérateur oublieux ou un illettré ignorant souriront et prétendront qu'ils ont compris sans avoir eu la moindre notion de cette analyse; mais qu'ils l'aient oubliée ou ne l'aient jamais connue, ils n'ont pas moins été conduits par l'habitude à sentir cette analyse, sinon à s'en rendre compte, et c'est précisément ce sentiment ou cette connaissance qui se joint inutilement à celle que ces trois actes indiquaient (1).

Ainsi ramené à un seul détail le reproche qu'on adresserait au tissu mixte semblerait peu grave; mais dans le cours des phrases prolongées, ces détails se multiplient, encombrent les empreintes réellement fructueuses et, en offrant des éléments purement grammaticaux comme s'ils avaient une valeur radicale, retardent ou empêchent la création ou l'intelligence des empreintes composées.

C'est à ce mélange des mots radicaux et grammaticaux dans la phrase qu'est dû en majeure partie ce qu'on appelle pour les idiomes à tissu mixte le *génie de la langue*. Chacun d'eux contracte des habitudes qui rendent certaines formes nécessaires; en dehors de ces formes, les créations les plus élevées de l'intelligence arrachent un sourire de pitié; au contraire, les créations hasardées, ambiguës, triviales quelquefois, pourvu qu'elles se prêtent à ce mélange arbitraire, deviennent la source de jouissances littéraires. S'il ne faut pas faire le procès à ces jouissances, puisqu'on ne peut envier à l'humanité la moindre de ses joies, au moins il faut convenir qu'elles naissent plutôt des jeux superficiels de la parole, que des plaisirs plus profonds de l'intelligence.

Le latin, privé de ces éléments grammaticaux dont l'indépendance dans la phrase accumule des superfluités, offre des beautés littéraires, il faut bien l'avouer, d'un ordre plus relevé. Sous la plume de Tacite, il emprunte jusqu'à la précision du tissu naturel et il peut donner ainsi à ceux qui ne comprendraient pas la valeur de ce tissu un aperçu de l'énergie et des peintures saisissantes dont il a le secret. Tandis que le tissu mixte dira avec Shakespeare : « to be

____

(1) En expliquant les trois mots latins par le passé défini ou par le temps passé des verbes anglais, on aurait en apparence plus de simplicité, puisque le pronom figurerait seul de plus qu'au latin ; mais il est aisé de voir que pour tout autre temps où il faut employer un auxiliaire, la même complication subsisterait.

or not to be, that is the question; » le latin suivrait presque mot à mot le tissu naturel dont l'explication serait : *être—n'être—question*. De même, lorsque Racine fera parler Ulysse et, pour déterminer Agamemnon à sacrifier sa fille, lui montrera Calchas instruit de l'arrivée de sa victime :

> Il le sait, il l'attend ; et s'il la voit tarder,
> Lui-même, à haute voix, viendra la demander ;

Le latin suivrait aussi le tissu naturel dans sa traduction : *savoir — attendre ; si — retard ; lui — hautement — exiger* et, en sept ou huit mots, tous caractéristiques, il formerait des empreintes composées qui demandent vingt empreintes isolées au poëte français.

Il est vrai que le latin a encore hérité de quelques bizarreries adoptées à l'origine du tissu artificiel : le genre des mots, les finales non justifiées du plus grand nombre des substantifs, les désinences de fantaisie affectées aux cas, des exceptions aussi nombreuses que capricieuses à des règles mal définies ; tout cela préjudicie un peu à l'accomplissement des lois de la parole.

Quoique ces défauts soient de ceux que la pratique du langage atténue singulièrement ; dans la comparaison que l'on peut faire avec le type du tissu mixte, ils ne sont pas sans quelque gravité. En ne faisant passer aucune empreinte sous le joug bizarre du genre, l'anglais laisse à la connaissance son cachet de simplicité ; il conserve surtout ce cachet en excluant les désinences arbitraires dont ses procédés grammaticaux lui permettent de se passer.

Mais, comme s'il avait voulu assurer encore au latin une sorte de supériorité, l'anglais a emprunté et conservé du saxon une forme analytique de l'empreinte isolée ; ce que le latin et le grec avaient reçu du sanscrit : la composition d'une empreinte isolée au moyen d'une autre empreinte et d'un rapport, autrement dit au moyen d'un radical et d'une préposition ; l'anglais, trop fidèle à son origine saxonne, l'a disposée sous forme de *tmèse* : c'est-à-dire qu'il éloigne la préposition du radical, laissant à l'esprit à faire le rapprochement,

Ainsi, lui qui semblait avoir compris la nécessité de former l'empreinte composée aussi purement que possible, qui ne veut pas altérer le radical par une désinence, de peur d'atténuer l'image qu'il figure ; lui qui simplifie, avec exagération peut-être, la forme grammaticale et oblige ainsi l'esprit à sous-entendre ce qu'il omet, le voici décomposant l'empreinte la plus simple, laissant en suspens le sens encore vague d'un radical jusqu'à ce que, dans la suite de la phrase, la préposition vienne rectifier ou compléter ce qu'on avait été forcé d'accepter faussement ou imparfaitement.

Si l'on résumait enfin ces infériorités ou ces supériorités, en établissant la balance entre l'anglais et le latin, pris tous deux comme types, l'un d'une déviation, l'autre d'un progrès régulier du tissu artificiel, on serait conduit à comparer des objets de nature si dissemblable qu'il serait difficile d'asseoir un jugement vraiment fondé sur la raison.

Ici, dans la langue latine on trouverait :

Supériorité, au point de vue si important de la création des empreintes composées, pour la facilité avec laquelle elles se produisent intérieurement et extérieurement ; pour la manifestation de l'empreinte composée qui n'est pas voilée par des auxiliaires de valeur purement grammaticale.

Là, dans la langue anglaise, on reconnaîtrait :

Supériorité pour la sincérité de l'empreinte créée ou transmise, qui n'est pas obscurcie par des désinences purement grammaticales ; sur la signification du radical qui n'attribue pas aux empreintes le caractère ou stérile ou falsificateur du genre.

Ces supériorités relatives impliquant de part et d'autre quelques infractions aux lois de la parole ne peuvent guère constituer une supériorité absolue. Quand il faut comparer d'ailleurs des unités de nature différente tels que seraient des poids et des surfaces, il n'y a d'autre appréciation possible que celle qu'inspirent les goûts, les penchants et les habitudes.

Quelles que soient la disposition et la prédilection du lecteur pour le tissu artificiel perfectionné ou pour le tissu artificiel dit mixte, il peut considérer ces deux tissus comme la double expression du progrès effectué dans la voie tracée par les lois de la parole.

Mais, comme il résulte surtout de l'examen qui précède, qu'aucun de ces tissus, bien qu'ils soient tous deux supérieurs à tous les autres, n'est assujetti à l'observation rigoureuse des lois de la parole, il reste à établir celui qui répondrait le mieux à ces lois et réunirait tous les avantages des autres sans en avoir les inconvénients.

§ VII.

Tissu conforme aux lois de la parole.

Le tissu de la parole a donné lieu a deux embranchements parfaitement distincts : le *tissu naturel* et le *tissu artificiel*.

Le tissu artificiel, diversement appliqué, a fait naître une branche qui tout en conservant la séve originelle tend pour la forme à se rapprocher du tissu naturel : c'est le *tissu mixte*.

Le débat soulevé sur les avantages attachés au tissu naturel et au tissu artificiel a été vidé à l'avantage de ce dernier (page 238).

Puis donc que malgré les priviléges considérables dont jouit le tissu naturel il n'a pu soutenir la concurrence avec le tissu artificiel, c'est dans celui-ci qu'il faut chercher les principes du tissu conforme aux lois de la parole.

Toutefois pour mériter le titre qu'on va lui conférer, cette application du tissu artificiel doit effacer autant que possible les taches d'infériorité qui ont été remarquées dans la comparaison effectuée entre ce tissu et le tissu naturel.

Les langues à tissu mixte ont, comme expression du progrès consécutivement opéré pour la formation de l'empreinte composée, la langue anglaise ; les langues à tissu purement artificiel ont pour type le plus avancé dans cette même voie du progrès, la langue latine.

L'anglais et le latin, pris isolément ou conjointement, seront donc le point de départ des recherches à faire sur le tissu conforme aux lois de la parole.

Pris isolément, c'est-à-dire sans que l'un puisse s'approprier les avantages de l'autre, il est aisé de s'assurer qu'il n'y a pas d'espoir à fonder sur l'accomplissement des lois imposées à la parole.

En effet :

Si le latin ne peut emprunter à l'anglais la simplicité de ses formes, l'invariabilité des genres et des désinences ;

Si l'anglais ne peut emprunter au latin la création des empreintes composées sous quelque jour qu'elles se présentent, ni le rejet de ces empreintes auxiliaires qui occupent le terrain destiné aux empreintes significatives ;

Ils ne pourront jamais soutenir le contrôle des lois du langage et seront pour les progrès importants condamnés à l'impuissance.

Si, au contraire, ces deux langues se prêtaient un secours mutuel, comme elles sont toutes deux le dernier mot et du tissu mixte et du tissu purement artificiel, peut-être réaliseraient-elles l'objet qu'il s'agit ici de rechercher.

Or, avant d'entrer dans le cœur de cette question, il importe d'être bien fixé sur l'élément essentiel de l'empreinte composée : c'est-à-dire sur l'empreinte isolée.

Puisque l'empreinte isolée est elle-même assujettie à certaines conditions imposées par les lois de la parole, l'empreinte composée qui en fait l'emploi doit à son tour, pour être conforme à ces lois, exiger qu'elle lui soit fournie sous la forme reconnue légitime. Cette empreinte isolée a pu s'offrir dans les langues pratiques sous des formes arbitraires, présenter des synthèses incorrectes ou dépourvues d'analyse rationnelle : il suffisait souvent que l'intelligence reçût la moindre communication pour apercevoir un ensemble assez significatif ; mais, un système fondé sur les lois du langage doit être un miroir fidèle non-seulement de l'ensemble, mais encore des parties de l'empreinte.

Or, en se reportant à la création du mot conforme aux lois de la parole (chap. III, § III), il ne faut pas perdre de vue que l'empreinte isolée exprimée par le mot fait partie d'un système si bien coordonné que toutes celles qui en dérivent ou dont elle dérive se retrouvent en suivant une marche descendante ou ascendante ; que les caractères ou lettres qui composent le mot représentatif de l'empreinte figurent cette marche descendante ou ascendante, suivant qu'on les étudie de gauche à droite ou de droite à gauche ; que les lettres, voyelles ou consonnes, alternent dans la composition du mot ; enfin, que le son, pouvant se passer d'articulation, doit être initial : c'est-à-dire que tout mot radical doit commencer par une voyelle.

Si l'on a bien compris ce système et les raisons sur lesquelles il est fondé, on a dû reconnaître que le mot appelé aujourd'hui radical porte avec lui sa définition et que ce but important peut être obtenu avec un nombre très-restreint de caractères : par exemple, en suivant le système décimal, avec dix sons et dix articulations.

On va comprendre maintenant combien ce système de radicaux serait facilement appliqué au tissu naturel.

Soit, par exemple, l'application au type chinois.

Dans cette langue, excepté un nombre très-restreint de mots appelés vides, tous les mots sont pleins ou radicaux.

Toute la grammaire se borne donc à reconnaître les mots vides des mots pleins, et cette distinction suffit pour l'intelligence de l'écriture. Dans la langue parlée, une convention qu'on peut considérer comme grammaticale, puisqu'elle sépare nettement les radicaux les uns des autres, exige que tous les mots soient monosyllabiques.

Il n'est pas difficile d'imaginer des règles qui satisfassent à ces deux besoins.

1° Les radicaux étant produits par l'emploi d'un nombre limité d'articulations (dix, par exemple), plusieurs consonnes restent disponibles. Que l'on en choisisse parmi ces dernières une assez coulante pour s'allier, si le besoin l'exige, à toutes les autres consonnes radicales : l ou r rempliraient cet objet ; mais, les Chinois ignorant l'usage de r, on peut s'arrêter à la lettre l. Que l'on convienne désormais qu'à la fin d'un mot la consonne sera suivie de l pour séparer le mot de celui qui suit et on aura remédié à l'immense désavantage de la langue monosyllabique du chinois, en obtenant le même résultat que lui.

2° Pour faire reconnaître les mots vides dans le discours, qu'on leur donne pour initiale une autre de ces lettres réservées qui n'entre pas dans les radicaux : telle serait s.

Toute la partie grammaticale du chinois se trouve ainsi reconnaissable dans le discours : 1° Quand deux voyelles seront en présence, la première sera finale du mot qui précède et la deuxième sera initiale du mot qui suit; quand une consonne terminera un mot, elle prendra derrière elle la lettre l qui indiquera la séparation des deux mots. 2° Quand la lettre s apparaîtra dans la phrase elle sera l'annonce du mot *vide*.

En transformant les exemples donnés (page 121) suivant le seul système de radicaux connu aujourd'hui (1), on obtiendrait pour la langue écrite :

īdêv	ébigi	ībi	ūbad	ūbag
ībiv	agi	uja	éji	aba (2)

et pour la langue parlée qui pourrait alors s'écrire comme toutes les langues de l'Europe :

īdêvlībiv   ébigiagi   ībiuja   ūdablégi   ūbaglaba (3)

ou, en séparant les mots : īdêv lībiv ; ébigi agi ; ībi uja ; ūbad léji ; ūbag laba.

Non-seulement ce procédé conviendrait au tissu naturel ; mais il serait encore conforme aux habitudes de la langue chinoise, qui présente une signification par monosyllabe : ici la signification est marquée lettre par lettre et, en conséquence, par chaque son pris isolément ou précédé d'une articulation.

Ainsi, dans l'hypothèse où le tissu naturel eût été plus conforme aux lois de la parole, les éléments ou les mots qui figurent l'empreinte isolée une fois réduits en système, rien n'aurait été plus facile que la réalisation de ce tissu.

(1) Voir le *Cours complet de Langue universelle*, tomo II, RADICAUX.

(2) Si le Chinois analysait la signification de ses monosyllabes suivant une méthode reçue universellement par les autres peuples, on voit que sa langue n'offrirait pour difficulté que l'application du tissu naturel.

(3) Ī, prononcez ain ; ū, prononcez ou

Mais c'est le tissu artificiel qui réclame une organisation légale.

Pour être véritablement conforme aux lois de la parole, il doit réunir tous les avantages, sans avoir aucun des inconvénients constatés dans les trois tissus analysés dans cet ouvrage.

Sans doute, il ne pourra jamais atteindre à la simplicité de la forme du tissu naturel; il est bien forcé d'accepter le principe sur lequel il est fondé : la proposition grammaticale ; mais s'il atteint absolument le même but et jouit de tous les mêmes priviléges avec une simplicité relative telle que l'enfant, en balbutiant, saisisse sans peine et le principe et les quelques conventions qui en résultent; si ces conventions s'apprennent sans travail, et, toujours reconnaissables, sont tellement effacées par la routine qu'elles ne mettent réellement en évidence que les radicaux ou les empreintes, alors qu'importerait la simplicité primitive du tissu naturel avec les inconvénients qui y sont irrévocablement attachés ?

Les premiers pas à faire sont donc dans le même sens que le tissu mixte, c'est-à-dire en serrant le plus possible le tissu naturel, tout en déclinant les désavantages qu'on lui connaît.

L'empreinte isolée, ou le radical, étant légalement formée comme il a été dit ci-dessus, faut-il la conserver, comme le fait souvent l'anglais, hors de tout contact des désinences qui la dénaturent?

L'épreuve est faite : malgré tous ses efforts, l'anglais a été contraint de recevoir des désinences distinctives non-seulement pour les radicaux substantifs, ce qu'il aurait pu éviter, mais pour les pluriels, pour les adjectifs, pour les deuxièmes personnes des verbes, pour les passés du verbe, pour les pronoms et pour d'autres circonstances de genre, de nombre et de temps.

C'est qu'une fois admise, la proposition grammaticale a des exigences auxquelles on ne peut se soustraire.

Le mot ne figure plus exclusivement une empreinte, il représente

encore une sorte de personnage mis en action sur une scène grammaticale ; l'être et le fait ne sont pas seulement perçus dans tel
état ou dans tel acte, comme le comporte le tissu naturel ; chacun de
ces états ou de ces actes est en même temps l'objet d'une affirmation
de la part de celui qui parle.

Cette formation est le point de départ du tissu artificiel, et c'est
pour cela que, dans leur analyse *dite* logique, les grammairiens éta-
blissent cette règle : *qu'il y a dans une phrase autant de propositions qu'il y a de verbes à un mode personnel.* Or, cette règle
qui peut favoriser la routine chez les jeunes étudiants, ressemble
plutôt à une convention qui prévient les discussions : car, partout où
il y a deux empreintes, réagissant l'une sur l'autre, il y a proposition
pour celui qui adopte le tissu artificiel, parce qu'il y a une affirmation dans l'analyse qu'on effectuerait sur ces deux empreintes ;
Dieu-bonté dira le tissu naturel ; *Dieu est bon* dira le tissu artificiel :
homme vertueux n'est autre chose que *homme être ayant vertu.*
De même le mode non personnel peut être l'objet d'une affirmation :
dans le vers de Racine cité plus haut « il le voit, il l'attend, et s'il
la voit tarder... » on trouve quatre affirmations : Calchas être voyant
cela ; Calchas être attendant Iphigénie ; et si Calchas être voyant
ceci : Iphigénie être tardant...

L'exemple qui précède montre assez combien le signe d'affirmation serait fastidieux et embarrassant s'il était répété autant de fois
dans le tissu composé. Ces répétitions seraient pourtant le seul
moyen de mener de front le tissu artificiel avec le tissu naturel :
c'est-à-dire de conserver au premier l'invariabilité des mots dont
le dernier est jaloux, parce qu'elle offre l'empreinte dans sa plus
grande netteté.

Pour étudier le tissu artificiel et le faire concorder aussi étroitement que possible avec les lois de la parole, il faut donc suivre sa
marche progressive à partir de cette affirmation, et rendre compte
des modifications que l'art a fait subir aux empreintes ou aux mots
pour atteindre les degrés de perfection offerts par l'anglais et le
latin.

Soit donc une de ces phrases latines si nombreuses où se trouvent réunis la plus grande partie des accidents grammaticaux : tel serait ce passage où Virgile représente Pallas elle-même, lançant la foudre contre Ajax :

> Illum expirantem transfixo pectore flammas
> Turbine corripuit, scopuloque infixit acuto.

La traduction établie aussi littéralement que l'ordre grammatical de la phrase française le comporte, serait : *elle saisit violemment, dans un tourbillon de feu, Ajax vomissant des flammes de sa poitrine transpercée et l'attacha sur une roche pointue.*

Dans le latin comme dans le français, au point de vue des grammairiens, il y a deux propositions, parce qu'il y a deux verbes à un mode personnel : corripuit, infixit ; saisit, attacha.

En acceptant l'affirmation, mais en conservant la forme invariable de l'empreinte isolée du tissu naturel, cette empreinte composée serait exprimée à peu près ainsi : Pallas être saisir (1) — manière être violence — lieu être tourbillon de feu — Ajax être vomir — flamme être sortir de — poitrine être forme — forme être transpercement — Pallas être continuer — Pallas être attacher Ajax — lieu être roche — forme être pointe.

Pour rendre viable un système qui, sous cette forme, ne serait pas tolérable, il faut, autant que possible, faire disparaître le signe de l'affirmation : car ce signe, en disparaissant à propos, ramènerait à la forme du tissu naturel et, comme on va le voir, maintiendrait certains avantages.

Lorsque l'empreinte exprime un état ou un acte (Pallas être saisir) cet état ou cet acte étant reçu ou effectué par une personne, par un objet ou par un autre fait, il suffira de donner au mot qui figure l'empreinte une forme spéciale au commencement ou à la fin des sons qui le composent, pour faire abandonner le signe d'affirmation.

______

(1) Ainsi que dans le tissu naturel, dont le Chinois offre tant d'exemples, l'action qui doit être complétée étant connue d'avance, les verbes saisir et vomir, quoiqu'ici pris comme noms d'action, demandent les compléments Ajax et flammes.

C'est sans doute parce que l'objet dont on parle revient si souvent dans le discours que les langues sémitiques, dont l'antiquité est incontestable, mettent en première ligne la troisième personne du singulier.

Ainsi, sans pousser d'abord plus loin l'analyse, le *verbe* naît tout naturellement de la suppression nécessaire du signe de l'affirmation.

Maintenant l'état ou l'acte se manifeste d'une certaine manière; or, le besoin fréquent d'exprimer cette manière ramenant le signe d'affirmation et l'empreinte accessoire « manière », une distinction particulière donnée au radical chargé de figurer cette manière donne naissance à l'*adverbe: manière être violence,* deviendra dès lors « violemment ».

Le lieu, le temps et d'autres circonstances se présentent fréquemment; il faudra donc pour éviter encore l'affirmation et souvent l'empreinte de ces sortes de circonstances ou attribuer une finale au radical (cas locutif du sanscrit, prépositionnel du russe, ablatif, datif du latin, etc...), ou se servir des mots particuliers qui remplissent le même objet (prépositions des langues à tissu mixte): *lieu être tourbillon de feu* pour « dans un tourbillon de feu », *lieu être roche* pour « sur une roche ». C'est ainsi qu'ont dû surgir les *prépositions* et les *cas.*

Poitrine être forme — forme être transpercement — forme être pointe, peuvent être remplacés aisément en faisant disparaître les affirmations : car l'empreinte des êtres, des objets et des faits à laquelle on attribue une qualité, une forme, une manière particulière peut être liée à cette nouvelle empreinte par un signe caractéristique qui en donne l'avertissement. Dans ce cas, l'explication fournie par les mots forme, manière, qualité, devient superflue, puisqu'elle est suppléée par le signe nouveau: les deux premières propositions se ramèneront donc à ces deux mots « poitrine transpercée », et la troisième aura pour équivalent le mot « pointu ». La création de *l'adjectif* a fait obtenir ces résultats.

Pallas être continuer, indiquant que le fait se poursuit et que ce qui suit est enchaîné à ce qui précède, peut donner naissance à un mot grammatical; ce mot « et » appelé *conjonction* remplacera utilement la proposition, et peut ici être comparé à l'un de ces mots vides nécessaires aussi dans le tissu naturel.

Ces différentes manières d'éliminer l'affirmation conduisent déjà à ce résultat : « Pallas saisit violemment dans tourbillon de feu Ajax « vomit flamme sort de poitrine transpercée et Pallas attache « (Ajax) sur roche pointue. »

Ainsi conçue cette phrase semblera plus intelligible que la première à tous ceux qui sont familiers avec le tissu artificiel ; mais elle sera bien plus difficile à comprendre à ceux qui pratiquent le tissu naturel : car la simple convention du signe affirmatif, être, se trouve augmentée de cinq conditions nouvelles qui sont chacune la source de bien d'autres complications.

Cependant il existe quelques améliorations de détail qu'il est utile d'introduire. S'il a déjà été question de Pallas, la répétition de son nom peut devenir fastidieuse et un mot, qui tiendrait la place du nom en variant la forme du discours, rappellera, ce qui est autrement important, que le sujet de ces actions est déjà exprimé et connu. Le mot grammatical appelé *pronom* a donc déjà sa raison d'être. Il est encore plus impérieusement réclamé par les verbes *vomit* et *sort :* car *Ajax* et *flamme* étant les compléments nécessaires de *saisit* et *vomit*, joignent à cette fonction celle d'être sujets des verbes *vomit* et *sort*. Il faut donc qu'un mot nouveau occupe ce dernier rôle tout en rappelant l'antécédent qu'il remplace ; ce mot est encore le pronom, mais sous une forme spéciale pour rappeler la relation ; ce sera le *pronom relatif :* Ajax qui vomit, flamme qui sort.

C'est ainsi que les pronoms *il, elle, le, qui,* ont pris naissance dans la langue à tissu mixte du français.

Que si maintenant on accorde que le pronom « *qui* » joint au verbe se résume sous la forme d'un mot tout spécial, dit « *participe* », les deux propositions, trop explicites peut-être, « qui vomit, qui sort de » deviendront « vomissant, sorti de ». Enfin, puisque *sorti de* est une circonstance que la préposition *de* exprime suffisamment, la phrase privée des articles, sur lesquels il sera statué plus loin, et de l'adjectif possessif joint à poitrine va se réduire à ces termes :

« Elle saisit violemment, dans tourbillon de feu, Ajax vomissant
» flamme de poitrine transpercée, et l'attache sur roche pointue. »

Si l'on considère le mot significatif de l'empreinte, sur lequel on
exerce les modifications mentionnées, comme substance du discours,
sous le nom de *substantif*, on voit que pour bannir le signe d'affirmation si embarrassant et si fastidieux, il a fallu créer des espèces
de mots qu'on a appelées : *substantif, verbe, adverbe, préposition,
adjectif, conjonction, pronom* et *participe*.

Voilà donc *huit* conventions générales, qui vont être la source de
beaucoup d'autres, substituées, pour rendre viable le tissu artificiel,
aux deux conventions que réclame le tissu naturel.

Il faut avoir bien sérieusement médité sur la valeur de ces deux
tissus pour se prononcer en faveur de celui qui est chargé de complications si peu rassurantes ; il faut surtout avoir bien compris la
valeur de la supériorité qui est relative à la création de l'empreinte
composée ; il faut enfin avoir reconnu, ce que la pratique atteste,
que toutes ces conventions passent si aisément dans les habitudes du
discours, que, sans y songer, les interlocuteurs les démêlent assez
facilement et les séparent du fond même des empreintes.

Mais cette connaissance impose en même temps le besoin de faciliter autant que possible la création des empreintes, pour justifier,
par une supériorité devenue bien sensible, les entraves que l'on se
donne ; elle impose non moins impérieusement le devoir de restreindre dans des limites rationnelles ces conventions envahissantes et de les présenter si ostensiblement qu'elles ne puissent
jamais faire irruption dans la signification intime des empreintes.

On a vu que le type du tissu mixte, ou l'anglais, devait, avec le
type réformé du tissu artificiel ou le latin, conduire à la forme dans
laquelle un tissu serait véritablement le produit des lois de la parole ; il faudra donc extraire de l'anglais et du latin les conditions
réputées indispensables.

Sauf les genres qu'il n'accepterait pas, les adjectifs qu'il place-
rait avant le substantif, et l'adverbe qui précéderait aussi le verbe,
l'anglais se conduirait dans la phrase traduite du latin comme l'a
fait le français. Mais ces deux langues avec leurs exigences ne per-

mettraient pas à l'empreinte composée de se présenter telle qu'elle peut surgir au centre des connaissances.

Si c'est l'image d'Ajax qui se présente la première, puis le tourbillon de feu qui le transporte, puis l'image de la violence, puis celle de la poitrine traversée, puis celle des flammes qu'il vomit, etc..... L'anglais, le français et les autres langues à tissu mixte seront impuissantes à suivre le cours des empreintes.

Non-seulement le latin suivra de point en point les images que les autres langues sont forcées d'approprier à leur système de conventions grammaticales ; mais, sans faire varier de forme un seul des mots que Virgile a employés, il permettra les permutations qui, pour les huit mots latins de la première proposition, forment un total dont les mathématiciens peuvent apprécier le nombre si considérable qu'il soit.

Cet avantage ne satisfait pas seulement la fantaisie des poëtes qui peuvent offrir les images dans l'ordre qui leur convient, qui créent les contrastes, les rapprochements, et communiquent les sentiments dont ils sont animés ; il ne favorise pas seulement tel ou tel système de versification ou la cadence que l'orateur prépare dans ses périodes ; il ménage dans la création des empreintes le privilége le plus précieux attaché au don de la parole.

Quel mécanisme assure donc au latin une supériorité aussi marquée ?

DÉSINENCES.

La question des désinences en même temps qu'elle dévoilera le grand secret de la langue latine, éclaircira la solution du problème que soulève le tissu de la parole.

Comme il a fallu débattre la supériorité des deux tissus, naturel et artificiel, de même il faut déterminer celle de l'un de ces deux systèmes : radicaux naturels ou sans mélange grammatical, et radicaux artificiels ou avec mélange et désinences grammaticales.

Quand il s'est agi de comparer le tissu naturel au tissu artificiel la réponse ne s'est pas fait attendre : le radical pur, représentation nette et claire de l'empreinte, est tellement supérieur au radical mélangé que l'avantage du premier a pu être proclamé sans la moindre hésitation.

Il n'en est plus de même quand on débat la question, dans l'intérieur même du tissu artificiel, entre deux antagonistes, dont l'un s'efforce d'attirer le tissu artificiel sur le terrain même du tissu naturel, et dont l'autre se contente de réformer les éléments hétérogènes ou surabondants du tissu artificiel. Tous deux sont contraints d'avouer leur principe et de se fonder sur leur origine commune. C'est aussi à ce principe qu'il faut remonter pour juger sainement et avec impartialité.

L'affirmation étant le principe du tissu artificiel et par conséquent à la fois du tissu mixte et du latin, c'est à ce point de départ qu'il faut revenir. Or, l'affirmation a été, comme on l'a vu, éliminée partout où elle devenait embarrassante, et, à l'aide de huit espèces de mots, ramenée à une forme beaucoup plus simple.

Mais, par suite de la nouvelle disposition donnée à l'empreinte composée, l'empreinte isolée ou le mot qui figure l'état ou l'action prend une importance considérable qui explique peut-être, sans les justifier, l'exagération enthousiaste qui a salué le verbe à son avénement, et les réminiscences de ces hallucinations chez quelques philologues modernes. Les langues à tissu mixte en ont pourtant appelé des rêves à la réalité. L'anglais, en décomposant le verbe suivant l'empreinte ou le radical et l'affirmation ou l'auxiliaire, le français en ramenant toute proposition à l'intervention du verbe être ou de l'affirmation, devaient dissiper les prestiges de la crédulité.

Quoi qu'il en soit, l'affirmation et les huit espèces grammaticales des mots ont assuré au verbe le rôle le plus saillant dans le discours : en effet, ce mot reçoit une forme distincte, déterminée par l'être ou l'objet qui éprouve ou agit, il a donc une corrélation nécessaire avec cet être ; si l'action se porte sur un être ou sur un objet directement, elle exige une forme ou une place spéciale de la part de l'objet intéressé à recevoir cette action ; si l'état ou l'action ne se porte qu'indirectement sur l'objet, un terme de rapport ou une préposition devient intermédiaire ; dans ces deux derniers cas, il y a donc encore une corrélation nécessaire avec le verbe.

Sans doute cette importance est purement grammaticale, c'est-à-dire née de l'introduction de l'affirmation et des conséquences de cette introduction ; mais quand l'esprit s'est façonné à cette forme de l'empreinte composée, il la cherche, la trouve partout, et, suivant l'expression proverbiale, elle devient pour lui une seconde nature. Le tort, s'il en existe, n'est pas dans l'adoption d'un système qui a été jugé supérieur à tout autre ; il est dans l'ignorance des lois qui dirigent le tissu de la parole.

Telle est l'origine de cette petite scène jouée sur le théâtre de la parole et des rôles distribués à chacun des personnages qui s'y présentent.

Le verbe est chargé du rôle principal ; c'est autour de lui que gravitent les personnages secondaires ; de leur ensemble résultent la création et la communication de l'empreinte composée dans sa forme artificielle.

Puisque le mot qui exprime l'état ou l'action entretient des rapports nécessaires avec l'être ou l'objet qui éprouve ou agit, avec les objets qui reçoivent directement ou indirectement l'action, ce mot, c'est-à-dire le verbe, devra recevoir ou commander certains caractères distincts qui établiront ces corrélations.

Voici comment l'Anglais établit ces caractères distinctifs :

« The worthy emperour Titus, recollecting once at supper,
« that, in that day, he had not done any body a kindness,
« exclaimed, 'alas! my friends, I have lost a day'. »

Cet exemple, présenté par Murray aux Anglais qui veulent faire l'analyse grammaticale de leur langue, fournira d'abord les observations suivantes que le grammairien anglais a omises, mais que l'analyse française, dite logique, doit restituer : on y rencontre trois propositions, si on observe la règle des verbes à un mode personnel ; mais comme le participe présent équivaut à « qui se souvenait » et forme évidemment une proposition, on devra en compter quatre. Ces propositions sont :

1° The worthy emperour Titus..... exclaimed :

2° Recollecting once at supper, that,

3° In that day, he had not done any body a kindness,

4° 'Alas! my friends, I have lost a day'.

1° Le premier mot invariable présente une espèce de mots dont il n'a pas été fait mention encore et dont le mérite sera discuté tout à l'heure ; Murray l'appelle « definite article. » « *Worthy*, an adjective, positive state; » au lieu de rappeler ici des degrés de comparaison qui ne peuvent apparaître que rarement, n'eût-il pas été préférable de désigner auquel des deux substantifs ce mot doit surtout être rapporté. Ce que ce mot a de saillant dans l'étude à laquelle on se livre ici, c'est que le radical worth est devenu adjectif par l'effet de la désinence « y. »

« *Emperour Titus*, both substantives, the first a common, the second a proper name, and the nominative case to the verb « exclaimed » ; ces deux noms conservent leur forme radicale ; par leur position, au moyen de l'article qui n'est précédé d'aucune préposition, et parce que les mots qui suivent sont liés de manière à faire éviter toute confusion, ils se manifestent comme sujets du verbe « exclaimed. »

« *Exclaimed*, a verb neuter, indicative mood, imperfect tense, third person, singular number, agreeing with the nominative case " Titus. " » Toutes les circonstances du verbe, excepté celle du temps passé marqué par la désinence, sont laissées à la perspicacité de l'auditeur qui est suffisamment éclairé par ce qui précède.

Ainsi, cette première proposition a nécessité quatre caractères distinctifs : trois désinences et l'article défini. De plus, les quatre mots qui précèdent le verbe ont été reconnus comme sujet du verbe par une appréciation effectuée mentalement sur l'ensemble de la phrase.

2° « *Recollecting*, the présent participe of the active verb " to recollect " » ; la position seule de ce mot donne l'indication du mot auquel il se rapporte, c'est-à-dire du sujet dont il forme une modification.

« *Once*, an adverb ; » sa position près du verbe annonce qu'il le modifie.

« *At*, a preposition; *supper*, a common substantive; singular number, the object of the preposition " at " »; ces deux mots forment un complément indirect du verbe actif " recollect " placé plus près de lui que le complément direct annoncé par « *that*, a conjonction » de peur qu'en le mettant après celui-ci qui forme la troisième proposition, il ne soit confondu avec lui.

Cette deuxième proposition ne renferme que des mots invariables; mais la position de tous les mots et surtout celle de la proposition entière est commandée pour qu'il n'y ait pas lieu à quelque méprise.

3° « *In*, a preposition; *that*, an adjective pronoun of the demonstrative kind; *day*, a common substantive »; ces trois mots forment un complément indirect placé avant le verbe, parce qu'un autre complément indirect placé après éloignerait trop celui qui est direct du verbe qu'il complète; ils pourraient être considérés comme locution adverbiale et seraient utilement remplacés par un adverbe: car on se transporte en esprit au moment même où Titus prononce ces paroles.

« *He*, a personal pronoun, third person singular, masculine gender, nominative case to the verb " had done ", and standing for " Titus "; *had done*, a verb active, indicative mood, pluperfect tense, third person, singular number, agreeing with the nominative case " he " and composed of the auxiliary " had " and the perfect participle of the verb " to do "; *not*, an adverb. » De ces quatre mots, trois sont employés à la confection du verbe: le premier « he » indique la personne, le second « had » indique le temps, et le troisième « done » indique la signification. Le pronom devait précéder l'auxiliaire: car, sans lui, on pourrait donner à ce dernier la portée de la première personne du singulier ou des trois personnes du pluriel; il y a désinence pour le mot qui détermine l'empreinte ou, ce qui est équivalent pour la complication, par suite du passage d'une espèce de mot, le verbe, à une autre espèce, le participe.

« *Any body*, a common substantive, composed of " any " an adjective pronoun of the indefinite kind, and " body ", a substantive, with which it agrees »; ces mots peuvent former un complément direct ou un complément indirect ; mais leur position auprès du verbe, l'impossibilité de faire un sens avec les mots « to do any body » et ainsi la nécessité d'aller chercher plus loin le complément direct donnent satisfaction à l'esprit et déterminent l'indication de complément indirect.

« *A,* the indefinite article ; *kindness,* a common substantive, the object of the active verb " done " ». Un article et une position voisine du verbe, mais à sa suite, pour désigner un complément direct, voilà ce que présentent ces deux mots interprétés grammaticalement.

Cette proposition offre encore deux caractères distinctifs : un article et une désinence ; l'intervention de mots auxiliaires et un art tout particulier pour ne pas égarer l'attention au milieu des compléments du verbe.

4° « *Alas!* an interjection. » L'interjection est une espèce de mots qui n'a pas été comprise parmi les huit espèces signalées plus haut : elle répond à un besoin aussi bien senti par le tissu naturel que par les deux autres tissus. Elle devait rester partout invariable, puisqu'elle est l'expression instantanée de sentiments qu'aucun artifice n'a le droit de modifier.

« *My,* a possessive pronoun ; » *friends* a common substantive, plural number. » Le dernier de ces deux mots figure le pluriel par sa désinence ; quant au premier, on ne sait s'il se rapporte à l'objet possédé ou à celui qui possède ; son invariabilité laisse une incertitude que, par analogie, on est tenté de résoudre en faveur de celui qui possède. Ces mots ne figurent l'exclamation que par leur entourage ; on devine leur sens par le ton de la parole, et, dans l'écriture, par leur insertion entre deux virgules.

« *I,* a personal pronoun, first person singular, nominative case to the verb " have lost "; *have lost,* a verb active, indicative mood, perfect tense, first person singular, agreeing with its nominative case " I " »; comme dans le n° 3 ces trois mots figurent le verbe par le pronom, l'auxiliaire et le radical de l'empreinte armé d'une désinence ou exprimé comme participe passé. L'auxiliaire représente le temps passé avec un présent, mais après convention, il détermine le parfait.

« *A,* the indefinite article ; *day,* a common substantive, the object of the active verb " have lost " »; non-seulement le complément direct est contraint de suivre le verbe pour être aisément reconnaissable ; mais il lui faut encore l'article indéfini qui, avec l'article défini, sont servilement attachés au substantif.

Cette quatrième proposition renferme encore : un article, une désinence, un auxiliaire, une mutation d'espèces de mots pour former le temps d'un verbe, et plusieurs intentions grammaticales sous-entendues et qu'il faut discerner par l'habitude ou la réflexion.

Cette phrase, ou empreinte composée, formée de quatre propositions, montre comment le tissu mixte, dont l'anglais est incontestablement le type, ou si l'on veut l'expression la plus avancée, résout les difficultés qui naissent de la proposition ou de l'empreinte affirmée.

Pour atteindre à ce but, il prendra à son service des désinences, des auxiliaires, et la disposition particulière des mots de la proposition.

Comment se comporte le latin ?

Comme l'anglais et plus que lui il pourrait exprimer cette phrase de bien d'autres manières ; mais, puisqu'il se prête à tant de formes, on peut bien accepter pour lui celle même de l'anglais. Les quatre propositions seront, dans cette langue :

Illustris Imperator Titus..... exclamavit :

Recordatus inter cœnam,

Se eo die nemini benefecisse,

« Eheu ! amici, diem amisi. »

Excepté la préposition « inter » et l'interjection « Eheu » qui restent invariables, tous les autres mots contiennent à la fois leur signification et leur sens grammatical ; cette dernière intention est révélée par la désinence.

1° La finale des substantifs, en *or* et *us,* comme celle en *is* de l'adjectif, indiquent un nominatif ou sujet ; qu'ils soient placés avant ou après le verbe, leur caractère est tellement prononcé qu'il est impossible de se méprendre ; les mêmes mots anglais pourraient être confondus avec des compléments directs ou indirects, s'ils n'étaient placés en tête de la proposition ;

2° Le participe *recordatus* par cela aussi qu'il a la désinence du nominatif, relie la première phrase à celle-ci comme elle y rattache aussi la troisième en exigeant le cas accusatif : *se*. Quant à la désinence de cœnam qu'on peut blâmer et pour le genre, qui est inutile, et pour sa forme empruntée au complément direct, ce qui exige une connaissance superflue sur la préposition *inter*, elle forme avec cette dernière un complément indirect facile à reconnaître ;

3° Le *that* anglais qui précède cette proposition est remplacé avantageusement par l'accusatif *se* et le passé *benefecisse* qui remplace avec plus d'avantage encore *he had done a kindness ;* les autres mots, compléments indirects, sont pleinement justifiés par leur désinence ;

4° L'exclamation *amici* est exprimée encore par la désinence ; les deux mots qui suivent dénotent si bien, l'un, le verbe avec son sujet, avec le temps, le mode et la personne ; l'autre, le complément direct ; qu'ils peuvent être intervertis sans occasionner la moindre hésitation.

Le principe des *désinences* sur lequel le latin construit sa phrase grammaticale, paraît avoir une supériorité marquée sur celui du tissu mixte et pour la simplicité et pour l'explication catégorique des liens de la phrase.

Avant d'appuyer sur ces deux supériorités, il faut se hâter de reconnaître que les finales latines sont loin de répondre dans la pratique à la simplicité et à la netteté du principe qui les régit ; sans aller au-delà de la phrase qui a servi d'exemple, on peut, à bon droit, faire déjà des réserves considérables.

La finale en *is*, ajoutée à *illustr* et à plusieurs autres radicaux pour former des adjectifs, forme aussi bien des substantifs en is (avis, etc.) des compléments indirects, adjectifs ou substantifs, (bonis, rosis, etc.)

La désinence en tor (imperator), empruntée au sanscrit, jouit d'une grande régularité, et, sauf une ou deux exceptions, sert presque uniquement à former le substantif qu'il importe le plus de distinguer : celui qui fait l'action.

La désinence us (Titus) est commune aux adjectifs comme aux substantifs (magnus, dominus, etc.) ; mais la finale tus (recordatus) est affectée à peu près exclusivement au participe passé.

La désinence vit (exclamavit), sauf les verbes en vo, qui feraient confondre le présent avec le parfait, s'applique sans ambiguïté à la troisième personne du parfait ; mais la finale, it (amisit), fait confondre, sans autre ressource que celle de la routine, les temps passés, présents et futurs.

La désinence am (cœnam) comme celle en em (diem) fait confondre les compléments directs avec les temps des verbes, futur et présent du subjonctif.

Les désinences en e (se ou die) sont communes à des compléments directs et indirects, à des vocatifs et aux finales de l'infinitif.

Les désinences o (eo) sont affectées à la fois à des compléments indirects et aux premières personnes des verbes.

Enfin la désinence i (amici) s'applique aux sujets, aux compléments indirects, aux vocatifs, aux premières personnes de certains temps des verbes, etc.

Mais cette fâcheuse application du principe des désinences n'infirme en rien ce principe en lui-même : quand on devient familier avec toutes ces irrégularités, comme on est aussi bien forcé de se familiariser avec toutes les conventions plus ou moins bizarres des langues à tissu mixte, alors on est en possession d'un tissu artificiel avec lequel aucun autre ne peut rivaliser et qui peut se prêter à toutes les formes, même à celles du tissu naturel.

En se reportant aux deux vers de Virgile cités plus haut (page 258), qu'on demande à une langue à tissu mixte de reproduire toutes les circonstances des faits si bien dépeints, sans ajouter quelques-uns de ces mots auxiliaires ou grammaticaux qui se mêlent aux empreintes isolées, se séparent de celles-ci pour se réunir à celles-là, obligeant l'esprit à donner à la partie grammaticale l'attention qui n'est due qu'à l'empreinte et à ses formes radicales. Dans ces vers latins, comme dans les milliers d'autres et dans

presque toutes les phrases en prose, chaque mot appartient au fond
e non à la forme de l'empreinte composée ;. la désinence qui ne
peut se confondre, quand la langue est bien connue, avec le radical,
indique seulement et sans ambiguïté comment la forme artificielle
enchaîne toutes les empreintes isolées.

Mais qu'on demande surtout aux langues à tissu mixte de produire les empreintes isolées comme elles surgissent dans l'esprit ;
jamais, sans le système complet des désinences elles n'obtiendront
ce résultat.

Que la première image offre au centre des connaissances la
figure d'Ajax, qu'elle présente d'abord ce qu'il exhale, puis la
profonde blessure, puis que l'attention se porte sur la poitrine et
enfin sur les flammes ; tout cela se trouve fidèlement exprimé par
le vers « illum expirantem transfixo pectore flammas ». Si les flammes
avaient d'abord frappé par leur image saisissante, puis la poitrine,
puis la blessure, puis ce qui s'en exhale, et que l'idée d'Ajax dans
son ensemble fût venue la dernière, un vers n'aurait pas été formé
avec les mêmes mots, mais la même empreinte serait dépeinte
par ces mots : « flammas pectore transfixo expirantem illum... »

Tel est l'immense profit que l'on peut retirer des désinences,
que, tout en conservant l'ordre des empreintes à mesure qu'elles
surgissent au centre des connaissances, on peut encore les offrir
avec une simplicité presque rivale de celle que présente le tissu
naturel ; pour cela il suffira, comme on va le faire voir, que la
partie grammaticale soit tellement distincte de la partie radicale
que cette dernière puisse être comme sous-entendue quand on les
présente simultanément.

Pour le moment, il suffit de constater que la désinence assure au
tissu purement artificiel sa supériorité sur le tissu mixte ; que, dans
le retour fait par celui-ci vers le tissu naturel, il a perdu d'un côté
ce qu'il gagnait de l'autre ; que la simplicité du mot sans désinence
n'est qu'apparente : car la nécessité de conserver l'affirmation ou le
principe du tissu artificiel, entraîne celle d'introduire des auxiliaires qui compliquent bien autrement l'empreinte composée ; que,

privé des désinences, l'esprit est contraint de rechercher les liens
de la proposition et est ainsi détourné de sa véritable voie.

Ainsi ramené à la question des désinences, le retour du tissu
mixte vers le tissu naturel s'explique aisément. Après la destruction de la grande unité romaine, les peuples repliés sur eux-
mêmes et entraînés dans des guerres intérieures sans cesse renais-
santes, n'eurent ni le loisir, ni l'instruction suffisante pour diriger
les mouvements des langues ; les masses dont le style se trempe si
naturellement aux sources du tissu naturel imposèrent leurs exigences dans le cercle national qui les circonscrivait ; or, le principe
artificiel une fois posé ne se déracina pas aisément, il survécut et
les désinences tant de fois dénaturées par l'ignorance disparurent ou
se maintinrent suivant le besoin et souvent le caprice. Les grammairiens cherchèrent ensuite à réglementer les éléments issus de ce
chaos des traditions ; ils composèrent successivement ces codes où
les désinences jouent encore un rôle important, où des mots sans
autre valeur que le besoin grammatical sont mélangés avec les véritables termes de l'empreinte composée, ou le plus grand nombre
des liens de la proposition pour être sous-entendus n'occupent
pas moins l'attention, sans profit pour l'intelligence. Ces codes sont
aujourd'hui ceux qui régissent les langues à tissu mixte.

Application de ces principes au tissu conforme aux lois de la parole.

Puisque le tissu artificiel réformé par la langue latine a des avantages marqués sur le tissu artificiel faisant retour vers le tissu naturel ; puisqu'il doit sa supériorité sur le tissu mixte à son système
de désinences ; il est convenable de s'appuyer sur ce système et
d'en exprimer tout le profit qu'on a droit d'en attendre.

Si par une série de conventions simples, uniformes, et débarrassées de ces exceptions qui ouvrent la porte à toutes les divagations de la pratique, on parvient à parer à tous les inconvénients
constatés sur le tissu artificiel (page 218), et à s'approprier les
avantages du tissu naturel (page 206), il n'est pas douteux que les
règles pratiques ainsi fondées ne soient des applications rigoureuses
des lois de la parole.

Il faut d'abord rappeler ici le point de départ assigné (page 253) au tissu naturel et assignable à tout tissu chargé de figurer l'empreinte composée: c'est-à-dire la création du mot qui figure l'empreinte isolée (chap. III, § III).

Les mots formés sur ce principe doivent commencer par une voyelle et se composer de sons et d'articulations qui alternent régulièrement, de manière à former un radical dont la définition première est exprimée par les lettres mêmes qui les composent.

Ce sont ces mots conformes aux lois de la parole pour la composition de l'empreinte isolée qui, seuls, peuvent servir à la formation du tissu qu'il s'agit de rendre aussi régulier dans ses principes que favorable à la pratique.

La base sur laquelle il faut avant tout s'établir avec solidité est celle-ci.

Séparation profonde entre la partie radicale et la partie grammaticale.

De cette *séparation profonde* résultent presque tous les bénéfices qu'il est possible d'emprunter au tissu naturel.

En effet: la partie grammaticale étant facile à discerner servira seulement à mettre en relief la partie radicale, c'est-à-dire les empreintes isolées qui forment l'empreinte composée. L'attention n'étant plus partagée entre deux éléments qui l'attiraient également et laissaient une importance exagérée ou dangereuse à la forme, se portera tout entière sur le fond caractéristique de l'empreinte et ne considérera la fraction grammaticale que comme le piédestal sur lequel repose l'objet qui lui est offert. Comme cela se passe dans les musées, ce piédestal ou ce cadre disparaîtra aux yeux du spectateur; l'oreille de l'auditeur et les yeux du lecteur seront uniquement occupés des images qui se rangeront avec ordre au centre des connaissances.

Si la déduction naturelle des empreintes, telles que le tissu naturel la demande, est un besoin constaté, la désinence permettra de suivre pas à pas l'enchaînement que la nature réclame; la forme artificielle sur laquelle il sera toujours possible de rester inattentif, tant elle deviendra familière et tant elle se détachera du fond, ne

18

formera jamais d'ombre qui intercepte la communication des images. Les liens seront d'ailleurs presque inaperçus ; le raisonnement sera aussi bien préparé qu'il plaira à l'orateur de le produire : c'est-à-dire qu'il sera simple et aussi nettement exprimé qu'avec le tissu naturel. De cette manière, tous les avantages qu'offrait l'exposition naturelle de l'empreinte composée, se retrouveront dans la peinture artificielle devenue, quand on le voudra, la copie la plus fidèle des procédés fournis par la nature.

Les inconvénients qu'offre le tissu artificiel disparaîtront par l'application de la règle qui précède et de celle qu'il est utile de poser encore :

Que les conventions grammaticales soient simples et très-peu nombreuses.

En effet : plus elles seront simples moins elles donneront d'occupation à l'esprit pour les démêler du fond radical, et moins aussi elles obscurciront par leur contact l'empreinte composée qui apparaîtra dans toute sa netteté ; moins elles seront nombreuses, plus leur retour réitéré rappellera leur rôle secondaire et plus aussi l'attention les négligera pour fixer le véritable but.

Avec ces deux conditions, le tissu artificiel non-seulement s'approprie les avantages du tissu naturel, mais il voit disparaître les inconvénients qu'on signalait dans ses différentes applications aux langues mortes et vivantes.

L'empreinte isolée n'est plus soumise à la torture dans le mot qui la figure par les rapprochements de la forme grammaticale (voir, *passé :* vis ; *part. :* vu ; *fut. :* verrai ; fero ; *parf. :* tuli ; *sup. :* latum ; ολλυμι ; *fut. :* ολεσω ; parf. : ωλεκα ; sanscrit : étūm, aller ; *prés. :* émi ; *passé :* ayem ; *potentiel :* iyam ; *futur :* étasmi ; etc.).

L'empreinte composée débarrassée de tous ces mots dont l'affublement détourne l'attention de sa voie, s'offre exempte de nuages et ne donne plus autant de prise à l'erreur et à la mauvaise foi ; les inversions subsistant et laissant encore le champ plus libre que jamais aux jouissances littéraires, ne troublent plus la justesse des images : car les empreintes ou isolées ou composées sont dessinées avec une précision qui exclut les fausses interprétations. L'erreur recouverte des formes les plus attrayantes ne soutient plus un examen sérieux ; et ces vices des littératures modernes, le creux et la nullité sous les apparences du brillant et du réel, s'ils peuvent encore subsister, ne se soustraient plus au regard dans la transparence de la phrase.

D'ailleurs ce qui est une véritable erreur philologique, la proposition grammaticale considérée comme partie essentielle de l'empreinte composée, ne s'enracine plus dans les esprits ; il devient aisé de mettre en relief les éléments d'emprunt dont se forme le langage. La communication par la parole reprend des allures franches et libres, un contact aussi fidèle que possible s'établit entre les centres des connaissances de l'orateur et de l'auditeur, et aucune parcelle des images n'étant plus interceptée par le voile du langage, la vérité de la transmission fait progresser rapidement l'avénement de toutes les autres vérités.

D'ailleurs encore, ce qui a été justement reproché au tissu artificiel, l'introduction de la diversité dans les langues, cette profonde blessure faite à l'humanité, se guérit par la connaissance vulgarisée des lois de la parole ; l'unité, comme on le verra dans le chapitre suivant, peut encore être conquise ; ce tissu ramené à ses vrais principes, tout en conservant les traditions respectables de la variété des langues, répare la plaie profonde que des interprétations capricieuses font encore tous les jours aux relations internationales.

Ici pourrait s'arrêter la plume de l'écrivain qui étudie les lois de la parole. Avoir constaté les lois qui président à la formation des empreintes isolées et composées, c'est avoir rempli la tâche qu'il s'était proposée.

Toutefois, de même que, dans le chapitre III de cet ouvrage, on a présenté une ébauche de classification pour montrer comment de semblables essais étaient faciles à faire pour mettre dans un ordre rationnel toutes les empreintes isolées et pour figurer cet ordre par les caractères alphabétiques; de même on peut ici offrir l'image des empreintes composées, en empruntant au latin les désinences, à l'anglais sa méthode d'appréciation sur les genres, et en conformant ces applications aux exigences des lois de la parole.

Puisque tout'radical né d'une classification commence par un son, lorsqu'un mot commencera par une articulation son radical commencera au premier son ou à la première voyelle de ce mot ; l'initiale consonne indiquera donc une circonstance du radical, et ce dernier sera parfaitement distinct : bavi, par exemple, exprime le radical avi dans une circonstance indiquée par b ; si en poursuivant la convention, on prévient que la dernière lettre marque le rôle que ce mot joue dans la phrase ; alors le radical serait simplement av dans la circonstance b et jouant le rôle i dans la phrase.

Une convention ainsi précisée ne peut donner lieu à aucune ambiguïté. Des mots comme seraient ato, vid, baju, puta, copaté, dibêb, etc... indiqueraient : le radical pur, at, dans le rôle marqué par o ; les radicaux i, aj, ut, opat, ibê, etc., dans les circonstances convenues d'avance, expliquées par les initiales v, b, p, c, d, etc... et jouant les rôles déterminés par les finales o, d, u, a, e, b, etc...

Si donc les circonstances qui modifient les radicaux sont celles qui en font des adjectifs, des verbes, des participes, etc..., la consonne initiale fera connaître ces espèces de mots sans compromettre en rien le radical qui n'en est nullement affecté.

Si les rôles joués par ces radicaux et leurs modifications indiquent les sujets, les compléments directs et indirects, et les autres particularités grammaticales ; la *voyelle* finale chargée de figurer un rôle ne sera jamais confondue avec le radical toujours distinct pour l'intelligence la moins perspicace.

Ainsi se trouve scrupuleusement observée la loi qui exige une séparation profonde entre la partie radicale et la partie grammaticale : les mots patia, fidévi, juvo, cado, vâtifê, gobidu, etc..., laissent voir à l'œil qui suit la lecture, et entendre à l'oreille qui suit la parole, les radicaux : ati, idév, uv, ad, âtif, obid ; et les parties grammaticales non moins perceptibles : p—a, f—i, j—o, c—o, v—ê, g—u, etc. (1).

____

(1) Le tiret — remplace le radical sous-entendu.

La seconde loi qui prescrit des conventions grammaticales, *simples et très-peu nombreuses*, n'est pas moins facile à observer.

En examinant les différentes espèces de mots qui, comme des personnages particuliers, remplissent un rôle dans l'empreinte composée, on a vu que huit espèces avaient une raison d'être parfaitement admissible et qu'elles devaient être maintenues (page 261). Il en a été de même de l'interjection (page 267).

On peut se demander maintenant si *l'article*, dont le latin, les langues slaves, le turc et le persan, ne font aucun emploi, mérite l'existence distincte que les autres langues lui accordent.

Malgré les considérations que l'on met en avant pour justifier son existence, les langues à désinences ne reconnaissent pas toutes son utilité ; il paraît plutôt intéresser les langues à tissu mixte qui annoncent, plutôt qu'elles ne les déterminent, les substantifs au moyen de l'article. Aussi au sens raffiné et aux subtilités de la détermination de l'empreinte isolée, le français, l'italien et l'espagnol, ajoutent la détermination du genre et du nombre. Ce qu'il y a de plus utile a été pour toutes les langues qui l'ont adopté, la facilité qu'il procure de former un substantif avec un radical qui n'était consacré qu'à l'adjectif : sage, brave, ennemi, etc... Mais une pareille valeur disparaît dans une langue où tous les radicaux peuvent représenter les principaux rôles de la phrase.

Ce qui plaide surtout en faveur de l'article et de son maintien parmi les espèces de mots, c'est qu'il permet de distinguer l'être ou le fait exprimé par une ou plusieurs propositions, d'en faire le sujet ou le complément du verbe au moyen de quelque participe, et de favoriser ainsi la création de l'empreinte composée. En se servant du latin pour interpréter les textes, les commentateurs qui peuvent suivre littéralement tous les autres idiomes avec les ressources de cette belle langue, n'éprouvent qu'une difficulté, c'est de réduire les faits complexes aux proportions d'une partie de la proposition, et quelques-uns se servent par nécessité de l'article neutre du grec. Mais hors de ces circonstances l'emploi de l'article ne saurait être fréquent dans les langues à désinences bien dessinées.

Toutefois en acceptant cette espèce de mots, on trouve *dix* personnages chargés de jouer un rôle dans l'empreinte composée.

Le rôle de chacun d'eux est facile à déterminer :

1° L'empreinte isolée ou le radical (substantif, nom) qui donne naissance à tous ces personnages, conserve le rôle principal : il est sujet, complément direct du verbe, il se joint à un autre radical dans la phrase pour en compléter le sens, et il est complément indirect du verbe ;

2° Il est remplacé par un mot plus court (pronom) qui en rappelle la signification et qui remplit exactement les mêmes fonctions que lui ; ce qui abrége le discours et le rend moins monotone ;

3° Il crée, lorsqu'il figure les qualités ou certaines déterminations, une espèce de mots qui, en l'accompagnant, rappelle ces qualités ou ces déterminations (adjectif) ;

4° Il crée, quand il exprime l'état ou l'acte (verbe), un mot qui figure l'être qui parle, celui à qui il parle, celui ou la chose dont il parle (personnes), qui, tout en distinguant l'état de l'action (voix), désigne le présent, le passé et le futur avec deux ou trois nuances pour chacun d'eux (temps) ; qui peut aussi figurer l'état ou l'action d'une manière indéterminée ou en déterminant trois ou quatre intentions : soit condition, soit commandement, soit subordination (modes) ;

5° Il crée le représentant de la manière dont s'opère l'acte ou l'état indiqué par le verbe (adverbe) ;

6° Il crée un mot qui l'accompagne pour le modifier en exprimant l'état ou l'acte du verbe, moins les circonstances des personnes et des modes (participe) ;

Il accepte des mots qui l'accompagneront :

7° Pour établir les rapports qui subsistent entre les empreintes isolées dans l'empreinte composée (préposition) ;

8° Pour relier entre elles ces diverses empreintes (conjonction) ;

9° Pour peindre le cri arraché par les émotions violentes ou imprévues (interjection) ;

10° Pour annoncer le rôle qu'on veut faire jouer à l'empreinte isolée ou composée dans la proposition (article).

Tels sont les personnages qui fonctionnent dans l'empreinte composée, et tels sont les rôles qu'ils sont appelés à y remplir.

Si l'on joint à ces fonctions diverses celle de présenter les êtres et les choses de manière à séparer, avec le même discernement que le fait l'anglais, ce qui est mâle de ce qui est femelle, et ces deux genres de ce qui est inanimé ; si on distingue entre l'unité et la pluralité (singulier et pluriel) ; on aura sous les yeux toutes les conditions qui suffisent pour former une langue plus souple que le latin lui-même, et qui réponde aux besoins exprimés par les lois de la parole.

Après avoir posé les conditions si simples qui satisfont au grand problème du TISSU CONFORME AUX LOIS DE LA PAROLE, on peut encore rendre les conventions plus simples que ces conditions. Un peu d'ordre et de méthode procurera cet avantage.

Soient d'abord énumérées ces conditions :

Espèces de mots.	10
Rôles du substantif	4
Rôles du verbe (voix)	3
Id. (personnes).	3
Id. (temps et ses nuances)	6
Id. (modes).	5
Rôles du participe	2
Genres des êtres vivants	2
Forme pour l'être inanimé.	1
Nombres	2
Total des conditions.	38

Ainsi, ramenée à la simplicité de ses principes, la parole, en suivant la marche la plus compliquée, celle du tissu artificiel, n'exige que *trente-huit* conditions pour réunir tous les avantages que le tissu du langage procure au moyen des empreintes isolées ou des radicaux. Que l'on compare toutes celles que les langues pratiques ont imposées à la mémoire humaine et qu'on se demande de quel prix serait un retour sérieux à la théorie !

Il est vrai que le tissu naturel ne pose que *deux* conditions ; mais s'il a été démontré que le tissu artificiel jouissait de prérogatives supérieures pour l'enfantement de l'empreinte composée, si, par une disposition conforme aux lois de la parole, on procure à ce dernier *tout* ce qu'on pourrait envier au premier, en augmentant encore cette supériorité ; il est trop facile d'habituer l'esprit à ces trente-huit conditions pour qu'on rejette tant d'avantages en vue d'une simplicité compromettante.

Sans doute, il faut que les conventions grammaticales qui répondent à ces conditions soient posées avec art, autrement elles pourraient dépasser le chiffre fixé d'avance ; or, non-seulement cet art ou cette méthode est réalisable, mais on va voir qu'il peut, s'il en était besoin, faire abaisser pour les conventions le chiffre des conditions.

Quel que soit le système suivant lequel on a construit la classification des empreintes simples ou des radicaux, il a fallu employer un nombre déterminé de caractères alphabétiques ; or, ce nombre, sous peine de détruire toute symétrie et par suite d'entraver toute classification, a dû être calculé pour offrir autant de sons ou voyelles que d'articulations ou consonnes. Puisqu'il y a une limite dans la base numérale, rien n'empêche de réserver, comme l'avaient fait les Arabes, quelques lettres ou caractères pour les consacrer aux usages grammaticaux.

Ce qui se passe dans la langue sanscrite, dans les langues slaves et partout où la création des mots a été l'objet de quelque attention, se présentera à plus forte raison dans la théorie fondée sur les lois de la parole : les lettres ou caractères alphabétiques seront ordonnées suivant quelque classement régulier, en longues et brèves, ou en douces et fortes, ou, etc..... Cet ordonnancement qui aura déjà servi à la confection des radicaux, est gravé dans la mémoire avant qu'il soit nécessaire de fonder théoriquement les conventions grammaticales : les sons ou voyelles, aussi bien que les articulations ou consonnes, sont disposées de telle sorte, que la première commande la seconde et successivement ; et aussi de telle manière que les unes et les autres aient leur correspondance indiquée nettement par la classification.

Cela posé, les *conditions* précédentes étant elles-mêmes présentées à l'esprit dans l'ordre qui les fait découler le plus naturellement de leur source, les *conventions*, c'est-à-dire les caractères alphabétiques qui s'appliqueront à chacune de ces conditions, les détermineront dans le même ordre. La première convention étant le point de départ de toutes celles qui suivent, l'énumération faite ci-dessus n'a plus besoin de mentionner qu'une seule convention pour les espèces de mots, pour les rôles du substantif, etc..... Les lettres qui suivront cette première convention s'appliqueront aux conditions suivantes.

De cette sorte, les dix conditions ci-dessus n'exigeant chacune qu'une seule convention, tout ce qui concerne la grammaire *sera formulé par dix conventions*. Les conséquences de ces conventions obligeraient sans doute l'attention à se familiariser sur les trente-huit conditions qui en découleraient; mais comme celles-ci seraient attachées entre elles par un lien toujours appréciable, elles n'exigeraient en réalité que dix souvenirs distincts.

Cette manière de faire remonter les conventions à l'origine la plus méthodique, ne peut être considérée comme prononçant l'exclusion pour tout autre système de conventions. L'attention humaine qui, aujourd'hui, dans chacune des langues parlées, admet par *milliers* des conventions analogues, se résignerait aisément à consigner au centre des connaissances vingt ou trente ou même trente-huit conventions qui répondraient aux conditions imposées.

Pour prendre des termes de comparaison et offrir un exemple de ces sortes de conventions, il suffira de se reporter aux bases grammaticales de la théorie du langage qui donne naissance à la langue universelle (1). Dans cet ouvrage, il fallait, tout en ordonnant les sons et les articulations, ménager la possibilité d'analyser toutes les langues mortes et vivantes. Le nombre des conventions a dû dépasser celui qui est déterminé ici par les trente-huit conditions; mais si on s'arrête à ce dernier nombre, et si on emprunte les

______

(1) *Cours complet de Langue universelle*, 2 vol. in-8°, chez B. Duprat

éléments des conventions au système exposé dans cette théorie, on trouvera :

dix   conventions pour les dix espèces de mots; les habitudes contractées aujourd'hui par l'usage de la parole, ont paru commander un certain choix parmi les consonnes et c'est pour cela qu'au lieu de ramener ces dix conventions à une seule, en rendant l'ordre des déductions grammaticales parallèle à celui des lettres, on a préféré un procédé plus arbitraire;

une   convention pour les différents rôles du substantif: a, e, i, o, u, répond aux quatre rôles exposés (page 278);
la dernière, u, répond au cas datif du latin qui fait partie des compléments indirects;

deux   pour les *voix* du verbe : celle du verbe actif reste telle qu'elle a été fixée pour cette espèce de mot; l et r comme initiales figurent le verbe neutre et le verbe passif;

une   pour les trois *personnes :* elles suivent l'ordre a, é, i;

six   pour les *temps* du verbe: *présent* a; *passés,* é, i, è; futur, o, ô. Ces sons semblaient mieux s'allier aux finales des trois personnes qui les suivent presque toujours;

une   pour les *modes,* en suivant l'ordre des lettres grammaticales classées ainsi : l, m, n, r, s. Le participe n'est l'objet d'aucune convention, car il garde sa caractéristique pour le verbe actif, et prend celle du verbe neutre ou passif quand il figure une de ces circonstances ;

trois   pour les genres: aucune distinction de la voyelle finale pour le masculin et r, s, pour le féminin et le neutre ;

une   pour les nombres : la voyelle forte remplace sa correspondante douce du singulier. (Toutefois dans le verbe, grâce aux langues qui admettent le duel, c'est à ce dernier que sont appliquées les correspondantes fortes et le pluriel a trois sons choisis arbitrairement.)

____

vingt-cinq.

Dans ce système, *vingt-cinq* conventions correspondent aux *trente-huit* conditions imposées par l'appréciation raisonnée des lois de la parole.

En se servant de ces conventions que beaucoup d'autres pourraient remplacer, mais qui se prêtent suffisamment au tissu conforme aux lois de la parole, en ne perdant pas de vue que les genres ne sont, comme dans l'anglais, applicables qu'aux êtres animés, on aurait pour la phrase latine de la page 258 :

> Illum expirantem transfixo pectore flammas
> Turbine corripuit, scopuloque infixit acuto.

Cette expression grammaticale :

> Dié c — é cr — o — o — ê
> —o g — lii, — olva g — lii b — o.

Dans ce système, la séparation profonde entre la partie radicale et la partie grammaticale a été assez rigoureusement observée pour que la partie grammaticale puisse jouir d'une existence distincte, soit à la vue, le tiret remplaçant le radical, soit à l'oreille, ε tiret pouvant recevoir le son *an* ($\bar{a}$). Dans cette dernière hypothèse, en prononçant : Dié cãé crāo āo āê āo gālii, āolva gālii bāo, on annonce : par dié, le pronom personnel (d), de troisième personne (i), complément direct d'un verbe (é) ; par cãé le participe présent d'un verbe actif (c) se rapportant à un complément direct (é) ; par crāo, le participe (c) passif (r) se rapportant à un complément indirect (o) ; par āo un substantif (pas de consonne initiale), complément indirect d'un verbe (o) ; par āê substantif (pas d'initiale) complément direct d'un verbe ou d'un participe (ê), au pluriel (la forte de é), etc.

Tous ces détails, dont la description est fatigante, sont figurés aux yeux et aux oreilles par vingt-cinq conventions et deviennent tellement familiers qu'ils seraient à peine aperçus dans la phrase où les radicaux seuls attireraient l'attention.

En admettant, jusqu'à ce que les délégués des peuples aient déterminé des conventions plus impérieuses, les radicaux classés dans le même ouvrage, on arriverait à cette expression :

Exemple d'un tissu conforme aux lois de la parole :

> Dié cadoté cropujo ījubio otébéé
> īgico gapuvlii, īdojolva godoylii bopaco (1).

Quand on voit le latin revêtir si aisément le tissu conforme aux lois de la parole, on est tenté de le considérer comme la solution du problème proposé ; c'est une illusion qui ne peut se soutenir, si l'on a bien suivi et compris les lois de la parole : car, quoique le latin, par son système de désinences, soit assez voisin du tissu conforme à ces lois, il faut bien reconnaître qu'en dehors de ce système, dont il a fait une application trop souvent vicieuse, il pèche par les points les plus importants contre les mêmes lois.

D'abord, et c'est ici un reproche si grave qu'il annule tous les bénéfices que ses désinences devaient lui assurer, d'abord donc il n'a ni initiative, ni méthode quelconque pour la formation de ses radicaux ; il accepte au hasard tout ce qui lui vient du dehors, y adapte ses désinences avec une irrégularité telle qu'on ne peut plus reconnaître dans le mot la partie empruntée, ni celle qui lui est ajoutée. Il est ainsi privé de la faculté indispensable de formuler les empreintes isolées. C'est au grec qu'il a recours pour ses empreintes, parce que le grec a au moins conservé la loi de composition de son grand modèle le sanscrit. Distribuant, suivant les caprices de l'usage, aux radicaux les fonctions grammaticales (verbes, adjectifs, etc.), il suit difficilement la création de l'empreinte composée, au lieu de la seconder, ce qui est le plus beau privilége du tissu artificiel.

N'ayant pas de même emprunté au grec ses articles ou au moins son article neutre, il ne peut faire entrer dans sa phrase comme sujet ou complément toute une empreinte composée, sans laisser régner un vague toujours trop dangereux ; ses participes et son mode infinitif sont un faible palliatif à cet inconvénient.

La diversité des genres pour tout ce qui est inanimé, si

____

(1) ī se prononce *ain* et *g* toujours *gu*.

malheureusement conservée du sanscrit et transmise à tant d'autres langues, entretient dans le discours une bigarrure dont rien ne justifie l'utilité et qui dissimule encore les radicaux.

Enfin, après avoir reconnu l'inobservance complète de cette loi qui exige la séparation ostensible des parties radicales et grammaticales, il faut constater encore chez lui l'infraction aussi complète à cette autre loi qui demande des conventions grammaticales simples et peu nombreuses.

C'est pour cela que, malgré le germe précieux dont sa réforme dans les désinences est le principe, il peut à peine obtenir quelque supériorité sur le type des tissus mixtes; c'est aussi pour de semblables raisons que le tissu artificiel et le tissu mixte dans l'état où ils se présentent, c'est-à-dire pratiqués comme ils l'ont été et le sont encore aujourd'hui, peuvent à peine soutenir la confrontation avec le tissu naturel dont le chinois est le type.

CHAPITRE V.

CONCLUSION. — AVENIR DU LANGAGE.

§ I.

Conclusion.

La conclusion à laquelle on est conduit après avoir fait une étude sérieuse des lois de la parole se résume dans les considérations qui suivent :

La parole a pour fonction de seconder dans leur formation et de formuler, pour les transmettre par des sons et des articulations, les empreintes isolées ou composées qui sont perçues au centre des connaissances.

Comme tout ce qui est soumis à l'appréciation humaine présente unité et divisibilité, l'empreinte quelle qu'elle soit s'offre sous ces deux aspects.

L'empreinte isolée, considérée d'abord par l'esprit dans sa divisibilité, quand elle est ramenée à l'unité, est figurée par un *mot*, c'est-à-dire par des sons entrecoupés s'il est nécessaire par des articulations.

L'empreinte isolée est *naturelle* quand elle représente l'un quelconque des êtres particuliers ou l'une des manières d'être issues d'un fait spécial, dans l'état même où l'offre la nature.

Le mot qu'on peut appeler naturel (nom propre) est celui qui rappelle cette empreinte.

L'empreinte isolée est *artificielle* quand elle se compose de différents êtres ou de différentes manières d'être dont le centre des connaissances reconnaît les analogies, et dont il veut faire un tout pour remédier à l'impuissance où il est de s'attacher spécialement à chacune de ces parties.

Le mot qu'on peut appeler *artificiel* apporte son empreinte de sons et d'articulations au secours du centre des connaissances et lui fournit la synthèse des parties analytiques qui, sans lui, ne pourraient figurer aucune unité.

Le mot naturel n'apparaissant que rarement dans le discours, et au contraire le mot artificiel venant sans cesse au secours de l'impuissance humaine, il en résulte que si les origines de la parole sont naturelles, les éléments de la parole et partant le langage sont artificiels.

L'empreinte du mot artificiel est plus qu'une empreinte de sons et d'articulations, puisqu'elle se substitue à une empreinte dont le modèle ne figure pas dans la nature, quoique les parties analytiques soient réelles et forment elles-mêmes des empreintes.

Puisque le mot artificiel est la synthèse d'une empreinte dont les parties analytiques existent au centre des connaissances, son analyse ne peut rester étrangère à celle de l'empreinte à laquelle on la substitue.

L'analyse du mot artificiel (sons et articulations, voyelles et consonnes) doit donc reproduire les parties analytiques de l'empreinte qu'il remplace, et sa synthèse comme celle de l'empreinte remplacée, doit prendre rang comme partie analytique dans quelque autre synthèse plus générale.

Ces deux lois du *mot artificiel* ne peuvent être observées que par le secours de la classification.

Il faut donc qu'une classification des empreintes étant convenue, les sons et les articulations en retracent les parties de telle sorte que l'unité et la divisibilité du mot figurent l'unité et la divisibilité de l'empreinte.

L'empreinte *composée* ou restée à l'état de divisibilité est formée par les empreintes isolées sur lesquelles les membres d'une société ont dû tomber d'accord.

L'unité à laquelle cette empreinte composée doit être ramenée pour exister à l'état de connaissance n'étant qu'un aperçu rapide de l'esprit, doit être puissamment favorisée dans sa création et aussi précisée que possible d'abord par les empreintes isolées ou par les mots, et ensuite par le tissu dans lequel les mots sont enchaînés.

Pour être puissamment favorisée dans sa création, il faut que l'empreinte composée ou le tissu permette aux empreintes isolées de prendre rang aussitôt qu'elles s'offrent au centre des connaissances. L'obligation de répudier celle-ci ou de la rejeter dans telle ou telle position nuit aux efforts de l'attention et retranche à la consistance du fond pour ajouter aux caprices de la forme.

Le tissu naturel de la parole ou la déduction des empreintes composées, en descendant de l'unité à la divisibilité ou de la généralité à la particularité, peut sans doute suffire aux besoins du langage et surtout en assurer la précision ; mais il ne favorise pas autant que le tissu artificiel la création rapide des empreintes composées.

Dans le tissu artificiel, l'art consiste à mettre l'interlocuteur en présence de l'auditeur et à lui faire affirmer ce qui se passe au centre de ses connaissances.

Bien conduit, le tissu artificiel peut rivaliser pour la simplicité et la précision avec le tissu naturel, mais il le surpasse pour la création des empreintes composées.

Le tissu artificiel sera bien conduit : 1° si l'art, toujours apparent, n'enlève jamais rien à la pureté de l'empreinte et laisse régner sans ombre l'unité qui résulte de l'empreinte composée ; 2° si les éléments étrangers aux empreintes n'accaparent pas l'attention soit par leur fusion trop intime avec les radicaux, soit par une séparation si complète qu'elle les mette en concurrence avec les empreintes elles-mêmes ; 3° s'il permet aux empreintes isolées de prendre rang, pour créer l'empreinte composée, à mesure qu'elles surgissent au centre des connaissances.

Le tissu artificiel atteindra ce triple but : 1° si la partie artificielle ou grammaticale se détache si aisément de l'empreinte isolée ou de la partie radicale que l'on puisse reconnaître son existence distincte, l'analyser séparément, et ainsi lui attribuer dans le mot la part toute accessoire qui lui revient ; 2° si les personnages artificiels (espèces de mots) étant toujours ostensiblement désignés et toujours de la même manière (initiales grammaticales), les rôles qu'ils remplissent sont simplifiés autant que possible et présentés sous une même forme dans toutes les circonstances analogues ; 3° si le rôle rempli par chaque espèce de mots est si facilement appréciable (désinences), qu'il ne soit pas possible de se méprendre sur sa fonction en quelque lieu de la proposition qu'il apparaisse.

Aucune des langues mortes et vivantes ne réalisant ce programme, on doit en inférer qu'elles sont toutes en dehors des lois de la parole ; qu'issues de la pratique, elles sont restées dans le cercle impuissant de la routine et n'ont pas, comme les autres connaissances humaines, été éclairées par la lumière de la théorie ; que le latin s'est approché par son mode de désinence des procédés conformes aux lois du langage, mais qu'il est encore loin de pouvoir être considéré comme un modèle ; enfin, que la langue vraiment conforme aux lois de la parole est encore à créer, et que son avénement inaugurera la réalisation des grandes espérances que l'humanité fonde sur son avenir.

§ II.

Avenir chimérique du langage.

Toute question d'avenir est pour l'humanité d'un intérêt majeur ; elle se lie à celle du progrès vers lequel le corps social semble tendre sans cesse.

Il est vrai que le progrès indéfini est encore pour quelques-uns de ses membres un champ ouvert à la discussion. L'homme roule-t-il dans quelque cercle dont il parcourt les degrés pour les parcourir de nouveau ? Le progrès est-il accidentel ou providentiel ?

Ces questions pourront être résolues par l'histoire quand la tradition , devenue vérité à l'aide de l'imprimerie , aura révélé un si grand nombre de faits que l'affirmation pourra s'appuyer sur une base solide ; mais la tradition , telle qu'elle s'offre aux philosophes et aux historiens , ne date encore que d'hier.

Déjà on ne peut nier que dans les sciences le progrès ne soit l'état normal de la société : le flambeau allumé aujourd'hui, au lieu de s'éteindre le lendemain, reçoit un aliment nouveau et brille d'un plus grand éclat. Les faits sont tellement saisissants, quand ils sont le résultat de secrets arrachés à la nature, que nul n'ose nier la progression du savoir dans l'ordre des faits matériels.

Si la même unanimité ne se prononce pas encore dans l'ordre des faits politiques, philosophiques et philologiques , on est en droit de l'attribuer à la défectuosité de la parole qui ne pose pas au centre des connaissances les faits intellectuels avec la précision qu'ils réclameraient. Il y a de plus pour la politique et la philologie un élément puissamment désorganisateur : c'est l'intervention des masses. Ignorance et passion, ces deux ennemies de la vérité contre lesquelles les plus savants et les plus calmes ont tant de peine à prémunir leur raison, voilà les fondements et le mobile de la détermination et de l'entraînement des masses. Certes, si l'avenir de l'humanité était, sans mesure préservatrice, livré à de pareils mandataires, il faudrait en désespérer.

Heureusement il y a des nécessités qui commandent toutes les situations. Sans prendre en considération celles de la politique, qui seront longtemps grosses d'orages, il faut bien chercher celles qui doivent influencer le langage. Ce sont elles qui entraîneront les langues dans quelque voie ou propice ou fatale et qui détermineront leur avenir.

La nécessité qui s'impose le plus impérieusement à notre époque est celle d'un langage commun pour tous les peuples de l'ancien et même du nouveau continent. Les relations internationales ont acquis un tel développement, le contact des peuples entre eux devient si fréquent, si quotidien, et les moyens de transport fusionnent si intimement les populations les plus écartées, qu'il n'est plus possible de différer l'avénement de la langue commune à tous les peuples. Tout le monde le comprend, tout le monde le veut, tout le monde le dit ; mais, comme il n'y a qu'*un seul* moyen d'y parvenir ; comme ce moyen exige, pour être compris, quelques heures d'une attention soutenue ; comme il ne peut être proclamé que par quelque haute autorité ; comme il demande à la génération mûre un travail qui serait un jeu pour la génération naissante, alors on ne voit pas, on n'écoute pas, ou, en voyant et écoutant ce qui est erroné, on se croit en droit de n'être plus attentif aux principes les plus solides qui reposent sur une base inattaquable, sur la *théorie du langage.*

Cependant, à moins de déclarer que le langage n'a aucun avenir, que les peuples trouveront dans la parole un obstacle éternel dans l'accomplissement de leurs destinées, il faut bien qu'on se décide à approfondir cette grave question.

Or, le *statu quo* étant mis de côté, puisqu'il ne répond pas aux besoins de l'humanité et une langue quelconque étant l'*étude* des conventions reçues pour formuler les empreintes qui figurent au siége des connaissances, on croit être dans le vrai en proclamant comme avenir du langage :

Ou l'étude de la langue d'un peuple qui aura momentanément subjugué tous les autres par sa force matérielle ou intellectuelle,

Ou l'étude d'une langue faite *a priori* sur le modèle des langues vivantes, acceptée, réformée et promulguée du consentement unanime,

Ou peut-être, si l'on adoptait les principes exposés dans cet ouvrage, l'étude d'une langue conforme aux lois de la parole appuyée sur les principes du tissu naturel ou sur ceux du tissu artificiel.

En dehors de ces trois hypothèses, il semble permis de croire qu'il y a négation de tout avenir pour le langage, et, par suite, abandon pour l'humanité de ses espérances les plus chères et les plus légitimes. Chacune d'elles mérite donc d'abord un examen consciencieux.

1° Langue préexistante imposée par la force matérielle ou intellectuelle.

Que les peuples abandonnent *volontairement* la langue qu'ils parlent pour adopter celle de quelqu'un de leurs voisins, dans le but d'avoir désormais une langue universelle, c'est une hypothèse qui supporte si peu l'examen qu'elle n'a pas trouvé sa place parmi les trois posées ci-dessus. Chacun est fier, à bon droit, des faits historiques dont les annales sont consignées dans les écrits dont il a la clef ; chacun a des trésors de littérature à conserver et chacun, au lieu d'emprunter la langue de son voisin, trouvera plus rationnel de lui prêter la sienne.

Il n'y a donc de question d'avenir dans de pareils emprunts qu'au cas où quelqu'un des peuples de la terre deviendrait si puissant par les armes ou par les arts de la paix que sa volonté ou son influence s'imposerait aux autres nations et les conduirait ainsi à l'unité de langage.

Le joug imposé par la force est essentiellement transitoire ; son action peut durer pendant un temps relativement assez long, mais il s'émousse par sa durée même, et grâce à son élasticité l'objet infléchi recouvre son énergie et se redresse. On ne peut donc fonder sur la force quelque chose de permanent et qui mérite le nom d'*avenir*.

L'asservissement des nations du globe sous un maître commun rendra quelque temps la langue du vainqueur une étude intéressante pour le vaincu ; les administrateurs et les ambitieux de tout étage devront connaître à fond la parole qui dicte les lois et fait droit à toutes les prétentions ; mais la classe assujettie, malgré les prescriptions, conservera dans la vie intime le langage transmis par l'expérience et qui sera la partie la plus solide de son héritage. Que si le dominateur, trop exigeant, poussait ses investigations et ses exigences jusque dans le sanctuaire sacré où la famille ne connaît que l'autorité et le langage maternels, il hâterait le moment où le vaincu reprendrait l'offensive et revendiquerait son autonomie.

Les exemples nombreux attestent que la résistance d'abord passive, puis active ne s'éteint pas sous la pression. Les vainqueurs sont contraints de laisser aux vaincus leurs langues même après avoir profondément attaqué leurs usages et modifié leurs mœurs. Après des siècles d'efforts incessants pour assurer l'unité la plus compacte, l'Autriche n'a pas encore pu faire disparaître les idiomes si variés qui se partagent cet empire : malgré le contact incessant avec le Centre-Allemand, malgré l'entraînement si naturel vers une langue et une littérature pleines de grandeur et de beauté, les racines vivaces de la langue maternelle proclament l'indépendance des peuples qui attendent avec impatience le jour de l'affranchissement.

Que serait-ce donc si des peuples comme des Français, des Anglais, des Allemands, etc.., étaient forcés d'abandonner leur langue qui est comme le feu sacré du foyer, leur langue dépositaire de toutes leurs traditions, leur langue dont la littérature est leur orgueil, pour s'asseoir au foyer du vainqueur, adopter ses traditions et admirer exclusivement sa littérature.

Ce sont ces mêmes obstacles que rencontrerait encore le vainqueur plus pacifique qui, usant de son influence dans les arts de la paix, espérerait voir couronner sa langue dans le grand congrès des nations.

En supposant même, ce qui est inadmissible, qu'un peuple privilégié et doué de tous les dons du savoir versât à pleines mains sur les autres nations les trésors du génie, les découvertes, les progrès en tout genre et n'eût rien à attendre des autres que de la reconnaissance ; on lui accorderait peut-être quelques grains d'encens ; mais, en profitant des services rendus par lui aux arts, aux sciences et aux lettres, en important chez soi peut-être quelques termes qui sont comme le cachet de ces découvertes, chacun des autres peuples transporterait sur son sol, naturaliserait dans son propre idiome et s'approprierait tous les avantages nouveaux sans recourir à la langue de ses bienfaiteurs.

Ces considérations sont si simples, si convaincantes, qu'elles dispensent de tous les développements qu'elles comporteraient ; elles sont d'ailleurs dans la conscience de tous et peuvent ainsi servir de base à l'argumentation dont les autres hypothèses vont être l'occasion.

2° Langue dite à priori (1).

L'avenir du langage est-il réservé à une langue sortie de l'initiative de quelque individu, calquée sur le modèle de nos langues vivantes, acceptée et promulguée d'un consentement unanime?

Cette question avait déjà été soulevée par une feuille mensuelle à propos d'une brochure d'un prêtre espagnol qui propose une langue universelle sur les données qu'il imagine. Quoique l'ébauche de cet estimable philologue soit dessinée en prenant le latin pour modèle, ce qui la rapproche des lois de la parole, cependant comme elle ne prévoit pas la moitié des circonstances soulevées par le langage et n'offre que l'aperçu le plus incomplet sur la formation de l'empreinte isolée, elle reste précisément dans l'appréciation à faire sur la seconde hypothèse.

Il sera donc tout naturel de donner ici les réflexions que nous avons fait insérer dans la feuille périodique qui étudiait cette question.

Peut-on espérer qu'une langue, composée par l'initiative d'un ou de plusieurs individus, soit un jour parlée sur le globe et devienne une langue universelle?

La réponse immédiate du plus grand nombre des savants, des lettrés et même des philologues sera : Non.

Quelque imposante que soit l'autorité d'une majorité aussi compacte, comme elle n'est encore déterminée que par des idées préconçues, et n'a pas traité ou entendu traiter ce problème, il est permis d'en réserver la solution au tribunal du bon sens.

D'abord, l'objection principale des hommes dominés par la passion de l'analogie, ne serait pas acceptable : suivant eux, l'impossibilité résulterait de ce que cela ne s'est jamais vu. En effet, une

(1) Expression employée par plusieurs philologues pour désigner une langue nouvelle due à l'initiative de quelque individu.

langue est déjà formée quand les grammairiens et les lettrés viennent
en modifier quelques dispositions ; jamais on n'a exporté chez des
sauvages, restés muets, une langue toute faite et inventée à leur
intention. Mais on oublie que ce qui ne s'est jamais vu peut se voir,
quand il n'y a pas d'impossibilité matérielle, et quand la civilisation
exceptionnelle à laquelle l'homme s'est élevé, le conduit fatalement
à des tentatives exceptionnelles.

Supposons donc qu'un individu, ou mieux, une société grammaticale quelconque se mette à l'œuvre, et tente de composer une
langue aussi parfaite que les capacités réunies de ses membres le
comporteraient. La matière grammaticale est tellement élastique,
les intuitions de chaque grammairien sont tellement exclusives, que
des débats interminables s'élèveraient bientôt ; les discussions les
plus passionnées résultant de ces débats trop souvent envenimés par
l'irritabilité personnelle (*genus irritabile...*), ne tarderaient pas à
enfanter des scissions et très-probablement l'abandon du travail.
Supposons néanmoins que, sur les divers camps ainsi formés, un
seul pousse à bout ses décisions, et que, dans cette minorité, une
majorité de deux ou trois membres parvienne à s'entendre assez
bien pour livrer à la publicité une langue suffisamment appropriée
aux premières nécessités du langage.

Avant de naître, elle avait pour ennemis tous ceux qui ont refusé
de coopérer à son enfantement ; à son apparition, c'est-à-dire à l'âge
où il faut tant de soins, tant de ménagements à une existence encore
si frêle, elle est en butte aux coups les plus dangereux d'adversaires
qui savent d'avance tous ses côtés faibles. Cependant, pour atteindre
le but auquel on la destine, il faut qu'elle obtienne tous les suffrages :
si elle est d'abord combattue par ceux qui sont familiers avec la linguistique, comment pénétrera-t-elle dans les masses si mal disposées à reculer vers les notions élémentaires de la grammaire !

Mais ne nous lassons pas d'admettre les hypothèses les plus favorables : cette langue résiste aux attaques les plus meurtrières et
arrive sous les yeux des lettrés et des savants de tous les pays.

C'est alors que les objections les plus sérieuses et qu'on ne pourra plus taxer de préjugés, quand elles auront été débattues, jugées et commentées, s'offriront à toutes les intelligences.

Au nom de leurs compatriotes, ils refuseront de se soumettre au joug des règles grammaticales qui sont en désaccord avec celles de la langue qu'ils parlent. Pour eux, l'inutilité de certains éléments de la phrase et l'utilité de quelques autres qu'on a supprimés, seront des obstacles insurmontables ; en vain on étalera sous leurs yeux les raisons qui militent pour ou contre telle ou telle adoption, ils repousseront avec un patriotisme désespérant ce qu'ils ont toujours considéré ou comme du superflu ou comme de l'indigence. Que leur importent, en effet, des idées radicales ou des liaisons grammaticales dont ils savent se passer depuis des siècles ? Depuis des siècles ils n'introduisent de nouveautés dans leur langage que celles qui désignent les objets d'invention moderne ; leur demander des concessions qu'ils regardent comme inutiles, et qui exigent d'eux des efforts de mémoire et d'intelligence, c'est s'exposer à leurs mépris ironiques.

Que si quelques esprits plus indépendants consentent à passer outre, ils se demanderont bientôt avec anxiété : les lettrés, de quelle littérature inexplorée cette nouvelle langue doit leur donner la clef ? les savants, quels sont les progrès que la science spéciale qu'ils professent doit espérer de ce nouveau langage ? Assurés qu'ils seront que tout est à créer, pour ce nouvel idiome, dans les lettres et dans les sciences, que les bénéfices à recueillir sont ajournés à plusieurs centaines d'années, ils rejetteront bien loin des espérances d'avenir dont ils ne devront jamais jouir, et qui ne leur procurent, pour le présent, qu'un travail pénible, fastidieux, et souvent d'une difficulté insurmontable.

Mais, leur dira-t-on, vous jouirez, après un an ou deux d'études, de la langue universelle ; vous pourrez converser avec tous les peuples, au moins sur les généralités dont le besoin est le plus vivement senti dans le commerce international.

Si quelque chose pouvait les influencer, ce serait assurément cette perspective ; mais comment ne la regarderaient-ils pas comme illusoire, quand eux-mêmes, les plus bienveillants pour cette œuvre,

ils reculent devant sa réalisation ? Comment ne préféreraient-ils pas
consacrer le temps et les études qu'on leur impose, à la connaissance des langues des peuples qui touchent aux frontières de leur
pays ? Car, dans cette étude, tout sera réellement profitable, et les
relations de peuple à peuple, et les chefs-d'œuvre littéraires qu'ils
s'approprient. A moins qu'un conquérant ne s'empare de l'univers
et n'impose à tous les peuples vaincus le langage qu'il introduirait
dans toutes les écoles du monde, ils n'espéreront jamais faire germer, par la persuasion, une étude aussi stérile que fatigante. Encore,
ce conquérant, comme l'ancienne Rome, répandrait sur sa route la
langue même des vainqueurs et non une langue sans passé, sans
présent et d'un avenir ou douteux ou trop éloigné,

Ainsi ce qu'on a voulu appeler une langue *à priori* ne pourrait
pas même servir de transition à une nouvelle phase du langage,
puisqu'elle ne pourrait poser même ses fondements. Aucun avenir
ne peut lui être réservé, et la langue imposée par la contrainte ferait
naître des espérances beaucoup plus réalisables.

3º Langue conforme aux lois de la parole.

Mais si l'initiative individuelle s'emparait résolûment des lois
mêmes de la parole ; si, ce qu'on n'a pas le droit d'espérer, grammairiens, lettrés et savants tombaient d'accord sur les mêmes principes, proclamaient hautement que la langue commune est celle
dont ils auraient posé les conventions en suivant strictement les lois
invariables du langage, pourraient-ils compter sur cet avenir de la
parole ?

Hélas ! la question étant posée dans ces termes, il ne faudrait pas
encore l'espérer.

Le monde compterait une langue de plus, parlée peut-être par
un certain nombre d'adeptes ; mais, malgré le consentement de
quelques savants, elle ne deviendrait pas la langue commune.
Toute langue nouvelle qui n'a été la plante d'aucun sol et n'a pas
eu pour baptême l'accent maternel, est condamnée à subir l'existence fragile de celui qui la compose. Ce n'est pas que l'homme ne

puisse exécuter ce qu'il se propose ; mais il est tel but qu'il ne peut vouloir se proposer. Quels que soient les avantages d'une langue commune on n'obtiendra pas d'une masse qu'elle abandonne la langue qu'elle affectionne et qu'elle croit aussi essentielle à sa vie que sa nourriture quotidienne.

Il est vrai qu'on peut se réfugier derrière cette espérance : les langues actuelles continueront leurs évolutions ; mais une langue aussi parfaite qu'on peut la composer formera le langage commun.

Voilà, certes, un grand pas de fait dans la réalité et en dehors des espérances chimériques ; en discutant ici le mérite de cette opinion et en prenant pour base de la discussion la langue la plus parfaitement composée, on répondra à plus forte raison à cette même condition rapportée aux deux hypothèses qui précèdent.

Puisqu'on suppose les savants et les lettrés complétement d'accord sur les bases de cette langue, et s'en servant probablement dans leurs relations mutuelles, la question à examiner est celle de savoir si les savants réagiront sur les masses pour les entraîner dans leur centre d'attraction, ou si ce sont les masses qui auront cette influence sur les savants et les lettrés.

Il y a d'abord une impossibilité matérielle qui semble dispenser de tout examen ultérieur. Les masses, c'est-à-dire les personnes occupées à toute autre œuvre que celle de la parole, consentiront-elles au sacrifice d'un temps d'autant plus précieux qu'il procure la subsistance et d'autant plus long qu'elles sont moins préparées à ce travail ? Il ne faut pas un bien vif débat pour reconnaître une impossibilité trop réelle. Un gouvernement peut à peine forcer les masses à lire et à écrire en posant une main de fer sur les pères de famille ; ira-t-il jusqu'à demander, comme imposition, l'étude d'une langue savante ? Il n'aurait quelque droit à cet égard que s'il se chargeait lui-même de pourvoir à tous les besoins de toutes les familles, ce qui suppose une énorme révolution sociale dont personne ne peut prédire l'avenir.

Or, que l'on considère l'espèce de réaction que les littérateurs ont exercée en France sur les masses pour se rendre compte de celle que les lettrés auraient la prétention d'imposer.

Depuis que des besoins nouveaux ont fait place aux premiers besoins de l'existence, suffisamment satisfaits chez certaines fractions de la masse, depuis qu'un nombre considérable de convives nouveaux viennent s'asseoir au banquet littéraire, que s'est-il passé? la littérature a-t-elle fait bénéficier ces nouveaux venus des jouissances pures et délicates qu'elle offrait aux hommes d'un goût éclairé? Il est permis de le nier : car les prosateurs et les poëtes qui avaient répandu dans l'Europe entière la prépondérance de l'atticisme français sont aujourd'hui rejetés et presque ridiculisés par ceux de leurs successeurs qui recherchent les suffrages de la masse. On affiche hautement le mépris des vieilles règles ; en vain quelques-uns d'entre eux, dans le for intérieur de leur conscience littéraire, reconnaissent le veau d'or auquel ils sacrifient ; le métal a au moins de la valeur et on ne l'acquiert qu'en plaisant à la masse. On tourne alors en doctrine, en principes d'ordre nouveau, ce qui est vieux comme le *potus et exlex* d'Horace ; c'est-à-dire que le veau d'or auquel s'adresse le culte, c'est la foule avec ses misères, ses caprices, ses exagérations de sentiments, et tout le cortége de ses faiblesses et de son ignorance.

C'est donc la foule qui a réagi sur le littérateur et non celui-ci sur la foule.

Les individus ou les fractions de la foule sont en effet bien peu de chose en présence de la masse compacte, quand celle-ci est appelée à remplir quelque fonction. Or, elle fonctionne à chaque instant dans l'emploi de la parole. Aussi, c'est toujours à elle qu'on a reporté les modifications incessantes qui finissent par altérer et dénaturer complétement les langues.

Loin donc que ce soient les savants et les lettrés qui entraînent les masses dans chaque pays, ils seront les premiers entraînés par l'omnipotence de ces masses ; s'ils essaient quelquefois à livrer aux autres savants des élucubrations dans une langue convenue, ils souffriront quelque malaise de se voir exclus par ce langage aristocratique de la communauté de leurs véritables concitoyens, et cette considération les fera presque toujours opter pour leur langue maternelle.

D'ailleurs l'imprimerie et l'usage des arts de la paix ont donné désormais à toutes les langues un tel essor, qu'elles sont au niveau de toutes les connaissances acquises et peuvent, au moins dans la pratique, suffire à l'expansion de tous les systèmes comme à toutes les formes littéraires. Les masses, couronnant de leur assentiment les efforts du génie, jouiront d'un tel ascendant, qu'elles entraîneront à elles les esprits les plus indépendants.

Une grande épreuve, tentée à une époque où tout aurait semblé devoir concourir à la réussite de cet essai, peut donner un avertissement salutaire.

Un peuple avait subjugué trois continents ; il avait poussé les arts libéraux aussi loin que ses conquêtes ; il offrait aux nations mal civilisées des principes admirablement théoriques dans toutes les branches des connaissances humaines ; il offrait surtout un langage qui, malgré ses imperfections, est resté l'un des chefs-d'œuvre de la philologie, et qui vient d'être reconnu le plus voisin des lois de la parole.

Ce peuple avait le droit d'attendre que sa langue, si longtemps mêlée et confondue avec celle des peuples vaincus, devenue familière aux savants de tous les pays, dût servir d'interprète commun : il a été déçu dans cette attente. Religion, philosophie, science et littérature, tout était à créer quand les peuples s'affranchirent de la tutelle romaine ; ses chefs-d'œuvre dans tous les genres pouvaient guider les novateurs ; ou plutôt les maîtres dans toutes ces branches n'avaient qu'à suivre leurs illustres devanciers ; les matériaux étaient sous leurs mains ; ils n'avaient qu'à les utiliser.

La religion fut la première abandonnée ; les masses avaient trouvé le culte qui, en les réhabilitant à leurs propres yeux, faisait justice de leurs oppresseurs et de leurs dédains ; elles imposèrent leurs croyances à ceux-là mêmes qui avaient intérêt à les décliner. A cette époque de prosélytisme, au lieu de parler la langue dont les grands-prêtres de cette loi nouvelle s'étaient servis eux-mêmes, leurs successeurs reçurent encore l'impulsion des masses et adoptèrent la langue que celles-ci employaient plus communément. La philosophie religieuse y a puisé des trésors d'éloquence et de goût, parce que le latin féconde les germes déposés au centre des connaissances. Plus tard, afin de donner sans doute à ce culte, en butte à tant d'attaques, le double caractère de l'antiquité et de la stabilité, ses ministres en continuèrent l'emploi, malgré la disparition des causes qui l'avaient fait surgir. Mais, excepté les formules liturgiques dont l'intelligence ne paraît pas nécessaire pour la foule, les instructions pastorales sont données à chaque peuple dans la langue maternelle.

La philosophie et les sciences ont lutté longtemps contre les envahissements des idiomes maternels ; les interprètes de ces deux grandes conquêtes de l'humanité trouvaient tant d'avantages à se communiquer leurs découvertes, qu'ils empruntaient avec reconnaissance cette langue devenue commune parmi eux ; mais, quand les hautes connaissances n'ont plus été reléguées dans les aristocraties du savoir, quand elles ont descendu de quelques échelons dans la masse, alors encore celle-ci a dominé les inspirations des philosophes et des savants, et leurs œuvres sont désormais écrites sous la dictée de la langue maternelle. A peine aujourd'hui voit-on paraître en dix ans, ailleurs que dans quelque spécialité ingrate, une composition écrite dans cette langue qui a été jadis la seule digne de recevoir les profondes confidences des savants de tous les pays.

Quant à la littérature, elle a eu bientôt chez tous les peuples perdu l'impulsion qui lui venait du latin. En vain les lettrés, imbus des principes de la langue romaine, s'efforcèrent de les faire prévaloir ; chaque nation résista à ces tentatives. Appuyée sur l'idiome maternel, chacune repoussa l'invasion, accepta seulement ce qui faisait défaut chez elle, mais en lui imprimant le cachet grammatical qui lui était propre. De cette sorte, l'expression raffinée des peintures qu'offrait la parole, au lieu de subir l'influence d'une langue perfectionnée, se perfectionna elle-même dans le sens qu'imposait le langage de la foule.

C'est ainsi que sur tous les points du monde romain la prépondérance du latin céda, quoique les circonstances favorables présentassent la plus belle occasion pour fonder une langue commune simultanément avec la langue maternelle, à l'ascendant des masses et de leurs instincts.

S'il est vrai que ce soient les masses qui réagissent sur les gens éclairés et non ceux-ci sur les masses, surtout en fait de langage ; s'il est vrai que l'usage « *quem penes arbitrium est et jus et norma loquendi* » ait toujours prévalu et entraîne encore aujourd'hui les corps académiques qui se contentent d'enregistrer ses décrets, il faudrait que l'instinct des masses, car celles-ci n'ont ni le savoir inné ni le savoir communiqué, entraînât tous les peuples vers un tissu conforme aux lois de la parole.

On a vu que l'instinct poussait l'homme vers le tissu naturel ; or on a vu aussi que ce tissu, quelque providentiel qu'il apparaisse, ne répondait pas à des besoins peut-être artificiels, mais à coup sûr devenus impérieux.

L'instinct ne peut donc pousser les masses vers le système le plus conforme aux lois de la parole, et ce système, quelque parfait qu'on le suppose, n'aurait le privilége de fonder dans l'humanité l'avenir du langage qu'après la grande transition dont il faut étudier maintenant les traits les plus saillants.

§ III.

Avenir réel du langage.

Après avoir constaté les illusions de ceux qui bâtiront sur l'un des trois terrains explorés dans le paragraphe précédent ; après avoir démontré que ni l'influence physique ou morale d'un peuple, ni l'initiative des individus isolés ou réunis, ni la création du langage le plus conforme aux lois de la parole, ne pourraient enfanter l'avenir du langage, il reste à se demander si cet avenir est un problème insoluble, et si les langues particulières continueront tout simplement à naître et à mourir sur le sol qui leur est assigné.

Cependant l'humanité marche à pas de géant dans la voie du progrès ; les distances se rapprochent, les montagnes sont aplanies, les fleuves les plus larges et les plus profonds n'arrêtent pas sa course, les mers elles-mêmes laissent passer en quelques jours des populations émigrantes et en quelques secondes es communications internationales. Tant de merveilles accumulées depuis moins d'un demi-siècle seront-elles interceptées par la résistance opiniâtre de la parole ? Quoi ! cet élément de la grandeur de l'homme, ce lien admirable qui unit les efforts et les volontés de tous les membres d'une même société, serait précisément l'obstacle contre lequel la société tout entière viendrait se briser ! par lui tout serait remis en question ! La guerre, l'infâme guerre profiterait seule des grandes découvertes de la science !

S'il est quelque chose de surprenant, c'est que les hommes les plus érudits restent impassibles, passent condamnation en silence, et n'entrevoient pas la solution d'une difficulté si facile à résoudre.

Ce nœud gordien n'a pas besoin du glaive pour être tranché ; il se dénoue, ici comme partout, par le procédé le plus simple, le plus direct et le plus expéditif.

Comment l'architecte, le maçon, le charpentier, le serrurier, etc., sont-ils arrivés à la pratique approfondie de leur art ? Comment les géomètres, physiciens, astronomes, etc., parviennent-ils à résoudre les problèmes les plus difficiles ? Se contentera-t-on de mettre entre leurs mains les instruments de travail en leur disant : Sois architecte, maçon, serrurier, géomètre, physicien, astronome, etc...? Ou bien encore un de leurs devanciers dira-t-il : J'ai fait ce plan, taillé cette pierre, trempé ces ressorts, mesuré cette surface, calculé ces machines, découvert cette planète, etc., fais comme moi ?

Ce que l'on n'oserait faire pour des arts et des sciences, qui sans le langage seraient impuissants ou plutôt ne seraient pas même créés, on ne craint pas de le faire pour l'art, pour la science qui donne la vie à la société humaine : pour le langage. Dis comme moi, dit une mère à son fils ; dites comme on dit, disent les maîtres à leurs élèves ; dites comme disent les bons écrivains, disent les littérateurs à leurs disciples. Chacun dit donc comme on dit, parle comme on parle, écrit comme on écrit.

On trouve cette marche si simple, si naturelle, que bien des hommes instruits dupes de cette routine en sont encore à traiter de visionnaires ceux qui cherchent à pénétrer le secret du langage.

Assurément la parole est un de ces arts dont on apprend quelque chose et même beaucoup par l'imitation pure et simple ; mais lorsque se rencontrent des difficultés contre lesquelles la pratique de la parole n'a aucune prise, comment n'est-on pas éclairé par les faits et ne demande-t-on pas à la *théorie* ce que la pratique ne saurait découvrir ?

Voici la réponse : Tout praticien, dans quelque cercle qu'il fonctionne, quand il n'a pas le sentiment de la théorie, n'en comprend pas l'utilité ; le faire reculer aux rudiments de son travail quand il plane dans les régions les plus élevées est chose presque impossible.

Or, les hommes, à tous les degrés de l'échelle du savoir, sont des praticiens de la parole : tous jouissent de cet art merveilleux sans trop s'inquiéter s'il a ou non une théorie. Les plus habiles de ces ouvriers ont créé par son moyen de si grandes choses, ont étendu si loin le domaine de l'humanité, qu'ils se sont crus longtemps en droit de regarder la pratique comme répondant à tous les progrès imaginables.

Cependant, des avertissements sérieux s'étaient déjà fait entendre : des sciences d'une grande utilité souffrent cruellement du défaut de nomenclature ; d'autres demanderaient à naître et sont entravées par le défaut d'organisation du langage ; les lettres réclament en vain l'ordre, la méthode qui enfantent la certitude et la précision en philosophie, en morale et en politique.

Ces besoins n'étant pas compris par tous, n'ont pas eu la vertu d'exciter la perspicacité des philologues et de donner l'éveil à toutes les intelligences.

Mais voici qu'un besoin vivement senti par tous, à toute heure, dans tous les pays, provoque enfin l'attention des hommes de tout rang, de toute condition.

Désormais, il faut que tous les peuples aient le moyen de s'entendre entre eux, sans être forcés d'apprendre les cent et quelques langues qui se partagent le globe.

Quiconque n'entrevoit que l'*avenir chimérique* dont il a été fait justice tout à l'heure, est en droit de désespérer d'un avenir où le langage serait ramené à l'unité.

Cet avenir, pourtant, qui doit fonder une *langue commune*, en laissant à chaque peuple sa langue particulière et en appuyant de plus sur celle-ci les fondements de celle-là ; cet avenir est parfaitement réalisable.

Quiconque désire sérieusement voir la génération présente jouir de cet immense avantage, infailliblement réservé à l'avenir, n'a qu'à méditer sur ces mots qu'on ne saurait trop faire entendre :

THÉORIE ! THÉORIE ! THÉORIE DU LANGAGE !

L'avenir réel du langage est renfermé dans ces mots.

Quand la *pratique* n'a plus la puissance d'accomplir les faits qu'on lui demande, elle invoque le secours de la *théorie*. Cette vérité se pose comme un axiome et n'a besoin d'être appuyée par aucun raisonnement.

La pratique du langage ne peut plus répondre aux espérances qui reposaient sur elle ; c'est à la théorie qu'il faut avoir recours.

Pour que le lecteur ne considère pas ces propositions comme hasardées et ne recule pas devant les obstacles qu'il croit peut-être insurmontables, il suffira de mettre sous ses yeux *l'une des mille manières* dont la théorie du langage peut venir au secours de la pratique. Dans chacune de ces manières, les lois de la parole doivent être observées, car la théorie est le mode d'application de ces lois.

Toute théorie donne l'explication raisonnée des faits de la pratique.

La théorie du langage donnera donc l'explication raisonnée du langage, c'est-à-dire des langues mortes et vivantes.

Or, d'après les lois établies dans cet ouvrage, toutes les langues sont formées par cet élément de la parole qui représente l'empreinte isolée (le mot) et par le tissu qui réunit les empreintes isolées pour produire l'empreinte composée (la phrase).

Donner une explication raisonnée de la parole formulée par une langue pratique, c'est donc expliquer les empreintes isolées et les empreintes composées telles qu'elles sont comprises et conçues au centre des connaissances.

Cette explication ne peut être que sommaire : car chaque empreinte isolée ou composée pourrait comporter des développements considérables; mais pour qu'elle fasse vraiment partie du langage théorique, elle doit si bien lever toutes les incertitudes, que les parties qui composent l'image de ces deux empreintes soient nettement dessinées.

Quoiqu'il n'y ait aujourd'hui que des langues pratiques et que la théorie du langage n'ait pas encore été réalisée, cependant les grammairiens et les linguistes ont apporté sur plusieurs points leurs observations et tenté des essais méthodiques qui éclaireront vivement les futurs théoriciens.

Ils n'ont pas, il est vrai, eu révélation du tissu naturel parce que le chinois est trop peu connu des peuples occidentaux; mais ils ont reconnu dans la constitution de leurs langues la présence d'un élément qu'ils ont cru nécessaire : l'affirmation. Cette découverte leur a facilité l'étude de l'analyse dite grammaticale et ils en ont tiré certains principes qui forment un commencement de théorie sous le nom de grammaire générale; ils ne pouvaient dire: grammaire du tissu artificiel, puisqu'ils regardaient l'artifice déduit de l'affirmation comme partie indispensable du langage.

Quoi qu'il en soit, il faut voir dans l'analyse grammaticale des termes de la proposition, le premier pas et, il faut le dire, un pas très-important dans la voie de la théorie.

Toutes les langues à tissu artificiel ont fait ce premier pas; c'est de ce point de départ que l'avenir s'ouvre pour elles.

Pressés de mettre fin aux souffrances du commerce international, les grammairiens de tous les pays se tourneront vers la théorie de la parole.

Ils reconnaîtront d'abord que l'analyse n'est pas encore la connaissance : qu'il faut que la synthèse ou la réunion des parties analysées vienne constituer un tout grammatical ; qu'à cette condition seulement cette grande partie de la théorie, pour les langues à tissu artificiel, sera vraiment comprise et satisfaite.

Ils reconnaîtront ensuite et surtout, ce qui fait le désespoir des savants, que les nomenclatures font défaut de tout côté et que l'analyse radicale est bien plus importante encore que l'analyse grammaticale. Or, une explication du sens des mots ne peut être fournie avec ordre et méthode que par la classification de toutes les empreintes isolées. De même donc que, dans l'analyse grammaticale d'un verbe, on indique d'abord s'il est actif ou neutre, puis à quel mode il est employé, à quel temps, à quel nombre et à quelle personne; de même, on analysera une empreinte en indiquant à quelle grande division on la rapporte dans cette division, à quelle classe, puis à quel ordre, etc., jusqu'à ce qu'on arrive à l'objet particulier que l'on considère.

Cette méthode, dont le célèbre Cuvier a donné le modèle dans la classification des animaux, restera encore stérile, si les éléments analysés restent toujours dans leur état fractionnaire et ne présentent pas un tout radical dont les parties reproduisent les parties de l'analyse effectuée.

Ainsi se présentera le besoin d'une double synthèse : celle de l'analyse grammaticale et celle de l'analyse radicale.

Arrivés à ce point et le besoin d'une langue commune pressant de plus en plus, les philosophes grammairiens réaliseront bientôt cette double synthèse : car avec 15 ou 20 sons et 15 ou 20 articulations dont la voix humaine offre la réunion, il sera facile d'affecter une partie à la synthèse de l'analyse grammaticale et une autre à celle de l'analyse radicale. Or, chaque caractère déterminant quelque fait de l'un de ces deux ordres, des mots pourront être composés qui mettront à jour l'empreinte isolée en même temps que sa fonction et son rôle dans l'empreinte composée.

Quand les hommes éclairés auront compris que le MOT EXTRAIT D'UNE LANGUE QUELCONQUE PEUT AVOIR UNE EXPRESSION THÉORIQUE, c'est-à-dire *peut être remplacé par un* AUTRE MOT *facile à prononcer et dont toutes les lettres figurent à la fois la signification et la fonction qu'il remplit dans la phrase ; quand ils auront compris que ce mot théorique se forme par une analyse qu'il n'est permis à aucun peuple de décliner, s'il veut être maître de sa propre langue, alors la langue commune sera bien près d'être réalisée.*

En effet, le peuple qui voudrait joindre la théorie à la pratique de sa langue et jouir des bienfaits incalculables que cette adjonction doit enfanter (1), n'aurait qu'à faire rédiger par ses savants les limites analytiques qu'il voudrait embrasser et les formes synthétiques dont il pourrait faire usage. De proche en proche, les autres peuples se hâteraient de bénéficier à son exemple d'une théorie dont l'absence a été déjà si préjudiciable et ainsi tôt ou tard s'établirait, à côté des langues préexistantes, cette langue de l'avenir autrement dite langue universelle.

Mais, avec les tendances de notre époque, avec les inspirations incessantes de l'humanité vers les institutions unitaires, il est probable que les principes, une fois reçus dans la masse éclairée, entraîneraient une simultanéité d'action bien autrement profitable : deux ou trois savants, choisis dans chacune des contrées où sont parlées les langues divergentes, réunis dans une sorte de congrès officiel, tel que celui où s'agitent les questions de statistique, mais d'autant mieux édifiés sur leur mission, que toutes les parties de leur travail seront déterminées à l'avance, et d'autant plus zélés pour la remplir, qu'ils sauront qu'on attendra d'eux des arrêts souverains, auraient bientôt achevé cette œuvre importante.

Quelle que soit, au reste, la marche que suivra l'humanité pour s'emparer de l'avenir du langage, on peut prédire à coup sûr qu'à la PRATIQUE pure se joindra la THÉORIE, et que celle-ci fera surgir une LANGUE COMMUNE.

Afin de faire briller aux yeux des moins clairvoyants cette étroite union entre la théorie et la langue commune, on peut, comme le font les géomètres dans les vérités à découvrir, supposer d'abord le problème résolu.

Soient donc supposés ces mandataires des intérêts philologiques de leurs concitoyens réunis en conférence et adoptant un système analogue à celui que l'auteur du *Cours complet de Langue universelle* a donné pour spécimen.

Ils commencent par dresser l'inventaire des circonstances grammaticales dans toutes les langues ; distinguent onze espèces de mots

____

(1) Pour s'en former une idée, voir les deux volumes d'application aux sciences et aux lettres de la théorie du langage, qui donne naissance à la langue universelle.

(la particule comprise) et acceptent pour chacune d'elles les différents rôles qu'il leur convient de figurer, repoussant les anomalies,
les irrégularités et les superfluités.

Puis, sans perdre un instant de vue les exigences impérieuses de
la pratique, ils coordonnent toutes, les empreintes isolées ou les
significations des mots dans une classification simple et commode
qui permet aux intelligences les plus modestes de monter du plus
particulier au plus général ou de redescendre aisément ces mêmes
degrés.

Cela fait, l'œuvre de l'analyse est achevée : désormais tous les
peuples reliés au système ainsi composé peuvent donner théoriquement le sens des mots dont ils font emploi. Qu'un mot russe ou
allemand soit articulé devant un Français ou un Italien, sans qu'il
soit besoin de trouver l'équivalent dans la langue de ces derniers, l'analyse qu'on leur présentera les instruira beaucoup mieux
que cet équivalent trop souvent impuissant à reproduire les circonstances grammaticales et radicales.

Si jusqu'ici cet équivalent satisfait mieux que ne le feraient des
explications longues et fastidieuses : c'est qu'il présente au moins
une synthèse d'une analyse supposée, il est vrai, mais enfin qui
offre un tout saisissable pour l'intelligence, condition essentielle
de la connaissance.

Ici apparaît donc la nécessité de présenter l'explication théorique
sous la forme synthétique.

Les grammairiens délégués après avoir décidé que tout radical
commencerait par un son et finirait par un son ou une articulation,
après avoir distingué les lettres ou caractères qui doivent contribuer à former les radicaux, de celles qui formeront les grammaticaux, auront bientôt réglementé la synthèse grammaticale.

La première voyelle d'un mot indiquant l'origine du radical, la
consonne qui la précédera annoncera l'espèce de ce mot et la finale
du radical sera pour les mots variables le rôle grammatical qu'ils
remplissent. On voit ainsi et on entend sans incertitude la synthèse
grammaticale quand on lit ou quand on écoute la parole. Les mots
gadolia, béjé, cravuo, abiè, font immédiatement apercevoir la

synthèse g—lia (l, m, n, r, s étant des lettres grammaticales) b—é,
cr—o, —ê, on pourra même les prononcer séparément en figurant
par le son nasal *an* le tiret et l'on dira : gàlia, bāé, crāo, āê. Le
premier indique un verbe actif (g), à l'indicatif (l), au passé défini (i), à la première personne du singulier (a) ; le second est un
adjectif (b) se rapportant à un substantif masculin, complément
direct du verbe (é) ; le troisième est un participe (c) passif (r) se
rapportant à un substantif masculin (o) ; le dernier est un substantif
(commençant par le radical) masculin pluriel et complément direct
du verbe (è).

Les peuples qui auront accepté ces conventions, exprimant tous
de la même manière leur analyse et leur synthèse grammaticale,
sans autre explication, comprendront déjà la moitié des éléments
constitutifs de ces langues divergentes qui font aujourd'hui leur
désespoir. Par exemple, les lignes suivantes sont autant de phrases
dont l'analyse grammaticale peut être comprise par tous les hommes
initiés à ces conventions, à quelque pays qu'ils appartiennent.

> Dia gālii tyb (1) daro tê poi āi āô....
> Va tʊbo (2) bāô āô, clāa, gāli é āé.
> Jodâ gāloi a āa ta gāsdaʊ āré.
> Té pary āry tyblo āo dara gāléa é āé.

Que si l'on veut interpréter ces différentes propositions qui appartiennent respectivement aux langues allemande, anglaise, espa-
gnole et française, le plus faible enfant d'école primaire, à quelque
coin du monde qu'il appartienne, désignera le sujet, le verbe, le
complément direct et les compléments indirects ; s'il faut offrir ces
diverses parties dans l'ordre ainsi indiqué, il écrira sans la moindre
hésitation :

> Dia gālii tyb daro tê āô poi āi... .
> Va clāa gāli é āé tʊbo bāô āô.

(1) Y se prononce ain.
(2) ʊ se prononce ou.

A āa gāloi jodà ta gāsdaʊ āré.
Dara gāléa é āé te pary āry tyblo āo.

Aucun peuple, y compris celui dont la langue est réellement analysée, ne sera mieux édifié que tout autre sur toutes ces valeurs grammaticales. Tous reconnaîtront dans le premier mot de la première ligne le pronom personnel (d) de la troisième personne (i) servant de sujet masculin et singulier (a) ; qu'ils songent à *er*, *he*, *el* ou *il* ou, etc... Il importe peu ; ils auront exactement la même signification présente à l'esprit. Dans le second mot, ils verront un verbe actif (g), dont le radical n'est pas encore déterminé (ā), à l'indicatif (l), au passé défini (i), et à la 3e personne du singulier (i). Dans le troisième mot, ils reconnaîtront la préposition (t) d'attribution (y) proprement dite (b) ; il importera peu encore qu'ils se rendent compte de ce mot dans leurs langues pratiques par les monosyllabes *zu, to, a, à*, etc... ; ils auront le même rapport dans l'esprit. Dans le quatrième mot, etc.....

Excepté les Chinois qui, grâce au tissu naturel de la parole, n'ont besoin d'analyser que leurs radicaux, tous les peuples de la terre devront à la théorie du langage et à leurs mandataires réunis en congrès philologique l'avantage inappréciable de rendre universellement intelligible l'analyse grammaticale qu'ils feront eux-mêmes chacun de leur propre langue.

Mais l'*Avenir réel du langage* ne s'arrêtera pas à l'expression uniforme du tissu artificiel de la parole. Ce bienfait, comme le tissu lui-même, est loin d'équivaloir à celui que doit apporter l'expression uniforme des empreintes isolées et des mots qui les figurent.

Lors donc que les philologues mandataires auront accompli cette seconde partie de leur tâche ; lorsque, à l'aide de la classification, ils auront construit un radical qui porte avec lui sa définition et dont l'analyse sera la peinture d'une analyse effectuée sur l'empreinte ainsi représentée, alors le langage se sera emparé de son avenir, la langue commune aura été créée et les conséquences incalculables de cette création commenceront à porter leurs fruits.

Alors le tissu naturel ou la langue des Chinois aura, comme le tissu artificiel, son complément théorique, et désormais tous les peuples de la terre se rencontreront sur le terrain de la théorie du langage.

Alors, dans les phrases ci-dessus, les trois radicaux de la première ligne seront ubi, ycav, ycâ : en effet, la manière d'être des choses du langage (u) proprement dite (b) figure le *discours* (i) ; l'objet naturel (y), appliqué aux végétaux (c) proprement dits (a), figure l'arbre (v) ; l'objet naturel (y) appliqué au végétal (c) figure une branche (â) ; ils expriment donc : le *discours, l'arbre*, la *branche*.

Les cinq radicaux de la deuxième ligne seront atodê, ydêci, ydâj, opid yjofog : en effet, la manière d'être de l'individu (a) qui figure une action autre que celle des membres inférieurs ou supérieurs (t) telle que cette partie de la tête (o) qui est le nez (d), exprime un reniflement bruyant (ê) (1) ; l'objet naturel (y) qu'on remarque sur la terre (d) comme le cours d'eau (ê), par son mouvement (c), produit l'écume (i) ; l'objet naturel (y) sur la terre (d) telle que l'eau (â) produit la vague (j) ; la manière d'être des objets (o), considérée dans sa forme (p), a une amplitude (i) qui figure la largeur (d) ; l'objet naturel (y) de l'être animé (j), considéré à la tête (o) et particulièrement à la face (f), figure le nez (o) et sa partie la narine (g). Ils expriment donc : le *reniflement bruyant*, l'*écume*, la *vague*, la *largeur* et la *narine*.

Les quatre radicaux de la troisième ligne seront ybubi, oc8j, ipêd, oti : en effet, l'objet naturel (y) proprement dit (b), qui est un astre (u) proprement dit (b), figurera le soleil (i) ; la manière d'être des objets (o) exprime que leur mouvement (c) est arrêté (8) absolument (j) ; la manière d'être du monde moral (i), relative à la volonté (p), exprime une concession (ê) et spécialement le don (d) ; la manière d'être des objets (o) perçue par la vue (t) figure la lumière (i). Ils expriment donc : le *soleil*, la *cessation*, le *don*, la *lumière*.

____

(1) On aurait pu exprimer le mot snorting par ofêd qui indique un bruit sourd et retentissant; mais atodê sera plus pittoresque.

Enfin les quatre radicaux de la quatrième ligne seront ipédu , ipêbo, yjᴕpov, ybi ; en effet, le don (ipêd) est simplement offert (u) ; la concession (ipê) proprement dite (b) est celle qui constitue le sacrifice (o) ; l'objet naturel (y) du corps de l'homme (j) est cette secrétion (ᴕ) régulière (c'est-à-dire qui ne résulte pas d'un organe malade) (p), qui a lieu à une des parties de la tête (o) et qu'on nomme larmes (v) ; l'objet naturel (y) proprement dit (b) figure le ciel (i). Ils expriment donc : l'*offre, le sacrifice*, les *larmes* , le *ciel*.

Ainsi tous les peuples qui sauront faire l'analyse grammaticale et radicale de leur propre langue, qu'ils aient ou non des équivalents des empreintes dans leur vocabulaire, comprendront les quatre lignes (page 310) désormais reproduites sous cette forme :

> Dia gubilii tyb daro tê ycâô poi ycavi....
> Va clatodêa gydêcili é ydâjé tᴕbo bopido yjofogô
> A ybubia gocᴕjloi jodâ ta gipêdsdaᴕ otiré.
> Dara gipêduléa é ipêboé te pary yjᴕpovry tyblo ybio.

Ces lignes, où la construction pourrait être intervertie sans que le sens pût offrir quelque embarras, parce que les désinences des mots donnent sur leur rôle toutes les explications désirables, répondront littéralement à ces phrases françaises :

Il dit à moi des (du haut des) branches de cet arbre......
Et reniflant avec bruit il fait écumer la vague avec ses larges narines.
Le ciel cessera plutôt de nous—donner la lumière.
J'offrais le sacrifice de mes larmes au ciel.

Ce qui est parfaitement intelligible et renferme la signification complète qu'offrirait l'original à quelque langue qu'il appartînt.

Si maintenant on rétablit l'ordre des mots tel qu'il a été donné page 310 dans le premier paradigme, les quatre lignes sous cette nouvelle forme,

> Dia gubilii tyb daro tê poi ycavi ycâô.....
> Va tibo bopidô yjofogô, clatodêa, gydêcili é ydâjé.

Jodâ gocŭjlöi a ybubia ta gipêdsdaŭ otiré
Te pary yjŭpovry tyblo ybio dara gipêduléa é ipéboé.

Seront une transformation, de la pratique dans le langage théorique, des quatre vers, allemands, anglais, espagnols et français :

Er sprach zu mir aus dieser Baumes Zweigen.....

SCHILLER.

And with wide nostrils, snorting, skims the wave.

THOMPSON.

Antes dejara el sol de darnos lumbre.

DON ALONZO DE ERCILLA.

De mes larmes au ciel j'offrais le sacrifice.

RACINE.

Quiconque fixera, avec une attention sérieuse, son regard sur
l'avenir du langage, apercevra la théorie du langage reliant entre
elles toutes les langues pratiques et donnant naissance à une langue
commune. De même qu'aujourd'hui un langage officiel est adopté
par les littérateurs d'une nation, tandis que des patois nombreux
sont encore disséminés sur son territoire, de même la langue théorique dominera toutes les langues pratiques qui graviteront autour
d'elle ; seulement, s'il arrive que, dans la vie d'une nation, à mesure que l'éducation se propage et pénètre sur les points les plus
arriérés, les patois s'amoindrissent et finissent même par disparaître,
il ne sera pas également certain que dans la vie de l'humanité les
langues pratiques disparaîtront pour laisser régner la langue théorique. De trop grands intérêts fondés sur la pratique et sur les
espérances d'avenir seront toujours attachés au sol des diverses pa-
tries avec lesquelles l'humanité sera forcée de compter, pour que le
niveau du langage soit soumis à d'inflexibles conventions. D'ailleurs
la grande unité humanitaire, si elle se constituait jamais, devrait
encore, pour répondre à la forme que l'intelligence envisage comme
une nécessité, figurer des fractionnements plus ou moins considérables, composés chacun d'un nombre plus ou moins grand d'indi-
vidualités ; ce fractionnement étant opéré d'avance par les nationa-

lités dont les langues spéciales détermineront les limites, il n'y aurait aucun avantage prononcé à les faire passer toutes sous le joug
de la langue théorique. Les efforts dans ce sens n'étant pas se-
condés et s'appliquant à une résistance invariable, seraient illusoires
et ne tarderaient pas à être abandonnés.

*La langue théorique associée chez tous les peuples à la langue
pratique et n'étant nulle part un langage exclusif :* voilà donc incontestablement l'AVENIR RÉEL DU LANGAGE.

Afin de démontrer que cet avenir n'est pas aussi éloigné qu'on
le pourrait croire, il est peut-être utile de répondre à deux objections qui seules auraient quelque valeur si elles étaient vraiment
fondées.

PREMIÈRE OBJECTION.

« La théorie, pourrait-on dire, est, en toute chose, le partage de
la classe la moins nombreuse ; la pratique, au contraire, est dé-
volue au commun des travailleurs. Si donc la théorie du langage est,
comme il paraît probable, la créatrice de cette langue commune que
les peuples appellent de tous leurs vœux, alors il faut conclure
que les masses ne jouiront pas de ses bienfaits et que certaines
classes privilégiées pourront seules en faire leur profit. »

Cette conclusion serait vraie si l'on entendait par langage théorique une série de principes qu'il s'agirait de fonder ou de discuter.
Les théoriciens discuteront entre eux ces principes et jetteront ainsi
les fondements de la théorie ; mais quand leur majorité officielle
aura prononcé, les praticiens accepteront aveuglément leurs arrêts.
La langue théorique elle-même deviendra donc pour le plus grand
nombre une pratique d'autant plus facile à suivre que l'explication
contenue dans les sons et dans les articulations jettera une vive lumière sur elle.

Il en sera de cette théorie comme de celle qu'on enseigne aux
enfants pour la lecture et l'écriture. Les précepteurs de l'enfance
ont tracé la théorie de la lecture et de l'écriture et ils y soumettent
leurs élèves ; ceux-ci lisent et écrivent sans revenir sur la valeur

théorique des règles qu'on leur impose ; ils suivent les préceptes et ne sont pas théoriciens, parce qu'ils se conforment aux exigences de la théorie.

C'est ainsi que les masses méthodiquement formées à la théorie du langage en accepteront la pratique ; or, comme les enfants ou les hommes peu instruits épellent leurs mots pour parvenir à la lecture, quand la pratique leur fait défaut ; de même la pratique de la langue théorique étant un moment éclipsée, le praticien recherchera la valeur des caractères dont il se sert ou devrait se servir, et sera immédiatement redressé.

Cette objection vient d'abord à l'esprit de ceux qui sont frappés par l'ordre et la méthode dont la théorie est la source. Parce qu'il a fallu pour la faire comprendre offrir une classification dont les moindres parties ont été préméditées et dont la coordination a dû être justifiée, il semble que tous ces raisonnements doivent apparaître chaque fois qu'on voudra faire emploi d'un mot théorique. Il n'en est rien pourtant ; les explications ne seraient nécessaires que dans les circonstances spéciales où il faudrait remonter à la théorie. Partout aujourd'hui on suit en parlant les lois de l'analyse grammaticale et, sauf le cas où elle est l'objet d'une recherche spéciale, jamais on ne songe, dans un entretien ou en lisant un ouvrage, à se livrer à ce travail de dissection. Les mots encore dont on se sert ont une étymologie plus ou moins cachée ; ils pourraient, chacun en particulier, donner lieu à un historique assez compliqué ; eh bien ! personne ne songe, en parlant, à cette étymologie ni à cet historique. Il en sera de même dans l'usage qu'on fera du langage théorique.

Les plus habiles comme les moins expérimentés dans l'analyse grammaticale ou radicale, pratiqueront le langage théorique comme ils se servent de leur langue pratique. L'avantage incomparable dont ils jouiront sera de ne pas avoir une langue nouvelle à apprendre, mais seulement de suivre dans tous ses détails celle qui leur est familière, de tracer mot, pour mot, la phrase qu'ils connaissent d'avance et d'avoir recours au plus simple raisonnement quand la mémoire leur fera défaut.

S'il y avait quelque chose à éclaircir, ce serait si les moyens méthodiques que la théorie mettrait à la disposition des précepteurs de
l'enfance pourraient se prêter à la portée assez limitée des enfants du
peuple et des campagnes. A cet égard, l'expérience est faite ; la plus
grande difficulté de la théorie est sans contredit le raisonnement qui
établit l'analyse grammaticale : car celui qui fonde l'analyse radicale
sera si simple lorsque la classification sera faite par des hommes
d'expérience , qu'elle jettera une vive lumière sur les intelligences les plus obscurcies. Or, aujourd'hui, dans toutes les écoles
du monde, l'analyse grammaticale est montrée aux enfants du peuple
et ils en saisissent les principes avec une telle facilité, qu'en quelques jours ils la réduisent en pratique ; les maîtres sont même obli-
gés de s'élever contre cette facilité , car la pratique dégénérerait
bientôt en routine. Que sera-ce quand la synthèse grammaticale
complétera cette connaissance ? Les mots grammaticaux de la théorie, on peut déjà l'affirmer, sont d'avance connus dans le monde entier, puisque les conventions qui doivent les établir sont peu nombreuses et s'appliquent à des faits dont la clef est entre les mains
de tout le monde.

La synthèse radicale (mot radical) , quoique déterminée par la
théorie, devient presque à l'instant où elle est créée un effet tout
pratique. La mémoire fait les frais de toutes les déductions : ainsi
les enfants qui sont doués, dans la campagne comme dans les villes,
de cette précieuse faculté, ne seront pas embarrassés pour fixer dans
leurs souvenirs des mots si bien appropriés par la méthode à leur
jeune intelligence. On sait avec quelle facilité on leur apprend la
lettre du catéchisme dans les écoles, quoiqu'ils soient, malgré les
instructions, si éloignés d'en comprendre le sens. Avec quelle aisance
ils se rendront maîtres des mots qui satisferont leur intelligence ,
qui pénétreront par une analogie toujours saisissante (1) dans leur
esprit et qui les initiera à la langue commune à tous les peuples !

---

(1) Voir pour exemple des analogies que l'on peut se procurer dans ces classifications, le 2ᵉ volume du *Cours complet de Langue universelle* où sont traités
les radicaux.

Au reste, il ne faut pas prétendre inculquer, même aux savants, tous les mots d'une langue quelconque : car ces mots impliqueraient la connaissance, qu'il est impossible d'acquérir, de tous les arts et de toutes les sciences ; à plus forte raison, on ne doit pas s'attendre à ce que l'enfant de l'artisan et celui de l'agriculteur soient familiers avec une foule de mots dont ils n'auront jamais besoin dans le discours international. Quand on énumère les mots employés communément dans les classes inférieures des populations, on s'étonne qu'avec aussi peu de termes on puisse faire face à tous les besoins de la vie commune : 500 ou 600 mots forment souvent tout le bagage nécessaire pour faire communiquer entre eux les membres des populations rurales. Ce sera donc tout au plus ce nombre de mots qu'il serait nécessaire de savoir, en y joignant les termes que chacun, suivant la spécialité de son commerce ou de son industrie, jugerait utile de connaître. Mais, qu'on y songe bien, ce ne seraient pas des mots détachés, d'une articulation ou d'une obscurité plus ou moins répugnante qu'il faudrait apprendre ; la classification, en unissant tous les matériaux dans un cadre méthodique, aussitôt qu'elle se résume dans sa synthèse, s'impose avec un entraînement plein de charme ; un mot, sous cette forme théorique, porte si bien avec lui le cachet de son origine et de sa paternité qu'il donne la clef de tous ceux qui se rattachent à lui ; la curiosité, excitée et satisfaite, est à chaque instant la source de connaissances nouvelles. On peut donc prévoir qu'il ne faudrait pas, pour apprendre cette forme du langage aux enfants des écoles rurales, la moitié du temps qu'ils consacrent à l'étude du catéchisme.

Ainsi, non-seulement l'objection supposée est sans fondement et les classes inférieures jouiront comme les autres de l'avenir du langage ; mais, ce que les grands philosophes, qui ont entrevu la possibilité d'une langue commune, avaient pronostiqué, les hommes les moins préparés aux études scientifiques et littéraires auront dans cet idiome commun les germes des lettres et de toutes les sciences à leur disposition ; ils pourront laisser dormir ces germes aussi longtemps qu'ils le voudront, mais ils les réveilleront à leur gré ; en tous cas, ils ne seront étrangers à aucun des grands principes sur lesquels la classification aura basé toutes les connaissances humaines.

DEUXIÈME OBJECTION.

« Pour que l'avenir, pourrait-on dire encore, soit doté d'une langue commune fondée sur la théorie du langage, il faut que le temps présent ait posé les principes qui fructifieront plus tard. Or, à quelle époque une génération sera-t-elle assez désintéressée pour se livrer, en vue d'un bénéfice dont les descendants pourront seuls jouir, à des travaux aussi sérieux que ceux d'une classification radicale et aussi épineux que ceux des matériaux qui en formuleront la synthèse. »

On ne peut nier que le positivisme ait poussé de nos jours des racines si profondes qu'on ajourne impitoyablement toute question dont le temps présent n'a pas à profiter ; mais il reste encore incertain si toutes les époques de la vie de l'humanité seront en proie à cette soif de jouissance immédiate et individuelle.

Or, même en supposant que cette tache de notre époque reste encore une plaie pour l'avenir, il est aisé de démontrer que l'objection pèche par la base, puisqu'elle admet qu'une génération appliquera ce que la précédente aura institué.

Non-seulement l'homme à l'état d'enfant et d'adulte pourra être sans peine imbu des principes que posera la commission officielle chargée de fixer les conventions qui feront fonctionner la théorie du langage ; mais la jeunesse déjà avancée, l'âge mûr et même la vieillesse pourront immédiatement recueillir les fruits de cette grande institution sociale.

Certes pour tous il y aura quelques sueurs à essuyer. Quel sillon, si fertile qu'il soit, produit sans aucun effort du cultivateur ! Mais le labeur est ici bien inférieur à tout ce qu'exigerait l'étude d'une langue vivante. Non, il ne faudrait pas demander à l'homme mûr d'étudier les milliers de conventions qu'une langue pratique a eu le malheur d'enfanter depuis qu'elle est à la merci de tous les caprices de l'usage ; à moins qu'un besoin impérieux ne fasse une loi de cette étude ou à moins qu'une aptitude spéciale n'en fasse un jeu, pour quiconque est enfoncé dans la vie il y a dans un pareil travail des prodiges de mémoire à exercer.

La théorie du langage ne relève nullement de la mémoire, elle demande tout à la raison et n'exige de celle-ci que l'attention la plus médiocre ; les conventions qui synthétisent les analyses de cette théorie posées avec rationalité, comme elles le seront, au lieu d'offrir le moindre embarras, seront le soutien naturel de la théorie. Il ne peut donc y avoir de difficulté pour les hommes mûrs à se familiariser avec les mêmes principes et la même pratique que l'enfant et la jeunesse. De plus, toute théorie jouit de ce privilége qu'elle permet à la raison de pénétrer aussi lentement qu'elle le veut dans son sanctuaire ; même, le calme et le recueillement de l'âge mûr conviennent mieux à l'intelligence qui s'approprie ses déductions. De sorte que si la génération qui s'élèvera au moment où l'humanité s'emparera de son avenir, a tous les avantages que procure une imagination et une mémoire fraîche et neuve, celle qui aura créé cette grande œuvre et encore celle qui sera prête à se retirer, toutes deux participeront comme elle aux grands résultats que ce progrès inaugurera.

Et puis, la création de cette interprétation théorique s'élèvera en bien peu de temps, aussitôt qu'elle aura été reconnue salutaire et que les souffrances du commerce international auront demandé une prompte guérison. Des savants, jaloux d'attacher leur nom à cette belle galvanisation des empreintes, se hâteront de clore par une majorité intelligente les discussions stériles. Ils fonctionneront comme des hommes vraiment voués à l'activité des débats, et non comme ces membres, plutôt honorables que sérieux, qui semblent si peu convaincus de l'utilité de leurs réunions.

L'univers aura les yeux attachés sur cette commission officiellement internationale; ses décisions répandues chez tous les peuples et dans toutes les langues à mesure qu'elles se produiront, recevront de suite partout leur application. On peut prévoir que l'analyse grammaticale sera réglée en moins de quatre mois de réunions quotidiennes. Sans doute l'immense matériel de la technologie ne se coordonnera pas en quelques jours, et il y faudra le concours des notabilités de chaque spécialité ; mais les mots qui sont la monnaie courante de la conversation et tous ceux même qui forment le bagage littéraire seront catégorisés en moins de huit mois. De sorte que la théorie du langage pourra fonctionner un an après que la commission aura commencé ses opérations.

Pendant ce temps les délibérations, par leurs résultats définitifs, viendront éclairer l'analyse radicale chez tous les peuples, comme elles avaient prévalu partout pour l'analyse grammaticale. Les hommes mûrs comme les adultes apprendront au fur et à mesure qu'elles se produiront les décisions de ce corps de savants ; ils se livreront successivement aux exercices qui les familiariseront avec la matière théorique ; et ainsi, en moins d'un an, ou en deux ans au plus, ce langage si intéressant pour l'humanité et pour l'accomplissement de ses destinées, ce langage qui, au lieu de contrarier les langues pratiques, viendra les illuminer dans toutes les contrées du globe, aura déjà un cours régulier chez les hommes de tout âge et de toute condition.

§ IV.

Avenir probable de la théorie du langage.

Si l'on peut affirmer que tôt ou tard l'humanité arrivera au langage commun par la théorie du langage, on ne peut prédire avec la même conviction que ce langage commun sera tôt ou tard le plus conforme aux lois de la parole. Toutefois il est permis de jeter un coup d'œil sur les probabilités qui donnent quelque poids à cette opinion.

Les peuples en possession de la théorie du langage et des synthèses qui en font un langage commun, se comporteront de cette manière :

Au lieu de comparer, comme cela se passe aujourd'hui, leur langue à toute autre langue morte ou vivante, tous feront cette comparaison avec la théorie du langage qui résume tous les types possibles ; les enfants des écoles primaires ne connaîtront de ce langage commun que les mots les plus usuels qui assureront entre

les populations les moins éclairées un commerce suffisamment intelligible ; au-dessus de ces écoles seront celles qui livreront à la
jeunesse instruite les secrets de toutes les littératures mortes et
vivantes, et qui mettront en communication les savants de tous
les pays.

Chaque peuple aura donc d'abord et avant tout, sa langue maternelle qu'il étudiera, modifiera et perfectionnera comme l'usage
et ses grammairiens en sanctionneront les formes. C'est dans cet
idiome qu'il pensera, écrira et se livrera aux graves conceptions
ou aux plaisirs de la littérature. Or, chacun des mots dont il se sert
ainsi pouvant être expliqué, et cette explication étant résumée dans
un mot théorique dont la composition lui sera bientôt aussi familière que celle du mot pratique, en substituant dans ses entretiens
le mot théorique à celui de la langue maternelle, il produira un
langage nouveau, en tout conforme au premier, mais sous une
forme nouvelle. Il se passera alors ce que l'on peut constater dans
toutes les régions de la France où un patois a été enraciné ; tous
parleront indifféremment ou la langue pratique ou sa transformation théorique ; cette dernière sera même bien plus facile à joindre
à la première, que n'est la langue française surajoutée à un patois :
car ces dialectes appelés patois ont des règles grammaticales en
désaccord avec le français ; au contraire, le langage théorique suivra
la langue pratique dans tous ses détours et dans ses caprices les plus
minutieux.

Lorsqu'un Russe et un Italien se rencontreront, ils se garderont
bien de faire usage de leur langue maternelle : ce serait un patois
dont ils ne déchiffreraient pas un seul mot ; mais ils feront emploi
de la théorie de leur propre langue et la lumière sera faite. Chaque
mot sera compris par l'auditeur comme s'il était l'expression de sa
propre langue ; l'ensemble des phrases sera donc aussi bien compris
par les deux interlocuteurs que s'ils étaient nés sous le même ciel.
De temps à autre, il est vrai, des inversions grammaticales viendront
les surprendre ; mais comme elles seront expliquées à mesure qu'elles
se produiront, l'esprit le moins attentif se les appropriera sans la
moindre gêne, et n'éprouvera jamais ni incertitudes ni temps d'arrêt.

Une fois qu'elle sera passée à l'état pratique et qu'elle aura circulé comme langage international, la théorie du langage, par le fait même de son exercice fréquent, devra se laisser entraîner dans certaines voies dont on peut prévoir quelques issues.

Telle langue pratique dont les adhérents l'emporteront en nombre, en dignité, ou en influence, triomphera accidentellement sur tous les points où la théorie du langage sera médiocrement impérative et laissera le champ un' peu libre aux interprétations des formes grammaticales.

Par exemple : la désinence du temps futur que le français, l'italien, l'espagnol et quelques langues sémitiques ont adoptée, pourra, suivant les temps et les circonstances, par l'entraînement que subiront ces peuples à l'étranger, être remplacée par l'auxiliaire que l'anglais, l'allemand et les langues slaves ont adopté : il en coûtera si peu, quand on aura déjà pour d'autres temps des formes semblables, de placer la désinence elle-même pour servir d'auxiliaire (1), que, cédant à une sorte de pression commandée par l'habitude, les voyageurs, accepteront quelquefois ce qu'ils entendront souvent pratiquer autour d'eux.

Cette déviation aux lois de la parole ne sera que momentanée : car il y aurait désavantage, comme il a été montré plus haut, à mêler un mot nouveau et des accidents grammaticaux trop prononcés au milieu des vrais éléments du tissu de la parole.

Au contraire, l'avantage de rentrer dans le cercle le plus conforme aux lois de la parole se fera sentir impérieusement.

Telle nécessité de mettre devant le verbe le pronom personnel, due à la désinence mal dessinée du verbe à toutes les personnes des temps, disparaîtra puisqu'il y aura redondance de forme (2) ; le verbe seul restera et suffira pour satisfaire l'intelligence.

---

(1) Exemple : *He will love* transformé en « dia loi g—s » remplace *il aimera*, « dia g—loi : »

On voit que la finale *loi* du français devient le verbe auxiliaire.

(2) Exemple : Dia g—lii, *he loved*, *il aima* ; les finales lia, lié, lii, etc., expriment assez par a, é, i, les trois personnes, pour qu'il soit superflu de faire intervenir les pronoms personnels, da, dé, di.

L'article joint au substantif, d'une utilité trop souvent contestable, quand il n'aura rien à déterminer, c'est-à-dire dans les cas les plus nombreux, sera effacé par le nom dont les désinences sont presque toujours assez explicatives ; au contraire, il reparaîtra là où l'omettaient les langues à tissu mixte et où le grec savait si bien l'employer (1).

Enfin ce qui sera le pas le plus décisif vers le retour aux lois de la parole : le genre des substantifs rentrera sous le niveau que l'anglais a su lui tracer. En effet : chaque peuple contrarié par son voisin dans l'appréciation du genre (2), entendant mettre ici au féminin (allemand : die sonne, le soleil), ce qu'il considérait comme masculin, et au neutre ce qui lui semblait féminin (allemand : das weib, la femme), trouvera plus simple de n'attribuer aucun genre au substantif quand il s'adressera à ceux qui ne parlent pas la même langue que lui.

Ces quelques mots sur l'avenir probable de la *théorie du langage* suffisent pour montrer comment *cette théorie* pourra peut-être ramener les langues pratiques à l'observance des LOIS DE LA PAROLE.

(1) Exemple : *ne pas confondre (sé), ne pas faire à autrui ce qu'on ne voudrait pas qu'il vous fît, avec (so), faire à autrui ce qu'on voudrait qu'il vous fît.* Cette phrase n'est vraiment éclaircie que par l'article neutre (s) qui présente le membre *ne pas*, etc., comme complément direct (sé), et le membre : *faire à*, etc., comme complément indirect du verbe confondre (so).

(2) Dans le *Cours complet de langue universelle* et ses *applications aux sciences et aux lettres*, qui ne sont en réalité qu'un grand rapport fait à la future commission officielle dont on ne saurait trop tôt presser la convocation, l'auteur n'a pas mis de caractéristique au genre masculin qui est destiné à remplacer les trois genres ; celles qu'il donne aux genres féminin et neutre sont grammaticales et ne peuvent être confondues avec les lettres du radical ; elles sont d'ailleurs d'une prononciation si coulante qu'elles intéressent peu l'oreille.

FIN.

Caen, typ. B. de Laporte.

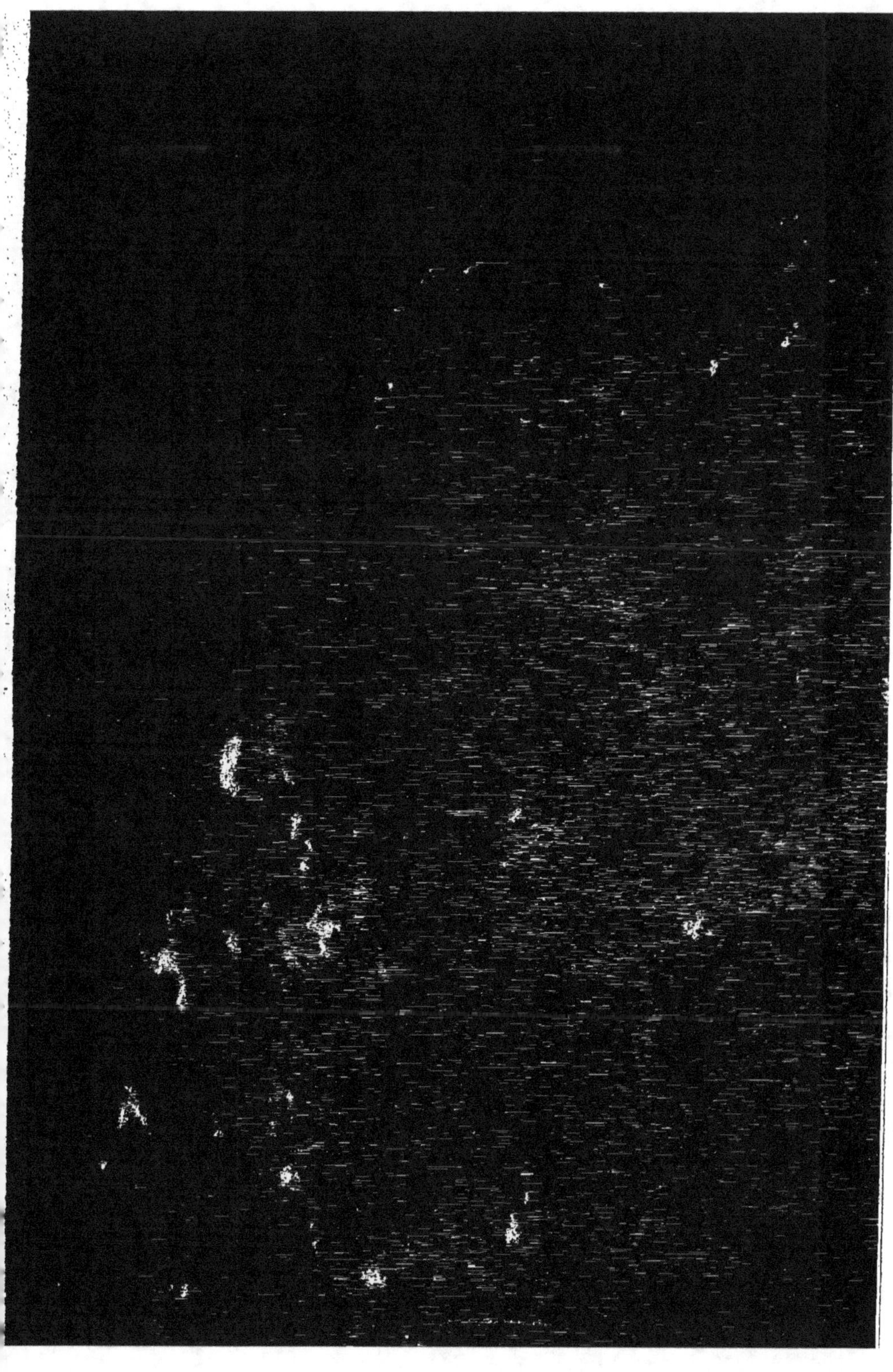

OUVRAGES DU MÊME AUTEUR.

COURS COMPLET DE LANGUE UNIVERSELLE :

Première partie. — **Grammaire** (2ᵉ édition). Un vol. in-8º. Prix. . . 8 fr.
Deuxième partie. — **Radicaux.** Un vol. in-8º. Prix. . . . . . . 8 fr.

APPLICATIONS DE LA THÉORIE DU LANGAGE :

Aux Lettres. — Un fort volume in-8º. Prix. . . . . 10 fr.
Aux Sciences. — Un fort volume in-8º avec planches . . . . . 10 fr.

Ces quatres volumes peuvent se vendre séparément.

LES LOIS DE LA PAROLE :

**Examen critique des bases sur lesquelles reposent les langues orientales
et occidentales, mortes et vivantes.**

Un vol. in-8º. Prix. . . . . 5 fr.

DE L'ÉTABLISSEMENT IMMÉDIAT DE LA LANGUE UNIVERSELLE.

Brochure in-8º. Prix . . . . 2 fr.

OUVRAGES TERMINÉS ET QUI POURRAIENT ÊTRE LIVRÉS A L'IMPRESSION :

DICTIONNAIRE COMPLET DES RADICAUX DE LA LANGUE UNIVERSELLE.— Grand in-folio.

ABRÉGÉ DU GRAND DICTIONNAIRE, jusqu'à la 4ᵉ lettre de tous les radicaux.

SANSCRIT. — Transformation du 4ᵉ livre de l'Hitopedéshe.

Plusieurs volumes de **TRANSFORMATIONS POUR TOUTES LES LANGUES MORTES
ET VIVANTES** analysées dans la Grammaire de la Langue universelle.

Caen. — Imp. B. de Laporte.